2024-2025年版

図解 わかる 定年前後の手続きのすべて

Life Begins at Sixty.

新星出版社

定年退職前後の

年金（老齢給付）の支給開始年齢は原則65歳であるため、定年制度のある会社でも65歳までは再雇用等で働くことが一般的になっています。「これから定年を迎えるけれど、どんな準備が必要なのだろう……」と不安を感じている人は多いでしょ

年金

定年制度がある会社でも、定年の年齢が60歳未満であることはありません。60歳以上で定年退職をして再就職しない場合には、その後国民年金に加入する必要はなく、定年退職した本人の年金の資格取得手続きは不要です。ただし、退職時点で専業主婦などの被扶養配偶者が60歳未満だった場合には、国民年金の第3号被保険者から第1号被保険者への変更手続きが必要になります。

健康保険

在職中に使用していた被保険者証（保険証）は、退職時にはただちに会社に返却しなければなりません。と同時に、退職後は他の健康保険に加入し直すことになります。
定年退職後の健康保険の加入のしかたは、大きく分けて5通りあります。退職後の生活設計、退職時に加療中か否かなどによって、自分に最も適した方法を選ぶとよいでしょう（→175ページ参照）。

手続きはいろいろ

う。関連する法律や制度は一見複雑に見えますが、概要を知っておくだけでも今後の生活設計を考えるうえで大いに役立ち、みなさんが実際に行う役所や年金事務所での相談や手続きの際にはその理解を助けることにもなります。

雇用保険

退職後の生活費をどうするかは切実な問題です。雇用保険は、退職後に再就職を希望する人が失業した場合の収入源としてとても役に立ちます。退職時の年齢、雇用保険の被保険者であった期間（加入期間）、また自己都合・定年退職、倒産や解雇による退職などの離職理由によって基本手当の所定給付日数に違いがあります。なお、手続きが大幅に遅れると、所定の日数分がもらえなくなることがありますので、再就職を希望する人は速やかに「求職の申込み」（→38ページ参照）をしておきましょう。

税金

退職金や年金にも税金がかかります。扶養親族等申告書の提出や確定申告等は自分で行うことになります。

チェック！

退職までにこれ

基礎年金番号がわかるもの

基礎年金番号は、年金手帳や基礎年金番号通知書、ねんきん定期便などに記載されていますので、退職時までに確認しておきましょう。（→16ページ参照）

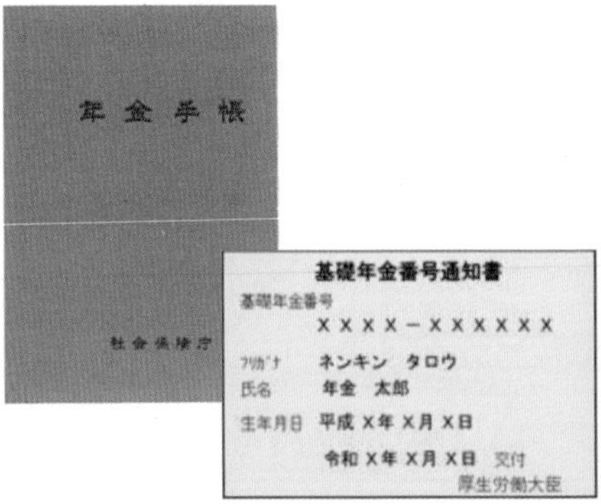

出典：厚生労働省ホームページ

健康保険被保険者証の写し

退職後は、各自が加入し直した健康保険被保険者証が交付されます。様式はほとんど同じですが、退職前に交付されていたものとは記号・番号や色などに違いがあります。参考として、在職中に使用していた被保険者証の写しをとっておきましょう。

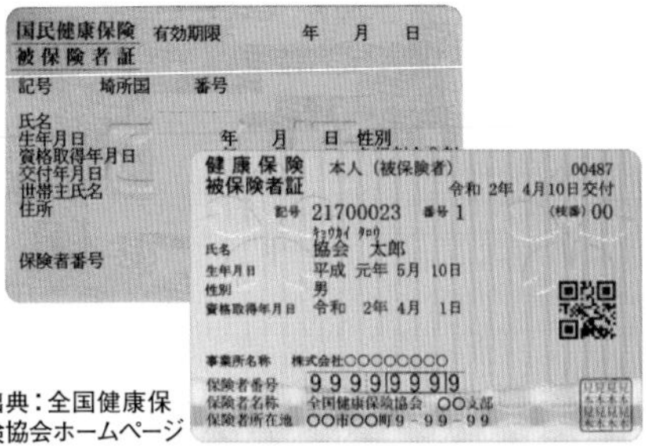

出典：全国健康保険協会ホームページ

厚生年金基金加入員証

厚生年金基金に加入していた人は、この加入員証（様式は各基金ごとに若干異なる）が手渡されているはずです。会社が保管していることもありますので、退職時までに確認しましょう。基金の年金請求に必要となる大切なものです。（→171ページ参照）

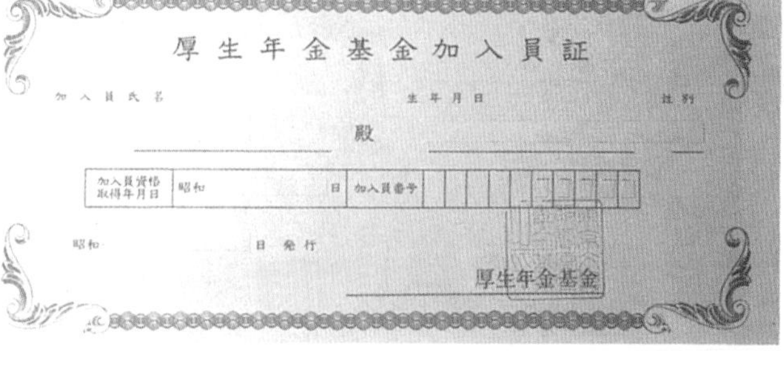

だけは用意しよう

雇用保険被保険者証

雇用保険に加入したとき手渡されているものですが、会社が保管している場合もありますので、退職時までに確認しましょう。

被保険者番号は会社が変わっても変わりません。失業等給付の手続きで必要になります。

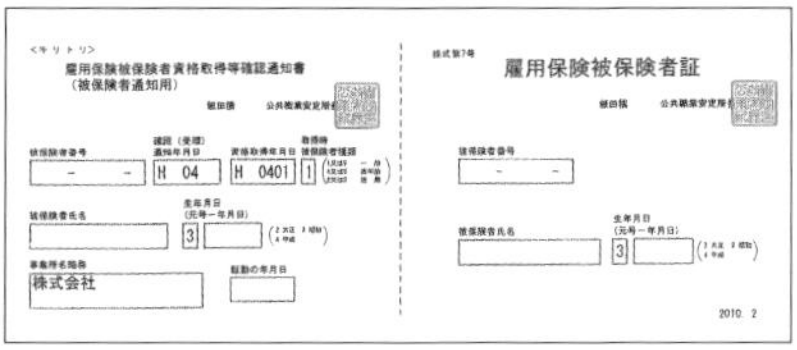

<キリトリ>
雇用保険被保険者資格取得等確認通知書
（被保険者通知用）

被保険者番号 - -
確認（受理）通知年月日 H 04
資格取得年月日 H 0401
取得時被保険者種類 1
被保険者氏名
生年月日（元号－年月日） 3
事業所名称 株式会社

様式第7号
雇用保険被保険者証

被保険者番号 - -
被保険者氏名
生年月日（元号－年月日） 3

2010. 2

認め印

押印省略できる書類も増えましたが、念のため用意しておきます。

写真

3㎝×2.4㎝のものを数枚用意します。

※手続きごとのマイナンバーカードの提示で省略可能

マイナンバーカードなど

マイナンバー（個人番号）カードまたはマイナンバーのわかるものとそれを証明する運転免許証・パスポート（この証明書がない場合は住民票、健康保険証など2点以上）

年金請求時に必要な戸籍抄本など

人によっては次のようなものも必要です。（→135ページ参照）

- ●本人の生年月日と加給年金対象者との身分関係が明らかとなる戸籍抄本（戸籍謄本でもよい）
- ●年金請求者によって生計を維持していることを証明する書類（源泉徴収票、非課税証明書、在学証明書、健康保険被保険者証等）
- ●雇用保険被保険者番号がわかるもの

退職後に会社から受け取るもの

●離職票1・2→退職後に事業主から交付される。ハローワークで受給資格の確認をする際に必要。

チェック！

退職前に調べて、

関係官庁の所在地・電話番号

社会保険などの手続きは、退職前は勤務先がやってくれますが、退職後は基本的に自分でしなければなりません。あわてないように、管轄の役所の所在地・電話番号は退職前に調べておきましょう。

- 年金事務所
- ハローワーク
- 健康保険組合
- 市区町村役場
- 税務署

年金額の試算

「ねんきんネット」では、インターネットを通じて年金加入記録の照会や年金見込額を試算することができます。（https://www.nenkin.go.jp/index.html→20ページ参照）。また、「ねんきん定期便」により、年金見込額を知ることもできます。さらに年金について相談したい50歳以上の人は、予約した上、基礎年金番号のわかるものと本人確認ができるもの、経歴書等を持参して、年金事務所の年金相談室または年金相談センターへ行ってください。自分で行けない場合（夫が妻に、妻が夫に頼む）は、委任状を提出すれば代理人でも応じてくれます。

知っておきたいこと

60歳定年から70歳までの雇用確保へ

60歳定年の時代から70歳まで働くことのできる時代へと変わっています。

令和3年4月より、改正「高年齢者雇用安定法」により、70歳までの雇用が企業の努力義務となりました。「高年齢者雇用安定法」は少子高齢化が進む中で、働く意欲のある高年齢者が活躍できるような環境整備を目的とした法律です。

●65歳までの雇用確保

令和7（2025）年3月に定年後再雇用期間の経過措置が終了し、同年4月からは本人が希望し退職・解雇の事由に該当しなければ、全員65歳まで雇用継続することが企業の義務となります。

厚生年金の支給開始年齢が段階的に引き上げられていて、令和7（2025）年※に65歳からになるのと同じタイミングです。政府は退職と厚生年金受給の間の収入のない期間をなくそうと考えているのです。

※女性の支給開始年齢が65歳になるのは2030年。

定年後の継続雇用は定年を迎える世代のチャンス

65歳・70歳までの勤務延長や再雇用制度などの雇用確保措置は、60歳以上で定年を迎えた有能な労働力をいかに確保していくかという企業側のニーズとしても重要になってきています。

これは、労働者側からみれば、60歳以降も自らの知識、技能、知恵で稼げるチャンスが到来したともいえるものです。

働ける間はできるだけ働くことが、心身ともに健康で安定した生活を送る要素の一つだと思います。

これで
OK！

雇用保険の手続き①

例1

60歳で定年退職

求職の申込み・受給資格決定

退職後、再就職の意思があり、失業中に基本手当を受けようとする人は、求職の申込みをします。

- 申込方法①　ハローワーク内のパソコンで情報を入力し、窓口で申込み手続きを行う。
- 申込方法②　自宅のパソコン・スマホからハローワークインターネットサービスにアクセスして登録後、ハローワーク窓口にて追加手続きを行う。その後、住所地のハローワークにて受給資格を決定してもらう。

早期に再就職して再就職手当を受給

基本手当を受けられる人が早期に再就職し、一定の要件を満たすと、基本手当の支給残日数の60%または70%に相当する日数に基本手当日額を乗じて得た額の再就職手当がもらえます。

この場合「再就職手当支給申請書」に受給資格証を添え、再就職日の翌日から1か月以内に、住所地のハローワークに提出します。(→78ページ参照)

みなさんが給与の中から納めてきた雇用保険料は、離職して失業状態に陥った人達の生活を安定させるために、失業等給付という形をとって失業者等に支払われます。ここでは、失業等給付の中で最も一般的な基本手当について説明します。

失業認定を受け、基本手当を受給

失業認定とは？

ここでいう「失業」とは単に仕事に就いていないということではなく、①働きたいという意思と②いつでも就職できる能力が備わっている人が、③積極的に就職活動をしているけれども就職先が見つからない状態にあることをいいます。この失業の状態にあることの認定は各自定められた認定日（4週間に1回ずつ）にハローワークで、失業認定申告書と雇用保険受給資格者証を提出することによって行われます。(→56・76ページ参照)

基本手当とは？

一般的に退職して失業保険をもらうというのは、失業等給付の中の「基本手当」をもらうことを意味しており、「失業」していることが認められなければ、受給できません。(→46ページ参照)

基本手当は最高いくらもらえるか？

離職後ずっと失業状態だった場合、基本手当を受けられる最高の日数を所定給付日数といいます。所定給付日数は離職日の年齢、加入年数、離職理由などに応じて決定されますが、一般被保険者としての加入年数が20年以上の定年退職者は150日となっています(→64ページ以下参照)。基本手当の総額は、失業1日あたりの基本手当日額×所定給付日数で算出されます。基本手当日額は、退職直前6か月間に支払われた賃金の総額を180で割って得た額に、45%(60歳未満は50%)～80%の給付率を掛けて算出されます。(→72ページ参照)

基本手当はいつまで有効か？

基本手当が受けられる有効期間を「受給期間」といいます。受給期間は離職日の翌日から起算して1年間が原則です。しかし、例外もあり、例えば60歳以上の定年退職者が退職後少しのんびり過ごしたいといったように就職を希望しない場合は、その人が申し出た期間（1年が限度）が本来の1年に加算されます。(→60ページ参照)

これでOK！ 雇用保険の手続き②

例2

60歳で定年退職

（または継続雇用）

同じ会社に継続して雇用されるか、失業給付を受けないで他の会社に再就職

例3

60歳で定年退職

失業認定を受け基本手当を受給したが、支給残日数100日以上残して再就職

「高年齢雇用継続給付」という制度があるのをご存じですか。この制度は、定年後も雇用を継続している高齢の労働者で、60歳の到達時（または直前の離職時）に比べ、賃金が75%未満に下がった人に支払われる失業等給付の一種で、次の二つがあります。

60歳到達日（または直前の離職時）に比べ賃金が75%未満に低下！

高年齢雇用継続基本給付金の申請・受給

本人または会社が支給申請書をハローワークに提出すると、賃金のダウン率に応じ、ダウンした賃金の15%の範囲内で給付金が支給されます（65歳になるまで）。ただし、被保険者であった期間が5年以上の人に限られます。（→83ページ参照）

高年齢再就職給付金の申請・受給

本人または会社が支給申請書をハローワークに提出すると、賃金のダウン率に応じ、ダウンした賃金の15%の範囲内で給付金が支給されます（1または2年間）。ただし、被保険者であった期間が5年以上あることや基本手当の支給残日数などに条件があります。（→92ページ参照）

これで
OK!

年金の手続き

年金額の試算・確認

退職後の生活設計のためにも、退職前に年金額を試算・確認しておきましょう。「ねんきん定期便」のほか、年金事務所や年金相談センター、「ねんきんネット」などで、年金見込額が試算・確認できます。

60歳以上で定年退職を迎える

定年後、支給開始年齢になったら、早めに老齢厚生年金の請求をしましょう。この場合は、日本年金機構（年金事務所）に必要な書類を提出します。（→116ページ参照）

65歳からは老齢基礎年金と老齢厚生年金が支給される

65歳になると、在職で収入が高くても、老齢基礎年金はカットされずに支給されます。

しかし、老齢厚生年金は、給与総額と老齢厚生年金の額との合計額が50万円を超えると全部または一部がカットされます。

65歳以降の生活を家族ともども楽しく過ごすためにも、年金を有効に使うようにしたいものです。（→152ページ参照）

「年金はいつからもらえるのでしょう?」国民年金から支給される老齢基礎年金は原則として65歳から支給されますが、老齢厚生年金は一定の年齢で要件を満たしている限り、現在は65歳になるまで特別支給の老齢厚生年金として支給される人がいます。

特別支給の老齢厚生年金(65歳になるまで)の受給

就職しない人

特別支給の老齢厚生年金とは?

「年金は何歳からもらえるのか」というときの年金は、多くの場合、老齢厚生年金と老齢基礎年金の二つのことを指しています。国民年金から支給される老齢基礎年金は、原則として65歳から支給されますが、厚生年金保険からの老齢厚生年金は年齢など一定の要件を満たしている限り、現在は65歳になるまで特別支給の老齢厚生年金が支給される人がいます。

特別支給の老齢厚生年金の受給資格は?

特別支給の老齢厚生年金は厚生年金保険に1年以上加入していた人が、一定の年齢になり老齢基礎年金の受給資格期間を満たしているときに支給されます。(→122ページ参照)

年金を請求するにはどうしたらよいか?

年金が受けられる人は自ら年金機構に「年金請求書」および「戸籍抄本」等を郵送または提出しなければなりません。
(提出先→134ページ参照　請求時の添付書類→135ページ参照
年金請求書→136~150ページ参照)

また、「現況届」は原則提出不要となりましたが、提出する場合もあります。(→156ページ参照)

特別支給の老齢厚生年金を受けている人が再就職するとどうなる?

在職老齢年金として減額して支給されることがあります。この場合、新しい勤め先に基礎年金番号通知書(年金手帳)を提出します。(→152ページ参照)

60歳以降に再就職すると　　途中退職すると

就職する人

在職老齢年金とは?

特別支給の老齢厚生年金は、60歳以上の働いている人にも総報酬月額相当額と年金月額との合計に応じて支給されることがあります。このような年金を通称「在職老齢年金」といいます。また、在職中であれば70歳になるまで厚生年金保険の被保険者になるとともに、70歳以上で在職中の場合も含めて収入額に応じて老齢厚生年金(報酬比例部分)の全部または一部について支給が停止されることがあります。ただし、老齢基礎年金は全額受けられます。

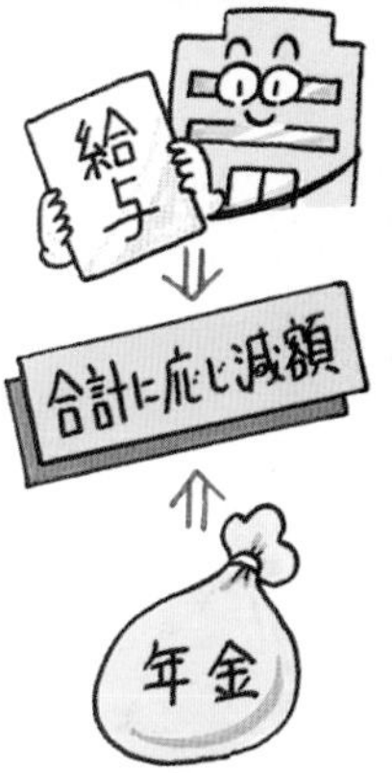

在職老齢年金を受けている人が退職するとどうなる?

年金は減額されなくなり、通常の特別支給の老齢厚生年金を受給できます。

これでOK！ 健康保険の手続き

定年退職

→ **健康保険の任意継続被保険者になる**

→ **国民健康保険に加入する※**

※退職者医療制度は、平成27（2015）年4月以降は新たに加入することができなくなり、平成26（2014）年度までの間に65歳未満の退職被保険者等となった人が65歳になるまで、経過的に存続していました。

→ **再就職して健康保険の被保険者になる**

→ **特定健康保険組合の特例退職被保険者になる**

→ **社会保険に加入している家族の被扶養者になる**

在職中ならば、会社で加入している健康保険が使えますが、退職後は使えなくなりますので他の健康保険に加入し直さなければなりません。退職後の健康保険の加入方法には次の五つのパターンが考えられます。

退職時に健康保険の加入期間が 2 か月以上ある人が、退職後20日以内に手続きをすれば、退職後 2 年間同じ健康保険に加入することができます。（→176ページ参照）

退職後すぐに再就職しない、健康保険の任意継続被保険者にならない、などの場合は、退職日の翌日から14日以内に、市区町村役場に資格取得届を提出し国民健康保険に加入します。（→180ページ参照）

定年退職後に再就職して、会社の社会保険（健康保険、厚生年金保険）に加入する要件を満たしているときに加入します。（→ 182ページ参照）

この被保険者になるためには、退職時に特定健康保険組合の被保険者で、一定の要件を満たしていることが必要です。（→184ページ参照）

一定条件を満たしていれば、健康保険の被扶養者になることができます。この場合は、家族の加入している社会保険を管掌する協会けんぽまたは健保組合によって必要書類が異なることがありますので、事前に確認しておきましょう。（→188ページ参照）

70歳から高齢受給者・75歳から後期高齢者医療制度（198ページ参照）

これでOK!

税金のいろいろ

退職金にかかる税金

退職金にも原則として所得税や住民税がかかりますが、会社から支給される段階で源泉徴収されますので、一般的には確定申告の必要はありません。税額は、退職金等の額から勤続年数に応じた退職所得控除額を差し引いた額の２分の１の額を基準として計算されます。(→202ページ参照)

※勤続5年以下の役員等の退職金は2分の1課税の適用がなく、一般社員でも退職金が多い場合には2分の1課税が適用されない部分がある。

年金にかかる税金

老齢基礎年金・老齢厚生年金は雑所得として扱われ税金がかかります。課税対象額は、年金収入から公的年金等控除および各種所得控除の額を差し引いた額です。なお、65歳以上になると、「公的年金等控除額」が65歳未満と比べて増額されます。

(→206ページ参照)

民間の保険金にかかる税金

民間の満期保険金、個人年金、死亡保険金などには、保険の種類・保険契約者・被保険者・受取人等の組み合わせによって所得税または相続税、贈与税がかかります。ただし、障害給付金など非課税扱いになるものもあります。

(→212ページ参照)

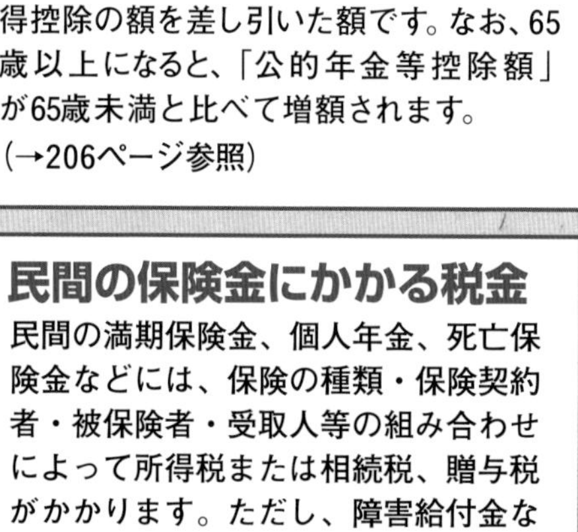

住民税

退職後の住民税は自分で納付することになります。住民税は前年の所得に対してかかりますので、退職して収入がなくなったからといって安心はできません。普通は年４回に分けて納付しますので、事前に準備しておきましょう。

(→218ページ参照)

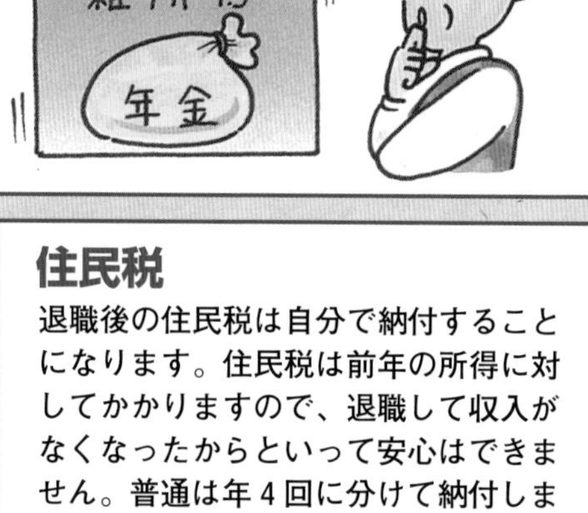

はしがき

「60歳定年」と「60歳退職」が一般的だった時代から、今は65歳や70歳でも働く人がめずらしくない時代になりました。60歳以降の働き方にもさまざまな選択肢がある時代です。従業員として会社に所属しているときは、社会保険や税金のことを会社まかせにできましたが、会社を離れてしまえばそうはいきません。

「給料から差し引かれている社会保険料や税金がどのように計算されているのか」「健康保険や労災保険、雇用保険の給付にはどんなものがあり、どういうときに受けられるのか」「国民年金や厚生年金の種類や受給要件、年金額はどうなっているのか」。こういった疑問は、ある程度の知識を得ていないと理解できない内容です。

60歳以降の生活を考えるにあたり、社会保険の基礎を学んでみてはいかがでしょうか。例えば、年金や失業給付といった保険給付のもととなっている社会保険料は、基本的には会社と従業員がそれぞれ負担し、従業員の負担分は毎月の給料や賞与から控除される形で支払っているのです。したがって、歳をとれば当然の権利として年金が請求できるし、退職し失業すれば失業給付が請求できるわけです。しかし、それらは自動的に支払われるものではありません。かといって、退職後は会社が代わりに手続きをしてくれることはないのです。退職後は自らの手と足で必要書類をそろえ、関係官庁等に手続きをしなければなりません。

本書は、定年退職を間近に控えた人を中心に、退職前に知っておくべき知識と事前の準備について説明し、退職後の手続きがスムーズに行えるよう多くの図表を用いて解説したものです。退職後の手続きは早ければ早いほどよいわけですが、そのためには在職中から本書で基礎知識を得ておくことをおすすめします。また退職後の健康保険のように選択肢がいくつもあり、退職後短期間で判断しなければならないものもあります。在職中からケースごとのメリット・デメリットを研究しておくことも必要です。

本書が定年退職者をはじめ、早期退職者、中途退職者または退職者を送り出す企業の人事総務担当者の方々、多くの企業に関与されているコンサルタントの方々のお役に立てば幸いです。

なお、本書の内容は令和6年5月1日現在の法令に基いております。

中尾幸村／中尾孝子

※令和2年12月25日より、年金や雇用保険などの手続きの申請・届出様式の押印が原則廃止されました（金融機関への届け印、実印による手続きが必要なもの等は押印が必要。訂正のあるものは押印が必要な場合がある）。本書に掲載されている書式例には押印欄のある旧様式のものもありますが、旧様式で提出する場合も原則押印の必要はありません。

もくじ

はしがき……1

PART 1 定年前後の準備

1 定年前後の手続きはすべて自分でやらなければならない ……10
定年前後の手続はいろいろ ……10
「請求」しなければお金はもらえない……12

2 自分の経歴をチェックしてみよう ……14
転職を繰り返した人は面倒がらずにじっくりと思い出す ……14
洗い出したものを経歴書にまとめよう ……14

3 基礎年金番号はわかりますか ……16
基礎年金番号を確認する ……16
基礎年金番号の確認方法 ……17
氏名変更・生年月日訂正も早めに行う ……18

4 年金額を試算しておこう ……20
年金相談はどこに行けばよいか ……20
年金の額を事前に知りたかったら ……21
「ねんきん定期便」で加入記録をチェックしよう……22
「ねんきん定期便」の記載内容……22
年金加入記録に「もれ」や「誤り」があるとき ……24

5 給与明細書は捨てずにとっておこう ……26
給与明細書でわかること ……26
具体例で見てみよう「給与明細書」……27
給与総額は給付にどのように反映されているか ……28
給与から控除される社会保険料はどのように計算されているか ……29
賞与から控除される社会保険料はどのように計算されているか ……32

6 退職後の収支をはっきりさせておこう ……34
退職後の生活費はいくらかかるかを試算しておこう ……34
退職後の生活費の収入源を確保しよう ……35
全国にある高齢者のための職業あっせん機関を利用しよう ……35

7 配偶者の第3号被保険者関係届について確認する……36
第3号被保険者とは何か……36
第3号被保険者の届け出は会社が変わるたびに行う……37

8 ハローワーク（公共職業安定所）で「求職の申込み」をする ……38
退職したら「離職票」はできるだけ早くもらう ……38
離職票の内容を確認しておこう ……38
「求職の申込み」を行い、その後で「受給手続き」を行う……40
「求職の申込み」が遅くなると失業給付が少なくなることがある……41

60歳以上の定年等退職者は受給期間が延長できる ……………………………………42
病気やケガで退職した人は受給期間が延長される ……………………………………42

PART 2 雇用保険の活用

1 雇用保険の給付にはどんなものがあるか ……………………………………46
失業等給付の種類はこんなに多い ………………………………………………………46
失業等給付のメインは基本手当である …………………………………………………47
早期に就職すると再就職手当がもらえる ………………………………………………47
定年等で賃金が下がっても継続勤務する人には雇用継続給付がある …………48
65歳以上で退職する人は一時金が給付される …………………………………………49
高年齢雇用継続給付を受けると年金の一部はカットされる ……………………49
2 雇用保険の加入者には四つの被保険者種類がある ………………………50
雇用保険の被保険者は4種類…………………………………………………………………50
被保険者の種類は65歳を境に変わる ……………………………………………………51
被保険者は一つの区分となった ……………………………………………………………52
65歳をはさんだ被保険者の区分 ……………………………………………………………52
パートでも極端に時間が短くない限り、雇用保険の被保険者になる ……………52
3 基本手当は離職日に受給資格を満たしていなければもらえない ………54
被保険者期間は単に加入していただけではカウントされない …………………54
基本手当の受給資格があるパターンとないパターン ………………………………55
4 基本手当は積極的に就職活動しなければもらえない ……………………56
基本手当を受けるためには失業していることが要件である ………………………56
すぐに働けない人には基本手当が支給されない ………………………………………57
5 基本手当はいつから支給されるのか ………………………………………58
求職の申込みをした日から最初の7日間はもらえない……………………………………58
自己都合退職者は待期7日間の後さらに2か月または3か月間もらえない…………59
6 基本手当はいつまで受けられるのか ………………………………………60
退職後、1年を経過してしまうと基本手当はもらえない ……………………………60
「求職の申込み」が遅すぎると基本手当がもらえなくなる……………………………61
60歳以上の定年等退職者には特別の受給期間延長措置がある ………………………62
病気・ケガで退職した人も30日以上就労不能が続けば受給期間は延長される …62
高年齢雇用継続給付の延長申請について ………………………………………………63
7 基本手当は何日分もらえるのか ……………………………………………64
離職理由により、基本手当の所定給付日数が大きく異なる ………………………64
所定給付日数は被保険者であった期間の長さと離職理由・年齢で決まる ………65
「特定受給資格者」と「特定理由離職者」とは…………………………………………67

8 基本手当を全部もらったとしたら総額はいくらか ……72
基本手当日額とは失業1日あたりの額である……72
給付率は賃金日額の大小と年齢によって決まる ……73
賃金日額は退職前6か月間の賃金総額で決まる……74
賃金日額には上限額と下限額がある ……74
あなたが失業したら基本手当日額はいくらか ……75
9 基本手当をもらうには4週間に1回ずつ失業認定を受ける ……76
「失業認定申告書」は4週間に1回ずつ提出する……76
失業認定日に出頭しないとその期間分はもらえない ……76
10 早期に再就職すると、一時金で再就職手当がもらえる ……78
再就職手当の支給要件はこうなっている ……78
再就職手当の支給申請の方法 ……79
11 常用以外の仕事についた場合には、就業手当がもらえる ……80
再就職手当がもらえない場合でも早期の再就職は就業手当の対象となる ……80
内職収入と同じように基本手当の減額調整が行われるケース ……81
12 60歳以降は高年齢雇用継続給付を活用する ……82
高年齢雇用継続給付には2種類のものがある……82
高年齢雇用継続基本給付金の受給要件はどうなっているか ……83
高年齢雇用継続基本給付金は65歳まで支給される ……84
高年齢雇用継続基本給付金の額は最高15%支給される ……85
高年齢雇用継続基本給付金の具体例 ……86
高年齢雇用継続給付の受給資格確認のための手続きをする ……88
高年齢雇用継続基本給付金の申請は原則2か月に1回ずつ行う ……90
高年齢再就職給付金を受けるには早期に就職しなければならない ……92
高年齢再就職給付金の支給期間は最高2年である……92
高年齢再就職給付金の額は再就職後の賃金の15%が最高 ……94
高年齢再就職給付金の支給申請はこのようにする ……95
13 公共職業訓練を受けるとプラスαの給付と基本手当の延長がある ……96
基本手当にプラスされるものは何か ……96
公共職業訓練を受ける間は基本手当が延長される ……96
高年齢者を対象とした訓練科目にはどういうものがあるか ……97
14 ケガや病気で就労できない人には傷病手当がある ……98
傷病手当は継続15日以上のケガ・病気の人が対象である ……98
傷病手当は受給期間内において何日分支給されるのか ……99
他の社会保険からも給付されるとき傷病手当はもらえない ……99
15 65歳以上で退職した人は30日分または50日分の一時金になる ……100
65歳以上の人が失業すると一時金になる……100
一時金である高年齢求職者給付金が受けられる要件……101

16 再就職した後、すぐ会社をやめた場合の基本手当はどうなる？ ………102
再就職して新たな受給資格が発生してから再離職した場合は？ ……………………102
再就職後新たな受給資格発生前に再離職した場合は？ ……………………………103

17 不正受給すると、以後支給されないばかりか3倍返しも！ ……………104
不正受給になるケースはどういう場合か …………………………………………104
不正受給すると返還するとともに以後支給されない ……………………………105
悪質なケースは3倍返しになる ……………………………………………………105

PART 3 年金の基礎知識

1 退職後の年金加入も忘れずに …………………………………………………108
60歳未満の退職者は国民年金の第1号被保険者になる ……………………………108
再就職すれば厚生年金保険に強制加入 ……………………………………………109
配偶者は第3号被保険者から第1号被保険者へ種別変更をする ………………109
老齢基礎年金は、10年以上の加入期間が必要 ……………………………………110
老齢基礎年金の受給資格期間を満たしていない人の対策 ………………………110
加入期間が短くて老齢基礎年金の受給資格がない人は高齢任意加入を …………110

2 年金の請求は早めにやろう …………………………………………………116
60歳台前半の特別支給の老齢厚生年金の請求は早めにやろう …………………116
厚生年金基金または企業年金連合会にも年金請求をしよう ……………………117

3 年金のしくみは難しくない …………………………………………………118
現在の年金制度は2階建てになっている ……………………………………………118
会社員は厚生年金保険に加入すると国民年金にも自動的に加入 ………………119
年金は老齢給付のほかにも障害給付や遺族給付がある …………………………120
老齢基礎年金は40年かけて初めて満額がもらえる ………………………………120

4 特別支給の老齢厚生年金はもうすぐなくなる ……………………………122
特別支給の老齢厚生年金とは ………………………………………………………122
特別支給の老齢厚生年金はこのように計算する …………………………………123

5 60歳台前半の年金は見直され満額支給は65歳から ……………………126
65歳までの年金は段階的になくなる ………………………………………………126

6 あなたの年金額を調べてみよう ……………………………………………128
具体例で年金額を計算してみよう …………………………………………………128

7 20年以上の厚生年金保険加入者には加給年金がプラスされる ………130
加給年金の対象者と金額はこうなっている ………………………………………130
配偶者の加給年金は特別加算される場合がある …………………………………130
昭和41年4月1日以前生まれの配偶者には振替加算がある ………………………131

8 年金は年6回、2か月分ずつ偶数月に支払われる …………………………132
年金は権利発生した翌月から支給される …………………………………………132

年金の受給資格が確認されると年金証書が交付される……132
年金の受取りは金融機関への振り込みが一般的である……133
年金は年6回に分けて支払われる……133

9 さあ、年金を請求しよう……134
年金請求書の提出は年金事務所へ……134
添付書類を忘れると請求できない……135

10 働きながらもらう年金が在職老齢年金……152
60歳以上65歳未満の人の場合……152
65歳以上の人の場合……153

11 老齢年金の繰り上げ支給と繰り下げ支給は十分考えて……154
繰り上げ支給と繰り下げ支給の逓増減率……154

12 年金をもらい続けるには毎年現況を確認する……156
現況届の提出は原則不要に……156
年金受給者にもいろいろな手続きがある……157

13 配偶者が亡くなったときの遺族年金はこうなる……160
遺族厚生年金が受けられる遺族の範囲……160
遺族年金はまじめに保険料を支払っていなければもらえない……161
遺族年金の額は子のある妻が多くもらえる……162
65歳以上の配偶者に支給される遺族厚生年金……164
遺族厚生年金の算出方法と老齢厚生年金との関係……165

14 障害状態になったときは障害年金がもらえる……166
障害厚生年金の等級は1級から3級まである……166
障害年金は1級と2級は2階建て、3級は2階部分のみである……167
障害年金はまじめに保険料を支払っていないともらえない……167
障害年金1級から3級の年金額の計算方法……168
3級より軽い障害の場合には障害手当金が受けられる……169

15 厚生年金基金に入っていた人はプラスαの支給がある……170
厚生年金基金のしくみ……170
厚生年金基金の請求は基金または企業年金連合会へ……171
厚生年金基金からの年金をもらうための手続き……171

PART 4 退職後の健康保険

1 退職後の健康保険は最も有利なものを選ぶ……174
退職後の健康保険の選択肢はいろいろ……174
退職後における健康保険の加入パターン……175

2 健康保険の任意継続被保険者制度を利用する ……176
任意継続被保険者は退職から20日以内に手続きをする ……176
任意継続被保険者の保険料は一般的に在職中の倍額 ……178
任意継続被保険者の保険料は在職中の本人負担より安くなる場合も ……178
保険料は毎月10日までに納付しないと資格がなくなる ……178
国民健康保険との大きな違いは保険料と所得保障である ……179

3 国民健康保険に加入するのはこんなとき ……180
国民健康保険は最後の砦 ……180
国民健康保険の保険料は市区町村によって異なる ……180
国民健康保険への加入手続きは14日以内に行う ……181

4 再就職をして健康保険に加入する ……182
再就職して健康保険に加入する ……182
パートでも加入しなければならないケースがある ……182
大企業に勤務するパートは1週間20時間以上で加入 ……182
健康保険・厚生年金保険加入のメリットは大きい ……183

5 特例退職被保険者制度を利用する ……184
特例退職被保険者制度は健康保険組合が独自に行う ……184
特例退職被保険者のメリットとデメリット ……185
特例退職被保険者の保険料は健康保険組合で独自に決定される ……186
特例退職被保険者の加入は退職時の健康保険組合で行う ……187

6 健康保険に加入している家族の被扶養者になる ……188
こんな人は被扶養者になれる ……188
被扶養者になるための手続きの方法 ……189

7 退職時に傷病手当金を受けていた人は継続して制度を利用できる ……190
退職時に傷病手当金を受けていた人は退職後も続けて受けられる ……190
退職時までの加入期間が1年以上とは ……191

8 高額な医療費がかかりそうなときは ……192
高額療養費制度は医療費がかさんだときの助っ人 ……192
70歳未満の医療費の自己負担限度額 ……192
入院時の高額療養費の支払いの特例（現物給付化） ……193
自己負担額が高く支払いに困ったら貸付制度を利用する ……194
高額医療費貸付制度の申込みの方法 ……194
高額医療費貸付金限度額は8割…利子はない ……194

9 70歳以降の医療保険 ……198
70歳以上の高齢者の窓口負担 ……198
75歳からは後期高齢者医療制度へ ……199
後期高齢者医療制度へ移行した人の被扶養者 ……199

PART 5 退職後の税金

1 退職金にも税金はかかる……202
退職金の税金は源泉徴収される……202
「退職所得の受給に関する申告書」は会社に提出する……203
退職所得控除額は勤続年数に応じて計算される……204
具体例で退職金の税額を計算してみよう……204

2 年金にも税金はかかる……206
老齢年金は雑所得としての税金がかかる……206
65歳になると公的年金等控除額がアップするので税金は安くなる……207
年金が一定額以上になると所得税が源泉徴収される……207
年金月額20万円としたときの源泉徴収税額（月額）はいくらか……208
扶養親族等申告書は期日までに日本年金機構へ提出する……209
厚生年金基金・企業年金連合会から支給される年金にも源泉徴収はある……209

3 民間の保険金にかかる税金はどのように計算するか……212
満期保険金には所得税または贈与税がかかる……212
満期保険金に所得税がかかるケース……213
満期保険金に贈与税がかかるケース……214
個人年金は公的年金等以外の雑所得になる……215
死亡保険金に対しては所得税または相続税・贈与税がかかる……215
死亡保険金に所得税がかかるケース……216

4 住民税は1年遅れでやってくる……218
住民税の申告をする人・しない人……218
住民税の計算は難しくない……219
住民税は、前年の収入について翌年の6月から徴収される……222

5 納めすぎの税金は確定申告をすれば戻ってくる……224
確定申告の必要がある人……224
納めすぎの税金を戻すことができる還付申告……224
還付申告後、まだ納めすぎの税金があった場合……225
必要な書類は申告書のほか源泉徴収票や各種証明書がある……225
年金受給者の源泉徴収票は日本年金機構等から交付される……225
所得税の計算はこのようにする……225
給与所得者には必要経費に相当する給与所得控除がある……226

確定申告をしよう……228
確定申告で税金の還付を受けよう……228
確定申告書の作成・提出……228

口絵・本文デザイン／木村三枝子、榎森宏美
口絵イラスト／くぼゆきお　本文イラスト／宮村信男

PART 1

定年前後の準備

準備 1

定年前後の手続きはすべて自分でやらなければならない

在職中は社会保険や税金関係の手続きについては会社が処理しますので、たとえ個人的なことでも総務課や経理課に聞けば有効な情報を提供してくれたり、場合によっては社員に代わって手続きをしてくれることもあります。

しかし定年後は、これらの手続きはすべて自分で処理しなければなりません。自分の手でやってみて初めてわかる会社の「ありがたさ」……。

でも、第2の人生は真の自立への第1歩です。これを機に、自分のことは自分でやっていきましょう。

定年前後の手続きはいろいろ

定年前後の手続きには決められた期限を過ぎると特典がなくなるものがあります。また給付の請求手続きは遅れるとそれだけ支給も遅くなりますから、手続きは早ければ早いほどよいということになります。

とくに、★印の特典を受けるには、急いで判断し、期限内に手続きしなければなりません。

◆雇用保険→PART1またはPART2へ

何を	どこへ	いつまでに	参照ページ
求職の申込み（離職票の提出）	住所地の公共職業安定所（ハローワーク）	離職票をもらった後すぐに	38ページ
60歳定年等の退職による受給期間の延長	住所地の公共職業安定所（ハローワーク）	退職日の翌日から2か月以内に	62ページ

病気・ケガによる受給期間の延長	住所地の公共職業安定所（ハローワーク）	就労不能の日が30日継続した日の翌日から一定期間内に	62ページ

◆国民年金・厚生年金→PART3へ

何を	どこへ	いつまでに	参照ページ
国民年金の種別変更（本人・配偶者の分）	市町村役場の国民年金担当窓口	退職日の翌日から14日以内に	108ページ
特別支給の老齢厚生年金の請求	年金事務所	受給資格を満たしたら早めに	122ページ
厚生年金基金への年金の請求	加入していた厚生年金基金・企業年金連合会	受給資格を満たしたら早めに	170ページ

◆健康保険→PART1またはPART4へ

何を	どこへ	いつまでに	参照ページ
健康保険証の返還	会社の担当窓口	退職日までに	13ページ
任意継続被保険者資格取得届★	住所地の協会けんぽまたは健康保険組合	退職日の翌日から20日以内に	176ページ
国民健康保険への加入	市区町村役場の国民健康保険担当窓口	退職日の翌日から14日以内に	180ページ
特例退職被保険者資格取得申請書★	退職時の健康保険組合	加入要件を満たした日から期限内に	184ページ

◆税　金→PART5へ

何を	どこへ	いつまでに	参照ページ
退職所得の受給に関する申告書	会社の担当窓口へ	退職金を支給されるとき	203ページ
公的年金等の受給者の扶養親族等申告書	日本年金機構	初年度は年金請求書提出のとき	209ページ
所得税の確定申告書	住所地の税務署	2月16日から3月15日まで	228ページ

「請求」しなければお金はもらえない

年金や失業等給付は、手続きをしなければもらえません。決められた期限内に必要書類を管轄の役所に提出する必要があります。手続きが遅れると、もらえる額が減ったり、もらえなくなったりしますので注意してください。雇用保険の失業等給付や年金の老齢給付を例に説明しましょう。

①失業等給付の場合

失業等給付のメインである基本手当を受けるためには、離職した日の翌日から起算して1年の間に、「求職の申込み」と「受給資格の確認」をしなければなりません。それもできるだけ早くしないと、基本手当の所定給付日数分がもらえなくなる場合があります（詳しくは61ページ参照）。

求職の申込み

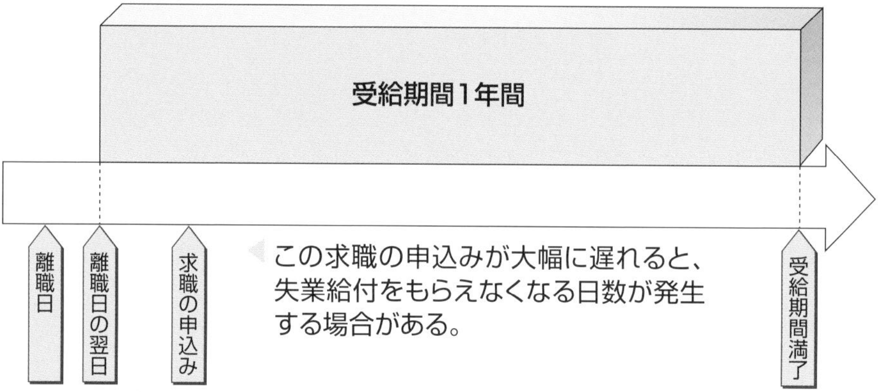

※定年退職者や自己の意思で離職した人の基本手当の所定給付日数は90日、120日、150日と3種類あり、被保険者であった期間によって決まる。なお、倒産・解雇などによる離職者（特定受給資格者という）は、66ページ参照。
※失業等給付とは雇用保険での給付をいい、求職者給付・就職促進給付・教育訓練給付・雇用継続給付の四つがある。
※本書では、求職者給付と就職促進給付の二つを便宜的に「失業給付」と呼ぶ。

②年金の老齢給付の場合

一定の年齢で退職したら自動的に年金が支払われると思っている人がいますが、請求しない人には年金は支払われません。受給資格のある年齢の人は、できるだけ早めに年金事務所に「年金請求」をしてください（詳しくは116ページ参照）。

老齢厚生年金の請求

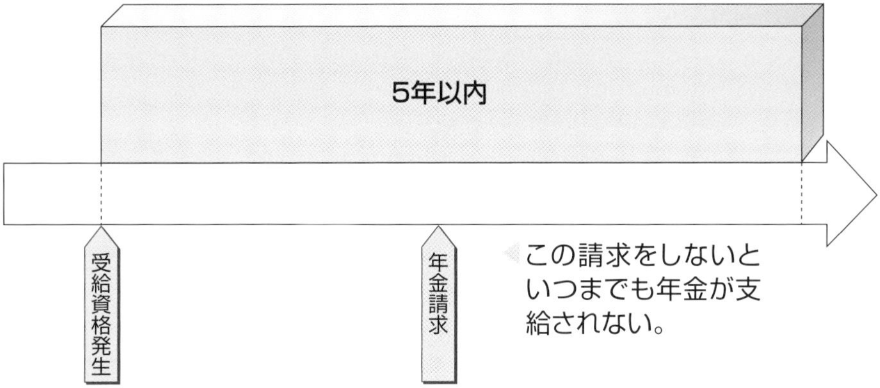

※年金の受給資格については110、122ページ参照

ひとことアドバイス　保険証は会社をやめるときに必ず返す

保険証というのは正確には「健康保険被保険者証」といって、会社を退職するときに必ず返却するものです。被保険者証が手元からなくなるときは、会社との縁が切れるのを実感するときでもあります。

返却せずに、退職後に同じ被保険者証を病院等で使ったらどうなるでしょうか。病院等では本人が退職したかどうかわからないので、その場では使えるかもしれませんが、後で協会けんぽまたは健康保険組合から保険診療分の全額を返還請求されることになります。

退職してお金が必要なときに大きな出費は痛い話です。退職したら必ず被保険者証を会社に返却し、退職後の医療保険へすばやく切り替えるのが賢明です（被扶養者の保険証も同時に返却します）。

準備 2

自分の経歴をチェックしてみよう

長い会社員生活、本当にお疲れさまでした。第2の人生のスタートにあたり、自分の経歴や経験内容・職務内容、得意分野をもう一度整理してみましょう。経歴をチェックすることは人生を総括するとともに、再就職するときの自分をアピールするのに大変役立ちます。
学校を卒業してから現在までの経歴をじっくりと思い出してみてください。配偶者のいる人は配偶者の経歴もいっしょに調べてみましょう。調べているうちに思わぬ厚生年金の加入期間が発見され、年金額が増えることもあります。

転職を繰り返した人は面倒がらずにじっくりと思い出す

学校を卒業した後、同じ会社に定年まで勤め上げた人なら自分の経歴は思い出すのは難しくありませんが、転職を繰り返した人は思い出すのに一苦労します。会社と会社との空白が埋まらず、また就職年月日・退職年月日も不正確になりがちです。時系列にその頃の出来事・事件・子どものことなどを振り返ってみると、結構思い出されてくるものです。

時系列に沿って経歴を振り返る

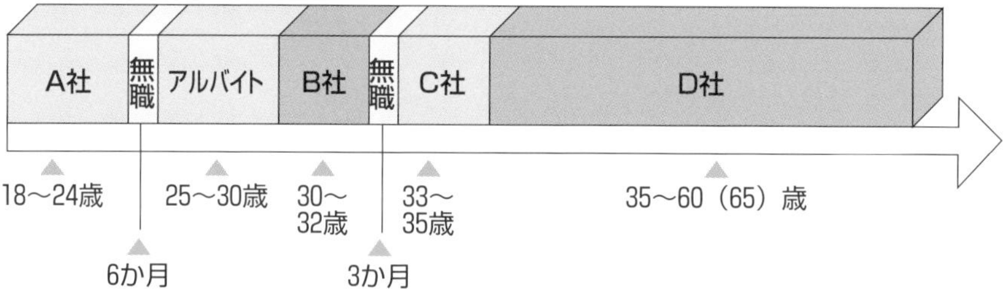

洗い出したものを経歴書にまとめよう

学生時代にアルバイトをしていたとか、いわゆるパートで働いたことがある人は、当時の会社名・所在地をできるだけ思い出して経歴書の中に書いておくとよいでしょう。例えば、次のような経歴書に整理してみます。

経歴書のパターン

そのときの出来事を記入しておくと経歴が思い出しやすい

経　歴　書

令和○年　○月　○日

氏名	高田　一夫	住所	〒132-0000 江戸川区東船堀○-○-○ 電話 03（3666）0000
生年月日	S○年　8月　3日生		
最終学校	法明大学　経済学部 S○年　3月　31日卒業	※特記	

	会社名 （支店・工場名）	会社の所在地 （わかれば本社の住所も）	勤務期間（年齢）	正社員 アルバイト	加入年金	※メモ
1	(株)東京貿易 （本社）	千代田区大手町○-○ （同上）	S○・4・1から(21) H○・3・20まで(38)	正	厚年	S○結婚 S○長男誕生
2	関西事務機(株) (東京営業所)	大阪市阿倍野区○-○ (新宿区新宿○-○)	H○・4・1から(38) H○・7・31まで(48)	正	厚年	
3		独立自営	H○・8・1から(48) H○・6・2まで(51)	―	国年	H○ 長男大学入学
4	(有)小林産業 （本社）	江戸川区小岩○-○ （同上）	H○・6・3から(51) H○・4・30まで(53)	アルバイト	？	
5	中丸商事(有) （本社）	千代田区神田○-○ （同上）	H○・5・1から(53) 現在・・まで(　)	正	厚年	
			・・から(　) ・・まで(　)			
			・・から(　) ・・まで(　)			
			・・から(　) ・・まで(　)			
			・・から(　) ・・まで(　)			
			・・から(　) ・・まで(　)			
			・・から(　) ・・まで(　)			

加入年金についても記入する

配偶者の分も記載するとよい

準備

3 基礎年金番号はわかりますか

基礎年金番号は定年後の年金請求のときはもちろん、年金事務所での年金見込額の試算や年金相談を受けるときにも必要なものです。わからない人は早めに確認しましょう。
なお、令和4年4月以降、新たに国民年金第1号～第3号被保険者となった人への資格取得のお知らせは、国民年金手帳の交付から基礎年金番号通知書の送付に変わりました。

基礎年金番号を確認する

年金手帳は、これまで、国民年金や厚生年金保険に加入した場合に交付される手帳でした。

平成8年までは、加入者にはオレンジ色の年金手帳（一部の人は厚生年金被保険者証の場合もある）が交付されていました。そこには、国民年金、厚生年金保険、共済組合の各公的年金制度でそれぞれの年金記号番号がつけれていました。そのため、複数の制度に加入したことがある人は、同じ人でも別々の番号をもっていました。

しかし、平成9年からは、すべての人に共通した年金番号「基礎年金番号」がつけられ、それによって1人1番号となりました。

この基礎年金番号は、その時点で厚生年金保険や国民年金に加入していた人は基礎年金番号通知書により、年金を受給している人は新しい年金証書により、通知されています。その後に発行された年金手帳には、基礎年金番号が記載されています。

さらに、令和4年4月以降は年金手帳が廃止され、年金手帳の交付に代わって、新たな様式の「基礎年金番号通知書」が発行され、送られています。

基礎年金番号の確認方法

ご自分の基礎年金番号は、以下の書類で確認することができます。なお、個人情報を保護するために、メールや電話で基礎年金番号を問い合わせて確認することはできません。

青色の 年金手帳	基礎年金番号 通知書

青色以外の年金手帳を持っている場合

青色以外の年金手帳を持っている人は、以下の書類で確認できます。

基礎年金番号 通知書	国民年金保険料の 口座振替額通知書
国民年金保険料の 納付書、領収書	年金証書
各種通知書等 （年金額改定通知書、 年金振込通知書など）	平成 28 年度 ねんきん定期便

それでも基礎年金番号が確認できない場合

上記の書類で自分の基礎年金番号が確認できない場合には、次のいずれかで確認してください。

・会社員の人などは、勤務先の総務関係の部署に問い合わせる。

・「ねんきん定期便」を手元に用意したうえで、「ねんきん定期便・ねんきんネット専用番号」に電話する。後日、基礎年金番号が記載された書類が郵送されます。

・お近くの年金事務所の窓口で相談する。

氏名変更・生年月日訂正も早めに行う

基礎年金番号通知書や年金手帳に記載されている氏名や生年月日に誤りがあったり、結婚などによって氏名が変わったりした場合は、訂正や変更の手続きをしなければなりません。登録漢字と戸籍上の漢字が違う場合も氏名変更になります。

勤務中の人は勤務先を通じて、すでに退職している人は住所地の年金事務所で手続きをします。なお現在、基礎年金番号とマイナンバーが結びついている場合は、結婚などによる氏名変更届は原則不要です。

被保険者氏名変更（訂正）届

在職中の場合は勤務先に書いてもらい、会社を通して提出する。退職している人は本人の氏名・住所・電話番号を記入し、自ら提出する

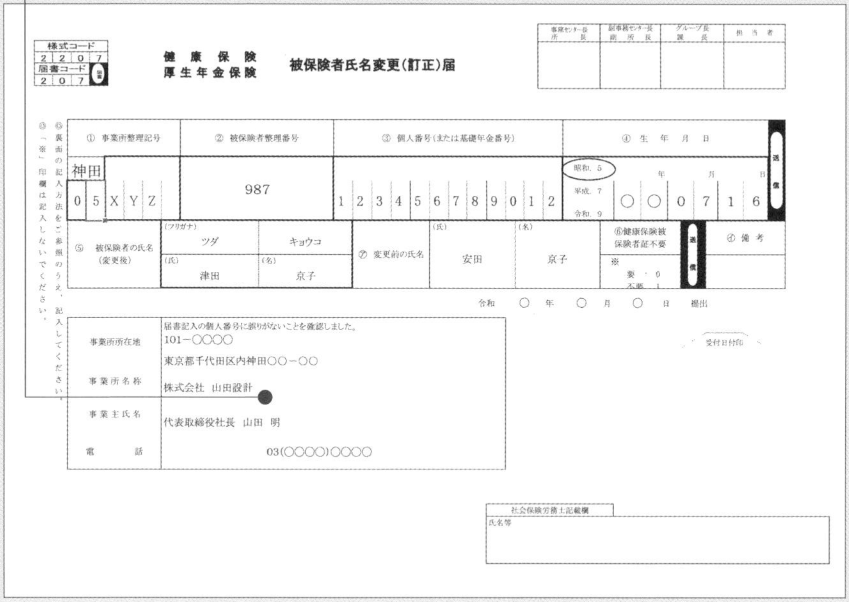

様式コード 2207
届書コード 207
健康保険
厚生年金保険
被保険者氏名変更(訂正)届

事務センター長 所長	副事務センター長 副所長	グループ長 課長	担当者

◎裏面の記入方法をご参照のうえ、記入してください。
◎「※」印欄は記入しないでください。

① 事業所整理記号	② 被保険者整理番号	③ 個人番号(または基礎年金番号)	④ 生年月日
神田 05XYZ	987	123456789012	昭和.5（平成.7 令和.9） ○○年07月16日

⑤ 被保険者の氏名（変更後）	(フリガナ) ツダ	キョウコ	⑦ 変更前の氏名	(氏) 安田	(名) 京子	⑥健康保険被保険者証不要 ※ 要・0 不要・1	㋐ 備考
	(氏) 津田	(名) 京子					

令和 ○ 年 ○ 月 ○ 日 提出

事業所所在地	届書記入の個人番号に誤りがないことを確認しました。 101−○○○○ 東京都千代田区内神田○○−○○
事業所名称	株式会社 山田設計
事業主氏名	代表取締役社長 山田 明
電話	03(○○○○)○○○○

受付日付印

社会保険労務士記載欄
氏名等

被保険者生年月日訂正届

在職中の場合は勤務先に書いてもらい、会社を通して提出する。退職している人は本人の氏名・住所・電話番号を記入し、自ら提出する

様式コード			
2	2	0	9
届書コード			
2	0	9	届書

健康保険
厚生年金保険

被保険者生年月日訂正届(処理票)

事務センター長 所長	副事務センター長 副所長	グループ長 課長	担当者

◎裏面の記入方法をご参照のうえ、記入してください。
◎「※」印欄は記入しないでください。

① 事業所整理記号	② 被保険者整理番号	③ 個人番号(または基礎年金番号)	④ 訂正前の生年月日	⑦ 種別(性別)	
神田 05 ヤ〇〇	123	1 2 1 2 3 4 5 6 7 8 9 0	(昭和.5) 平成.7 令和.9 〇〇年12月16日	(1.) 2. 5. 3. 6. 4. 7.	送信

④ 被保険者の氏名 (氏)	(名)	⑤ 生年月日(訂正後)	⑦ 作成原因	⑧※ 健康保険被保険者証不要		⑨ 備考
山田	俊夫	(昭和.5) 平成.7 令和.9 〇〇年12月18日		要 0 不要 1	送信	

令和 〇年 〇月 〇日 提出

届書記入の個人番号に誤りがないことを確認しました。

事業所所在地	〒 102-0000 東京都千代田区神田〇〇－〇〇
事業所名称	株式会社 山川商事
事業主氏名	代表取締役社長 山川 雅人
電話	03 (〇〇〇〇) 〇〇〇〇

社会保険労務士記載欄
氏名等

受付日付印

準備 4

年金額を試算しておこう

50歳以上の人が基礎年金番号のわかるものを持って年金事務所の年金相談室に行けば、コンピュータで自分の年金見込額を試算してくれます。その際、自分の経歴書もいっしょに持参し、厚生年金加入期間の記録と過去の勤務期間が合っているかどうかを確認してもらうことが重要なポイントです。「ねんきん定期便」についても内容を確認しましょう。

年金相談はどこに行けばよいか

年金相談は年金事務所の年金相談室もしくは年金相談サービスセンター（172ページ参照）で行います。年金に関することは個人情報ですから、相談は本人が行うのが原則ですが、仕事の都合などでどうしても行けないときは代理人による相談もできます。この場合には、委任状（依頼状）の提出が必要となります。事前に電話で予約してください。

年金相談のために当日持参するもの

①本人の基礎年金番号のわかるもの

②配偶者の基礎年金番号のわかるもの

③本人確認ができるもの
- 個人番号カード
- 運転免許証
- パスポートなど

④経歴書（できたら配偶者の分も）

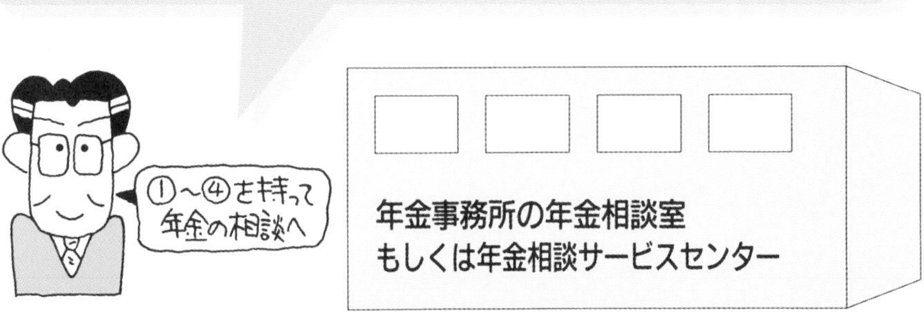

年金の額を事前に知りたかったら

年金の額を事前に知りたいときは、「ねんきん定期便」のほか、年金事務所の年金相談室または年金相談センターの年金相談を利用するか、インターネットを通じて「ねんきんネット」サービスを利用します。年金相談では、年金相談受付票に必要事項を記入して提出すれば、あなたのデータをコンピュータで呼び出して試算することができ、相談は無料です。また、インターネットによる年金加入記録照会や年金見込額の試算も日本年金機構のホームページ内の「ねんきんネット」で確認できます。試してみてください（https://www.nenkin.go.jp/index.html）。

年金相談受付票のサンプル

代理人の方が個人情報に関する相談をされる場合は、「委任状」と代理人の方の「本人確認ができるもの（運転免許証など）」が必要です。
（注）委任状をお持ちでない場合であっても、ご本人が身体の障がいにより相談することが困難であること及び窓口に来られた方がご家族であることが証明できる書類をお持ちの場合は、窓口にお申し出ください。

年金相談・手続受付票

受付年月日	令和　年　月　日	受付番号	

太枠内の黄色の部分を記入してください。なお、代理人の方は、委任者ごとに記入してください。

① 窓口に来られた方はどなたですか（□にレ点を付けてください）。

☑ 本人（以下の②、③欄を記入してください。）　□ 代理人（以下の②、③、④欄を記入してください。）

② 年金の手続きをされる方、相談をされる方について記入してください。　配偶者の有無　有・無

基礎年金番号（年金受給者の方は年金コード）	0000－123456－1234	生年月日	明治 大正 昭和 平成　27年 3月 12日
フリガナ	ナカイケ　タカシ		
氏名	中池 孝　（旧姓：　　） 男・女	電話	（03）0000－1234
住所	〒000－0000 台東区台東0－0－0		

※「死亡」に係る年金手続き・年金相談の場合は、亡くなられた方について記入してください。

基礎年金番号（年金受給者の方は年金コード）	－ －	生年月日	明治 大正 昭和 平成　年　月　日
フリガナ			
氏名	（旧姓：　　） 男・女	死亡日	平成　年　月　日

③ おたずねになりたいことを次の中から選んで○を付けるか、簡単に記入してください。

1. 年金受給の手続き（老齢年金 遺族年金 障害年金 繰上（減額）請求 繰下（増額）請求）
2. 年金受給後の手続き（住所・受取先の変更 雇用保険関係の手続き 再交付 死亡による年金停止）
3. 年金受給者のその他の相談（年金額 通知書内容）
4. その他の相談（加入期間確認 離婚時の年金分割 受給予定額の試算 年金加入期間確認通知書交付）
（その他：　　）

④ 代理の方は以下を記入してください。

フリガナ		続柄	配偶者 子 孫 父母 兄弟姉妹 その他（　）
氏名			
住所	〒　－　電話（　）　－		

※委任状をお持ちでない場合で、上記（注）の申出をされる方は記入してください。

本人が身体の障がいにより相談することが困難な理由	

※裏面については、記入の必要はありません

「ねんきん定期便」で加入記録をチェックしよう

持ち主のわからない5000万件を超える年金記録、いわゆる「消えた年金」問題を受け、平成20年度からすべての年金加入者に「ねんきん特別便」が送付され、年金記録の確認・訂正作業が進められました。

当時送付された「ねんきん特別便」については、年金の「加入制度」「加入月数」「納付済月数」「年金加入期間合計」などを確認し、「もれ」や「間違い」があったら、その旨を記入して返送することになっていました。

そして、平成21年4月からは、国民年金と厚生年金のすべての現役加入者に、毎年1回、誕生月に「ねんきん定期便」が送られることになっています。

「ねんきん定期便」には、厚生年金保険の標準報酬月額なども記載されていますので、ご自分の加入記録が正しいかどうかを確認しましょう。

「ねんきん定期便」の記載内容

①これまでの年金加入期間

②老齢年金の見込額

→50歳以上…将来の年金見込額（現在の年金への加入状態が60歳まで継続したものとして算出した老齢年金の見込額）

50歳未満…加入実績に応じた年金額

③これまでの保険料納付額（累計額）

④これまでの年金加入履歴

⑤厚生年金保険の標準報酬月額と保険料納付額の月別状況

⑥これまでの国民年金保険料の納付状況（月別）

※上記の資料のほかに、年金加入記録回答票、書類の見方や回答票の記載方法などを説明したリーフレット、回答票の返信用封筒などが同封されています。

なお、現在は、35歳、45歳、59歳の節目年齢の方には①～⑥の記録を更新した定期便が届き、それ以外の現役加入者には、上記の①～③の記録を更新したものと、⑤、⑥の直近1年分の情報が届きます。

ねんきん定期便

令和6年度「ねんきん定期便」50歳以上の方（表）

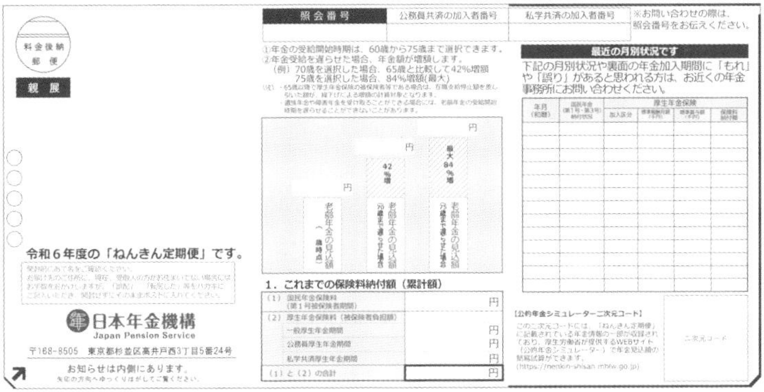

料金後納 郵便

親展

令和6年度の「ねんきん定期便」です。

日本年金機構
Japan Pension Service

〒168-8505　東京都杉並区高井戸西3丁目5番24号

お知らせは内側にあります。

照会番号	公務員共済の加入者番号	私学共済の加入者番号

※お問い合わせの際は、照会番号をお伝えください。

①年金の受給開始時期は、60歳から75歳まで選択できます。
②年金受給を遅らせた場合、年金額が増額します。
（例）70歳を選択した場合、65歳と比較して42%増額
75歳を選択した場合、84%増額(最大)

老齢年金の見込額（　歳時点）　円
老齢年金の見込額（70歳まで遅らせた場合）　42%増　円
老齢年金の見込額（75歳まで遅らせた場合）　最大84%増　円

1．これまでの保険料納付額（累計額）

（1）国民年金保険料（第1号被保険者期間）	円
（2）厚生年金保険料（被保険者負担額）	
一般厚生年金期間	円
公務員厚生年金期間	円
私学共済厚生年金期間	円
（1）と（2）の合計	円

最近の月別状況です

下記の月別状況や裏面の年金加入期間に「もれ」や「誤り」があると思われる方は、お近くの年金事務所にお問い合わせください。

【公的年金シミュレーター二次元コード】
(https://nenkin-shisan.mhlw.go.jp)

令和6年度「ねんきん定期便」50歳以上の方（裏）

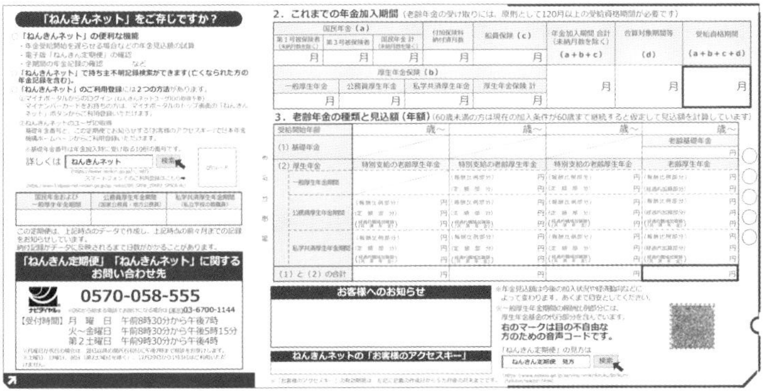

「ねんきんネット」をご存じですか？

「ねんきんネット」の便利な機能

「ねんきんネット」で持ち主不明記録検索ができます(亡くなられた方の年金記録を含む)。

「ねんきんネット」のご利用登録には2つの方法があります。

詳しくは　ねんきんネット　検索

「ねんきん定期便」「ねんきんネット」に関するお問い合わせ先

0570-058-555

03-6700-1144

【受付時間】月　曜　日　午前8時30分から午後7時
火～金曜日　午前8時30分から午後5時15分
第2土曜日　午前9時30分から午後4時

2．これまでの年金加入期間（老齢年金の受け取りには、原則として120月以上の受給資格期間が必要です）

国民年金（a） 第1号被保険者	第3号被保険者	国民年金 計	付加保険料納付済月数	船員保険（c）	年金加入期間 合計（未納月数を除く）(a+b+c)	合算対象期間等 (d)	受給資格期間 (a+b+c+d)
月	月	月	月	月	月	月	月

厚生年金保険（b） 一般厚生年金	公務員厚生年金	私学共済厚生年金	厚生年金保険 計
月	月	月	月

3．老齢年金の種類と見込額（年額）（60歳未満の方は現在の加入条件が60歳まで継続すると仮定して見込額を計算しています）

受給開始年齢	歳～	歳～	歳～	歳～
（1）基礎年金				老齢基礎年金 円
（2）厚生年金	特別支給の老齢厚生年金	特別支給の老齢厚生年金	特別支給の老齢厚生年金	老齢厚生年金
一般厚生年金期間		円	円	円
公務員厚生年金期間	円	円	円	円
私学共済厚生年金期間	円	円	円	円
（1）と（2）の合計	円	円	円	円

お客様へのお知らせ

※年金見込額は今後の加入状況や経済動向などによって変わります。あくまで目安としてください。

右のマークは目の不自由な方のための音声コードです。

「ねんきん定期便」の見方は　ねんきん定期便　見方　検索

ねんきんネットの「お客様のアクセスキー」

（出典：日本年金機構HP）

年金加入記録に「もれ」や「誤り」があるとき

「ねんきん定期便」で通知された内容に「もれ」や「誤り」がないかを確認して、とくに「加入期間」や「加入履歴」、「納付額」「納付状況」などに「もれ」や「誤り」疑問がある場合には、「年金加入記録回答票」にその旨を記入して返信します。

加入記録について「もれ」や「誤り」があると回答した場合は、提出された「年金加入記録回答票」の内容に基づいて調査が行われます。調査結果が手元に届くまで場合によっては相当の期間が必要となることもありますが、必ず「被保険者記録照会回答票」によって回答があります。

●「ねんきん定期便」の相談は「ねんきん定期便・ねんきんネット専用ダイヤル」へ

ねんきん定期便についてわからないことや疑問がある場合は、まずは「ねんきん定期便・ねんきんネット専用ダイヤル」に電話をかけてみましょう。

ねんきん定期便・ねんきんネット専用ダイヤル：

0570－058－555（IP電話・PHSの場合：03－6700－1144）

受付時間　月曜日：午前8時30分～午後7時まで
　火曜日～金曜日：午前8時30分～午後5時15分まで
　第2土曜日：午前9時30分～午後4時まで
　※月曜日が祝日の場合は、翌日以降の開所日初日に午後7時まで相談を受けている。
　※休日、祝日（第2土曜日を除く）、12月29日～1月3日は利用できない。

●「ねんきん定期便」が届かない人は

ねんきん定期便を受け取る住所が届けてある現住所と異なっている場合、「ねんきん定期便」を受け取ることができません。届けてある住所の訂正（変更）は、次のいずれかの窓口に申し出て行います。

（イ）国民年金に加入中（国民年金第１号被保険者）の方
　→市区町村役場の国民年金担当窓口へ

（ロ）厚生年金保険に加入中の方→勤務先の会社などへ

（ハ）会社員や公務員の被扶養配偶者（国民年金第３号被保険者）の方
　→配偶者の勤務先の会社などへ

年金加入記録回答票

加入記録に「もれ」や「誤り」がある場合に返送する

年金加入記録回答票

- 今回お届けした年金加入記録に「もれ」や「誤り」がある場合には、この様式に必要事項をご記入のうえ、同封の返信用封筒によりご返送ください。
- 「もれ」や「誤り」がない場合には、ご返送いただく必要はございません。

※　各共済組合等における加入記録については、各共済組合等にお問い合わせください。

1．はじめに、下の太枠内にご記入ください。　　（提出年月日　令和 ○ 年 ○ 月 ○ 日）

(フリガナ) 氏　名	○○　○○　○○　○○	照会番号	○○○○○○○○○○○○	
	○　○　○　○	生年月日	昭和・平成　○ 年　○ 月　○ 日	男・女
現住所	〒 ○○○-○○○○ 東京都中野区南台○-○-○			
電話番号	ご自宅　03　(○○○○) ○○○○	ご自宅以外	(　　　)	
代理人氏名		代理人連絡先	(　　　)	
代理人住所				

2．お知らせした年金加入記録に「もれ」や「誤り」がある場合は、追加すべき記録の内容や、修正すべき記録の内容をご記入ください（わかる範囲で結構です）。

① 該当番号	② 加入制度	(フリガナ) ③ お勤め先の名称	④ お勤め先の所在地または国民年金に加入していた当時の住所	⑤ 勤務期間または国民年金加入期間	⑥ 年金手帳の記号番号 当時の旧氏名
	国年 厚年 船保	○○産業	東京都新宿区新宿 ○-○	昭和○年 4月15日から 昭和○年 12月10日まで	
	国年 厚年 船保			年　月　日から 年　月　日まで	
	国年 厚年 船保			年　月　日から 年　月　日まで	
	国年 厚年 船保			年　月　日から 年　月　日まで	

3．お知らせした厚生年金保険などの標準報酬月額や国民年金の保険料納付状況に「誤り」がある場合は、該当する期間と「誤り」の具体的な内容をご記入ください。
※ご記入いただいた内容を調査するため、1でご記入いただいた連絡先に、後日、日本年金機構年金事務所よりご連絡させていただく場合がありますので、予めご了承ください。

⑦ 制度	⑧「誤り」のある期間	⑨「誤り」の具体的な内容
国年 厚年 船保	昭和・平成・令和　年　月から 昭和・平成・令和　年　月まで	
国年 厚年 船保	昭和・平成・令和　年　月から 昭和・平成・令和　年　月まで	
国年 厚年 船保	昭和・平成・令和　年　月から 昭和・平成・令和　年　月まで	

（注）この「年金加入記録 回答票」に書ききれない場合には、お手数ですが別途便せんなどにご記入ください。

準備 5

給与明細書は捨てずにとっておこう

「あなたの給与総額はいくらですか」と聞かれた場合、あなたは即座に答えられますか。手取り額ではありません、いわゆる税込みの額です(額面の金額)。

毎月控除される社会保険料の額や万一のときの保険給付の額は、この給与総額（基本給、諸手当、残業手当、通勤交通費を含めたもの）をもとに計算されます。したがって、毎月会社からもらう給与明細書は捨てずにとっておきましょう。紙の明細書ではない場合も、必ずデータを保管しておきましょう。退職した場合に離職票に記載されている賃金額や源泉徴収票の額等を確認できたり、退職する前に失業等給付の額を試算したりすることができます。

給与明細書でわかること

給与明細書を見たとき一番先に目が行くのは手取り額ではないでしょうか。給与収入で生計を立てている以上しかたのないことだと思いますが、健康保険・雇用保険・厚生年金・労災保険からのいろいろな給付は総支給額（基本給、諸手当、残業手当、通勤交通費を含めたもの）を基準にして計算されます。特に退職後の失業等給付の計算においては、退職直前6か月間の給与総額を1日あたりの額に換算し、その額の一定割合を基本手当日額として失業1日あたりの額としています。

給与明細書の確認

給与明細書と離職票の賃金額を確認しておくことがポイント

具体例で見てみよう「給与明細書」

給与明細書の具体例を見てみましょう。ある会社員給与明子さんの2024年9月、10月の2か月分です。

会社員Aさんの例

扶養家族は１名（配偶者）　業種はサービス業　　年齢45歳
健康保険は協会けんぽ（東京都）　厚生年金基金には加入していない。
標準報酬月額（33ページ参照）は、9月は23等級の410,000円、10月は24等級の440,000円である。

給与 明細書　　令和 6年 9月分
000-000　　0123　　給与 明子　様
株式会社RPPシステムズ

勤怠	要勤務日数	出勤日数					休日出勤日数	有休消化日数	有休残日数	
	19.00	19.00					1.00	1.00	20.00	
	残業時間	深夜時間	法内休日	休日深夜	法定休日	法休深夜	遅刻早退回数	遅刻早退時間		
	8:00	0:00	7:00	0:00	0:00	0:00	0.00	0:00		

支給	基本給	家族手当	住宅手当	役職手当	技術手当					
	288,000	10,000	20,000	40,000	20,000					
								残業手当	深夜手当	法内休日
								23,000	0	20,125
	休日深夜	法定休日		非課税通勤	課税通勤	遅刻早退控除	欠勤控除	課税合計	非課税合計	総支給額合計
	0	0		16,500	0	0	0	421,125	16,500	437,625
控除	健康保険	介護保険	厚生年金	厚生年金基金	確定拠出年金	雇用保険	社会保険調整	社会保険合計	課税対象額	所得税
	20,459	3,280	37,515	0	20,000	2,625	0	83,879	337,246	8,210
	住民税		財形貯蓄	親睦会費						
	8,500		30,000	2,000						
									控除計	控除合計
									48,710	132,589
記事							支払1	支払2	支払3	差引支給額
							305,036	0	0	305,036

給与 明細書　　令和 6年10月分
000-000　　0123　　給与 明子　様
株式会社RPPシステムズ

勤怠	要勤務日数	出勤日数					休日出勤日数	有休消化日数	有休残日数	
	22.00	21.00					1.00	2.00	18.00	
	残業時間	深夜時間	法内休日	休日深夜	法定休日	法休深夜	遅刻早退回数	遅刻早退時間		
	12:00	0:00	0:00	0:00	7:00	0:00	0.00	0:00		

支給	基本給	家族手当	住宅手当	役職手当	技術手当					
	288,000	10,000	20,000	40,000	20,000					
								残業手当	深夜手当	法内休日
								34,500	0	0
	休日深夜	法定休日		非課税通勤	課税通勤	遅刻早退控除	欠勤控除	課税合計	非課税合計	総支給額合計
	0	21,735		16,500	0	0	0	434,235	16,500	450,735
控除	健康保険	介護保険	厚生年金	厚生年金基金	確定拠出年金	雇用保険	社会保険調整	社会保険合計	課税対象額	所得税
	21,956	3,520	40,260	0	20,000	2,704	0	88,440	345,795	8,860
	住民税		財形貯蓄	親睦会費						
	8,500		30,000	2,000						
									控除計	控除合計
									49,360	137,800
記事							支払1	支払2	支払3	差引支給額
							312,935	0	0	312,935

＊総支給額が重要。総支給額は、社会保険料や各種給付（傷病手当金、失業給付、労災補償給付など）の基準となる額である。なお、定額減税は考慮していない。

給与総額は給付にどのように反映されているか

給与総額は社会保険料の計算の基礎であると同時に、保険給付の計算の基礎でもあります。ここで、社会保険での代表的な給付の例をあげておきます。

①健康保険

傷病手当金

どういうとき	病気やケガにより療養のため仕事に就くことができず、会社から給与がでないとき
いつから	労務不能が3日続いた（連続3日間休業した）後
いつまで	支給開始日から通算して１年６か月 （支給開始日が令和2年7月2日以降の場合）
いくら	１日あたり原則として、標準報酬日額*× $\frac{2}{3}$

＊標準報酬月額（32 ページ参照）を日額に換算したもの

②厚生年金保険

老齢厚生年金

どういうとき	厚生年金の被保険者期間が１か月以上ある人が、老齢基礎年金の資格期間を満たしているとき
いつから	65 歳から
いつまで	一生の間
いくら	平均標準報酬額*×（1000 分の 5.481 ～ 1000 分の 7.125)×被保険者期間月数

＊在職中の標準報酬月額（33ページ参照）と標準賞与額を平均した額
（平成15年4月以降の分の計算。平成15年3月までは123ページ参照）

③雇用保険

失業給付の基本手当

どういうとき	原則として退職する前２年間に、被保険者期間が通算 12 か月以上ある人が失業しているとき
いつから	求職の申込みをし、待期期間（通算７日）が満了してから〈ただし、自己都合退職者は待期期間が満了した後２(３)か月間は給付されない〉
いつまで	基本手当の受給期間は、離職日の翌日から１年間
いくら	基本手当日額*× 90 日～ 150 日（定年・自己都合退職者の場合） × 90 日～ 360 日（特定受給資格者等の場合）

＊基本手当日額は、退職前6か月間の給与総額をもとに賃金日額を算出し、その賃金日額の45%～80%の額である。

給与から控除される社会保険料はどのように計算されているか

毎月の給与から控除される雇用保険料、健康保険料、介護保険料、厚生年金保険料については、ほとんどの人が「会社まかせだからよくわからない」というでしょう。しかし社会保険料も働いて稼いだ給与の一部なのです。徴収される社会保険料の計算がどのようになされているのかは知っておいたほうがよいので次に説明しましょう。

①雇用保険料

雇用保険料は会社と従業員が給与総額に一定率を掛けた額を負担しています。給与から控除される従業員負担の雇用保険料は、毎月その人の給与総額が変わるごとに計算され、額が変わるしくみになっています。

雇用保険料の計算式

雇用保険料 ＝ 給与の総支給額×雇用保険料率

雇用保険料率および会社・従業員負担率（令和6年度）

事業の種類	雇用保険料率	従業員負担率	会社負担率
一般の事業	1000分の15.5	1000分の6	1000分の9.5
建設の事業	1000分の18.5	1000分の7	1000分の11.5
農林水産 清酒製造業	1000分の17.5	1000分の7	1000分の10.5

※実際に給与から控除される雇用保険料の従業員の負担額は給与の総支給額×従業員負担率となる（令和6年5月現在）。

②健康保険料

健康保険の各保険料は「標準報酬月額」（保険料を計算しやすくするための仮の給与）を用いて算出されます。この標準報酬月額とは、原則として4月、5月、6月に支払われる給与総額（賞与は除く）を1か月平均にし、あらかじめ50等級に区分されている標準報酬月額（P.33参照）のどのランクに該当するかを毎年決定していくものです。

この決定された標準報酬月額に保険料率を掛けることで、健康保険の保険料が算出されます。雇用保険料とは違い、給与総額に多少の変動があっても、毎月決まった額が控除されていきます。

健康保険料の計算式

[下記計算式の額の2分の1ずつを、会社と従業員が負担している]

健康保険料 ＝ 標準報酬月額×保険料率

全国健康保険協会管掌健康保険（協会けんぽ）の保険料率＝1000分の93.5～104.2

（※保険料率は都道府県ごとに決定される）

組合管掌健康保険の保険料率＝1000分の30～1000分の130

※基本的には、上記の保険料は労使折半（健康保険組合によっては、従業員負担が少ないところもある）。保険料率は令和6年5月現在。

介護保険料の計算式

介護保険料	＝	標準報酬月額×保険料率

全国健康保険協会管掌介護保険の保険料率＝1000分の16.0
組合管掌介護保険の保険料率＝組合の規定による率
※基本的には、上記の保険料は労使折半。保険料率は令和6年5月現在。

③厚生年金保険料

厚生年金保険料の計算式は健康保険料の計算式と同じで、「標準報酬月額」に保険料率を掛けて算出されます。

厚生年金保険料の計算式

[下記計算式の額の2分の1ずつを会社と労働者が負担している]

厚生年金保険料	＝	標準報酬月額×保険料率

保険料率＝1000分の183.0
厚生年金基金（170ページ参照）に加入している場合：
保険料率＝1000分の133.0～159.0
（令和6年5月現在）

ひとことアドバイス　通勤手当や残業手当も給与総額に含まれる

社会保険料は、通勤手当や残業手当・休日勤務手当等も給与総額に含めて計算されます。税金は月額15万円までの合理的な運賃等の通勤手当を非課税扱いとしていますが、社会保険は額に関係なく給与総額に含めて計算されます。通勤手当に税金はからないのに社会保険料にはかかるというのは不公平ではないかと思われる人もいるでしょう。しかし、一方で給与総額は保険給付の計算の基礎額でもあるのです。老齢になったり、失業したり、ケガ・病気で収入がなくなったとき、労災事故・通勤災害で働けなくなったときなどにもらえる保険給付には、この通勤手当も反映されているのです。

賞与から控除される社会保険料はどのように計算されているか

社会保険料は、毎月の給与からと、年3回以下の賞与から控除されます。

①雇用保険料

賞与から控除される雇用保険料は給与の場合と同じく次の計算式で算出されます。

実際に支払われる賞与額 （上限はなし）	×	1000分の6 （建設業等は1000分の7）

②健康保険料・介護保険料

毎月の給与から控除される保険料のように標準報酬月額を基準とするのではなく、賞与（注1）の場合は、標準賞与額（注2）を基準として次の計算式で算出されます。

標準賞与額 （上限年573万円）	×	従業員負担の保険料率 （協会けんぽの場合、健康保険1000分の46.75～52.10・介護保険1000分の8.0）

注1：賞与とは　賞与とは、賃金、給料、俸給、手当、賞与、その他名称の如何にかかわらず、被保険者が労務の対償として受けるすべてのもののうち3カ月を超える期間ごと（年3回以下）に支払われるものをいいます。ただし、大入り袋や見舞金のような臨時に受けるものは含まれません。

注2：標準賞与額とは　実際に支給された賞与額から1000円未満を切り捨てた額が標準賞与額となり、賞与が支給されるごとに決定され、1年間（4月～翌年3月）の上限額は573万円となります。

③厚生年金保険料

健康保険料・介護保険料の算出方法と基本的に同じですが、厚生年金保険料の場合は、標準賞与額の上限が年573万円ではなく、1回1か月あたり150万円となっており、次の計算式で算出されます。

標準賞与額 （上限150万円）	×	従業員負担の保険料率 （厚生年金保険1000分の91.50）

注3：保険料の円未満の端数処理　保険料額表の被保険者負担分の金額に円未満の端数がある場合（事業主と被保険者の間で特約がある場合を除きます。）、つぎの方法により処理することとなります。①事業主が給料から被保険者負担分を控除する場合は、被保険者負担分の端数が50銭以下の場合は切り捨てし、50銭を超える場合は切り上げして1円となります。②被保険者が被保険者負担分を事業主の方へ現金で支払う場合は、被保険者負担分の端数が50銭未満の場合は切り捨てし、50銭以上の場合は切り上げして1円となります。

＊通貨の単位および貨幣の発行等に関する法律(第3条第1項)

健康保険・厚生年金保険標準報酬月額保険料額表（被保険者負担分）

健康保険料は協会けんぽ（東京都）のもの。協会けんぽの保険料率は都道府県ごとに決められる。

等級	報酬月額		標準報酬	健康保険（介護保険料含む）		厚生年金保険	
	（以上）	（未満）	月額	一般	任意継続	一般	全額
1	～	63,000	58,000	3,358.2	6,716		
2	63,000～	73,000	68,000	3,937.2	7,874		
3	73,000～	83,000	78,000	4,516.2	9,032		
4（1）	83,000～	93,000	88,000	5,095.2	10,190	8,052.00	16,104.00
5（2）	93,000～	101,000	98,000	5,674.2	11,348	8,967.00	17,934.00
6（3）	101,000～	107,000	104,000	6,021.6	12,043	9,516.00	19,032.00
7（4）	107,000～	114,000	110,000	6,369.0	12,738	10,065.00	20,130.00
8（5）	114,000～	122,000	118,000	6,832.2	13,664	10,797.00	21,594.00
9（6）	122,000～	130,000	126,000	7,295.4	14,590	11,529.00	23,058.00
10（7）	130,000～	138,000	134,000	7,758.6	15,517	12,261.00	24,522.00
11（8）	138,000～	146,000	142,000	8,221.8	16,443	12,993.00	25,986.00
12（9）	146,000～	155,000	150,000	8,685.0	17,370	13,725.00	27,450.00
13（10）	155,000～	165,000	160,000	9,264.0	18,528	14,640.00	29,280.00
14（11）	165,000～	175,000	170,000	9,843.0	19,686	15,555.00	31,110.00
15（12）	175,000～	185,000	180,000	10,422.0	20,844	16,470.00	32,940.00
16（13）	185,000～	195,000	190,000	11,001.0	22,002	17,385.00	34,770.00
17（14）	195,000～	210,000	200,000	11,580.0	23,160	18,300.00	36,600.00
18（15）	210,000～	230,000	220,000	12,738.0	25,476	20,130.00	40,260.00
19（16）	230,000～	250,000	240,000	13,896.0	27,792	21,960.00	43,920.00
20（17）	250,000～	270,000	260,000	15,054.0	30,108	23,790.00	47,580.00
21（18）	270,000～	290,000	280,000	16,212.0	32,424	25,620.00	51,240.00
22（19）	290,000～	310,000	300,000	17,370.0	34,740	27,450.00	54,900.00
23（20）	310,000～	330,000	320,000	18,528.0		29,280.00	58,560.00
24（21）	330,000～	350,000	340,000	19,686.0		31,110.00	62,220.00
25（22）	350,000～	370,000	360,000	20,844.0		32,940.00	65,880.00
26（23）	370,000～	395,000	380,000	22,002.0		34,770.00	69,540.00
27（24）	395,000～	425,000	410,000	23,739.0		37,515.00	75,030.00
28（25）	425,000～	455,000	440,000	25,476.0		40,260.00	80,520.00
29（26）	455,000～	485,000	470,000	27,213.0		43,005.00	86,010.00
30（27）	485,000～	515,000	500,000	28,950.0		45,750.00	91,500.00
31（28）	515,000～	545,000	530,000	30,687.0		48,495.00	96,990.00
32（29）	545,000～	575,000	560,000	32,424.0		51,240.00	102,480.00
33（30）	575,000～	605,000	590,000	34,161.0		53,985.00	107,970.00
34（31）	605,000～	635,000	620,000	35,898.0		56,730.00	113,460.00
35（32）	635,000～	665,000	650,000	37,635.0		59,475.00	118,950.00
36	665,000～	695,000	680,000	39,372.0			
37	695,000～	730,000	710,000	41,109.0			
38	730,000～	770,000	750,000	43,425.0			
39	770,000～	810,000	790,000	45,741.0			
40	810,000～	855,000	830,000	48,057.0			
41	855,000～	905,000	880,000	50,952.0			
42	905,000～	955,000	930,000	53,847.0			
43	955,000～	1,005,000	980,000	56,742.0			
44	1,005,000～	1,055,000	1,030,000	59,637.0			
45	1,055,000～	1,115,000	1,090,000	63,111.0			
46	1,115,000～	1,175,000	1,150,000	66,585.0			
47	1,175,000～	1,235,000	1,210,000	70,059.0			
48	1,235,000～	1,295,000	1,270,000	73,533.0			
49	1,295,000～	1,355,000	1,330,000	77,007.0			
50	1,355,000～		1,390,000	80,481.0			

※健康保険の保険料率の全国平均は1000分の100.0、東京都は1000分の99.8（令和6年5月現在）であり、事業主と被保険者が半分ずつ負担する。ただし、任意継続被保険者は全額自己負担となる。

※厚生年金保険の保険料率は、一般が1000分の183.0（令和6年5月現在）で事業主と被保険者が半分ずつ負担する。

※厚生年金基金の加入員は、厚生年金保険の保険料率は1000分の133.0から1000分の159.0まで（令和6年5月現在）になっており、各基金ごとに決定されている免除保険料率（1000分の50から1000分の24まで）により異なる。

※厚生年金基金に加入している被保険者は厚生年金保険の保険料率と基金の免除保険料率のそれぞれ半分ずつを負担する。

※厚生年金保険の高齢任意加入被保険者は、事業主の同意がないときは全額自己負担となる。

※厚生年金保険の保険料は、標準報酬月額が650,000円を超えるときには650,000円、88,000円未満の時は88,000円に対する保険料となる。

※組合管掌の健康保険料率は各組合によって異なる（要確認のこと）

※金額に1円未満の端数が生じる場合には切り捨てて表示してある。

※坑内員に関する保険料は省略。

※等級欄の（　）内の数字は、厚生年金保険の標準報酬月額等級である。

＊本表の料率・保険料は令和6年5月現在適用分。ただし、健康保険欄は介護保険料分16.0/1000が含まれている。40歳以上65歳未満の介護保険第2号被保険者の介護保険料率は16.0/1000であり、事業主と被保険者が半分ずつ負担する。

任意継続被保険者の保険料は、原則として退職時の標準報酬月額に応じた保険料だが、退職時の標準報酬月額が30万円を超える場合は、30万円に対する保険料になる（令和6年度）。

準備 6

退職後の収支をはっきりさせておこう

退職後も世間並みの生活をしていくための費用は、いったいいくら必要なのでしょうか。まず、生活費が月いくらかかるか試算し、次にその生活費を得るための方法、つまり収入源をはっきりさせておきましょう。

退職後の生活費はいくらかかるかを試算しておこう

まず、定年後の生活費がいくらかかるのかを試算しておきます。

生活資金と収支バランス（例）

（月額）

			2024年～	2029年～	2034年～	2039年～
		夫（年齢）	60歳	65歳	70歳	75歳
		妻（年齢）	58歳	63歳	68歳	73歳
収入	継続的収入	公的年金（本人）				
		公的年金（配偶者）				
		企業年金				
		給与収入（本人）				
		運用利息				
		賃貸料				
		その他収入				
	短期的収入	失業給付				
		給与収入（配偶者）				
	収入合計					
支出	固定支出	食費				
		水道光熱費				
		通信費				
		住居費（住宅ローン等）				
		損害保険料				
		生命保険料				
		税金・社会保険料				
		諸会費				
		消耗品				
		医療費				
		理美容費				
	流動支出	教養娯楽費				
		交際費				
		冠婚葬祭費				
		衣料費				
		嗜好品				
		その他				
	支出合計					
収支差額						
資産	預貯金	預貯金				
	有価証券	有価証券				
	一時的収入	退職金				
		売却益金				
		満期保険金				
	資産合計					
	補てん資産					
	資産残高					

退職後の生活費の収入源を確保しよう

退職後の収入源をあげれば、次のものが考えられます。

退職後の収入源

再就職による給与収入 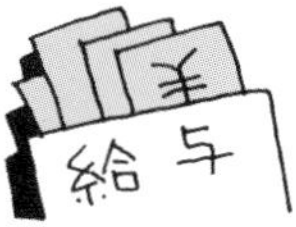	特技、資格を生かして独立・自営による収入 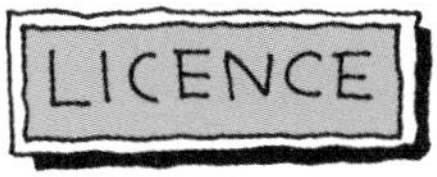	公的年金 
失業給付 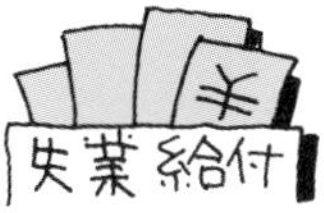	退職金または退職年金 	財形年金 
貯蓄商品の運用利子 	株式・不動産の運用 	個人年金 

全国にある高齢者のための職業あっせん機関を利用しよう

働いて収入を得たい人は、職業あっせん機関を利用してみましょう。中高年齢者の職業相談・職業あっせんを実施しているのは次のところです。

職業あっせん機関

ハローワーク	国が行う無料の職業紹介機関です。現在、全国300か所のハローワークには、通常の窓口の他に「生涯現役支援窓口」が設置されています。この窓口はおおむね60歳以上の再就職を目指す人を対象とし、企業の求人情報等を提供しています。
シルバー人材センター	公益社団法人全国シルバー人材センター事業協会をトップとする組織で、定年退職者やその他の高年齢退職者に対する「生きがいを得るための就業」機会の提供を行っています。そのライフスタイルに合わせた「臨時的かつ短期的又はその他の軽易な業務」を提供するとともに、ボランティア活動をはじめとするさまざまな社会参加を通じて、高年齢者の健康で生きがいのある生活の実現と、地域社会の福祉の向上と活性化に貢献しています。

準備7 配偶者の第3号被保険者関係届について確認する

厚生年金や共済組合の加入者に扶養されている配偶者（加入者の夫・妻）は、国民年金の第3号被保険者となります。第3号被保険者になった場合は、必ず勤務先の会社を通じて届け出をしなければなりません。この届け出をすることによって、保険料を納めることなく配偶者の年金権が確保されるのです。この届出漏れがないかどうか、在職中に確認しましょう。漏れていた場合、現在は、第3号被保険者の届出漏れに対してやむを得ない事由がある場合、特例届または特定期間該当届を提出することで2年以上前に遡って未届期間を保険料納付済期間とすることができるようになっています。

第3号被保険者とは何か

国民年金の被保険者には、第1号被保険者、第2号被保険者、第3号被保険者の3種類があります。第3号被保険者とは第2号被保険者に扶養されている配偶者をいい、妻ばかりでなく、夫の方が該当する場合もあります。

●国民年金の被保険者の種類

第1号被保険者

農林漁業・自営業・自由業の人とその配偶者および学生

第2号被保険者

厚生年金・共済組合に加入している人

第3号被保険者

第2号被保険者に扶養されている配偶者

第3号被保険者の届け出は会社が変わるたびに行う

第3号被保険者の届け出は、会社が変わるたびに新しい会社に提出する必要があります。提出を受けた会社は年金事務所に届け出を行います。前の会社で一度届け出たから必要ないというものではありません。

第3号被保険者関係届が必要な場合の例

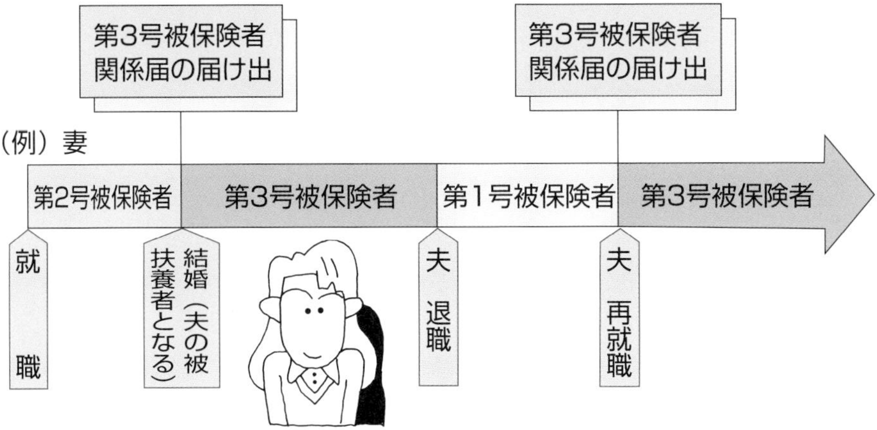

第3号被保険者関係届を提出する時期の具体例

会社 印のときが「第3号被保険者関係届」を提出するところ。図の 本人・会社 は、手続きを行う義務者を示している。

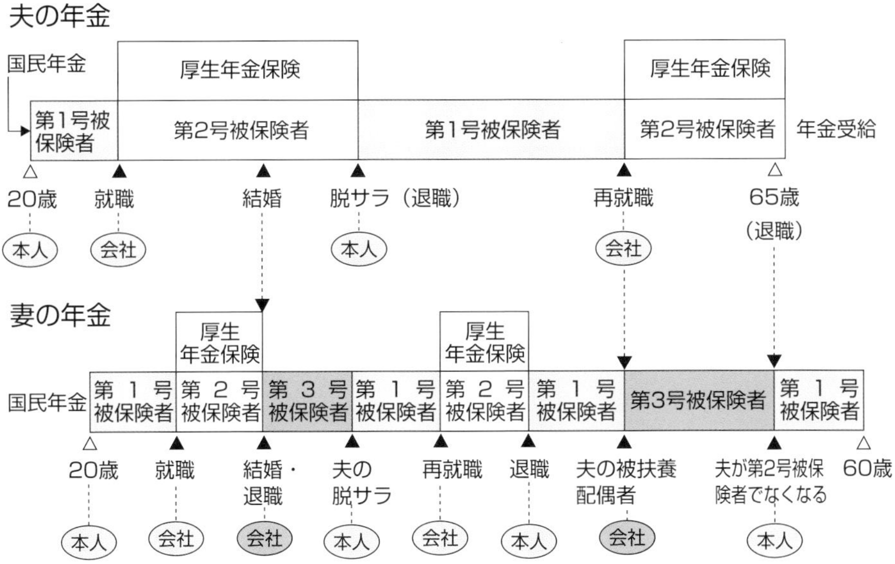

準備

8

ハローワーク（公共職業安定所）で「求職の申込み」をする

会社を退職した後も就職して収入を得なければならない人、収入面では心配ないけれども健康なうちに働けるだけ働きたいと思っている人は、求職活動をする必要があります。離職後に「求職の申込み」をし、その後に住所地の公共職業安定所（ハローワーク）で受給手続きを行います。そのとき会社からもらった「離職票」も提出します。離職後に積極的に就職活動をしているけれども適職が見つからない状態であれば、失業認定が行われた日数分の失業給付が支給されます。ただし、60歳台前半の老齢厚生年金とは併給されないので、注意が必要です。

退職したら「離職票」はできるだけ早くもらう

退職者は「離職票」をできるだけ早く会社からもらったほうがよいのですが、会社が離職票に関する手続きをハローワークに行う期限は退職日の翌日から10日以内となっていますので、退職日の翌日にもらうというのは一般的に難しいでしょう。会社の手続きの都合もあるでしょうから、法定の期限内である以上、早くしてくれと無理強いはできません。退職する前に、いつ頃もらえるかを会社に確かめておくとよいでしょう。

●会社が行う退職者に関する雇用保険の手続き

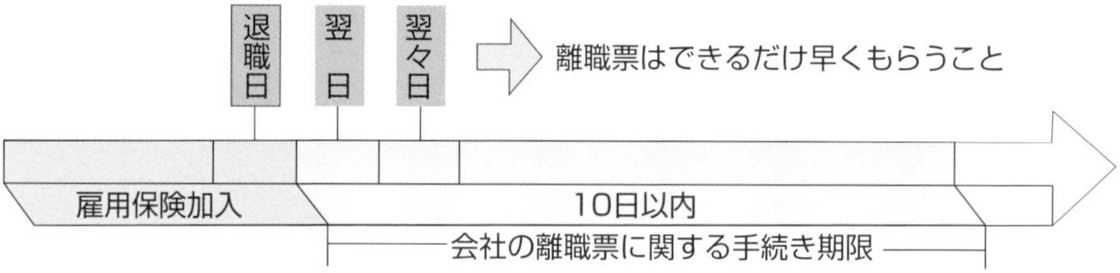

離職票の内容を確認しておこう

離職票には「離職票－1」と「離職票－2」があり、それぞれの内容は右ページの通りです。特に離職票-2は退職者の離職前2年間（直前の6か月までしか記入されていない場合もある）の給与が記入されており、失業給付の額に直接反映するものです。手元にある給与明細書と照合しておくとよいでしょう。また、離職理由は所定給付日数の決定に影響しますから、離職票の中の「離職理由」が正しいかどうかをチェックしておきましょう。

●離職票－1と離職票－2

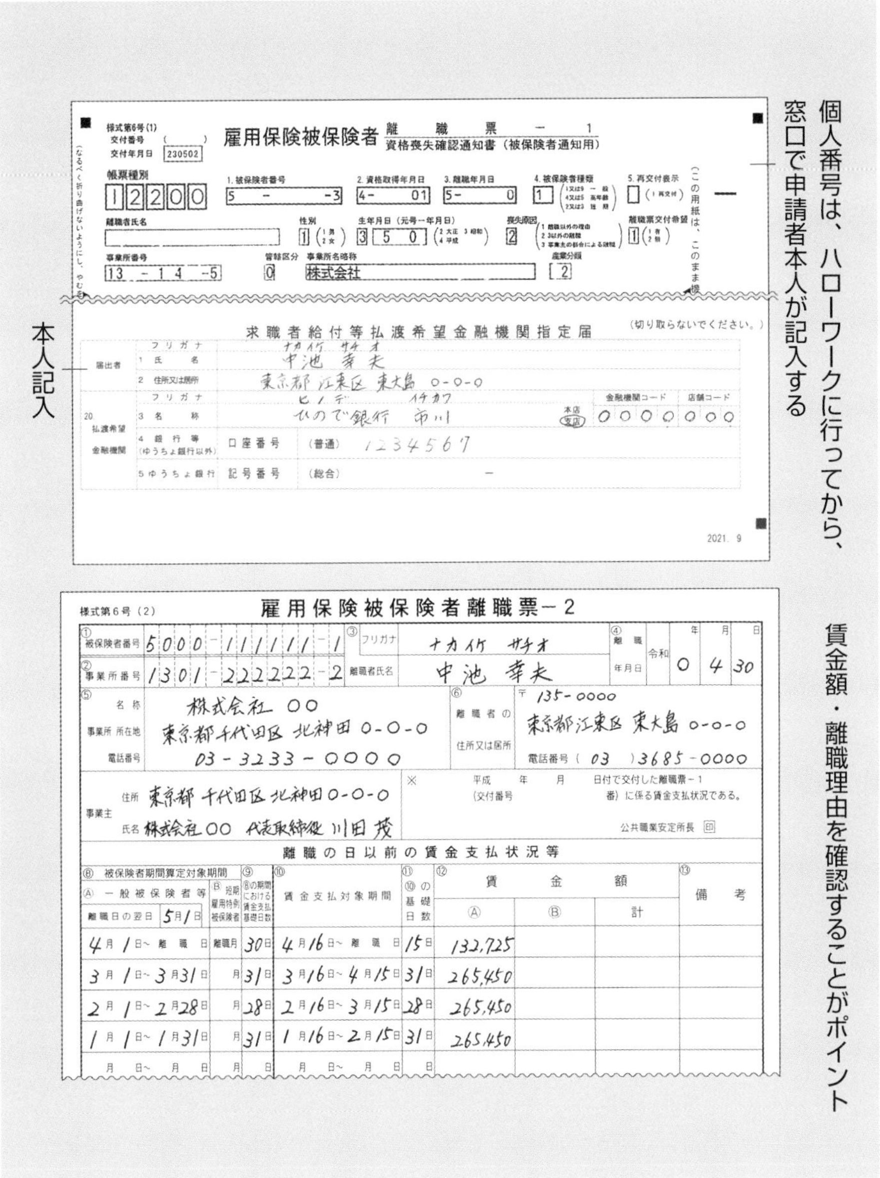

「求職の申込み」を行い、その後に受給手続きを行う

「受給手続き」は、住所地のハローワークで行います。そのときには、雇用保険被保険者証と会社からもらった離職票とともに、次の書類を提出します。

●最初にハローワークへ行ったときに提出するもの

①離職票－1　②離職票－2　③マイナンバーカード
④写真2枚（毎回マイナンバーカードの提示で省略可能）
⑤本人名義の預金通帳

●離職票－2の右欄（例）

⑦離職理由欄…離職者の方は、主たる離職理由が該当する理由を1つ選択し、左の離職者記入欄の□の中に○印を記入の上、下の具体的事情記載欄に具体的事情を記載してください。

【離職理由は所定給付日数・給付制限の有無に影響を与える場合があり、適正に記載してください。】

事業主記入欄　離職者記入欄　離　職　理　由　※離職区分

1　事業所の倒産等によるもの
…(1)　倒産手続開始、手形取引停止による離職
…(2)　事業所の廃止又は事業活動停止後事業再開の見込みがないため離職
2　定年によるもの
…定年による離職（定年 60 歳）
定年後の継続雇用 {を希望していた（以下のaからcまでのいずれかを1つ選択してください）/を希望していなかった}
a　就業規則に定める解雇事由又は退職事由（年齢に係るものを除く。以下同じ。）に該当したため
（解雇事由又は退職事由と同一の事由として就業規則又は労使協定に定める「継続雇用しないことができる事由」に該当して離職した場合も含む。）
b　平成25年3月31日以前に労使協定により定めた継続雇用制度の対象となる高年齢者に係る基準に該当しなかったため
c　その他（具体的理由：　）
3　労働契約期間満了等によるもの
…(1)　採用又は定年後の再雇用時等にあらかじめ定められた雇用期限到来による離職
（1回の契約期間　箇月、通算契約期間　箇月、契約更新回数　回）
（当初の契約締結後に契約期間や更新回数の上限を短縮し、その上限到来による離職に該当　する・しない）
（当初の契約締結後に契約期間や更新回数の上限を設け、その上限到来による離職に該当　する・しない）
（定年後の再雇用時にあらかじめ定められた雇用期限到来による離職で　ある・ない）
（4年6箇月以上5年以下の通算契約期間の上限が定められ、この上限到来による離職で　ある・ない）
→ある場合（同一事業所の有期雇用労働者に一様に4年6箇月以上5年以下の通算契約期間の上限が平成24年8月10日前から定められて　いた・いなかった）
…(2)　労働契約期間満了による離職
①　下記②以外の労働者
（1回の契約期間　箇月、通算契約期間　箇月、契約更新回数　回）
（契約を更新又は延長することの確約・合意の　有・無（更新又は延長しない旨の明示の　有・無））
（直前の契約更新時に雇止め通知の　有・無）
（当初の契約締結後に不更新条項の追加が　ある・ない）
労働者から契約の更新又は延長 {を希望する旨の申出があった/を希望しない旨の申出があった/の希望に関する申出はなかった}
【契約の更新又は延長の希望の　有・無】
②　労働者派遣事業に雇用される派遣労働者のうち常時雇用される労働者以外の者
（1回の契約期間　箇月、通算契約期間　箇月、契約更新回数　回）
（契約を更新又は延長することの確約・合意の　有・無（更新又は延長しない旨の明示の　有・無））
労働者から契約の更新又は延長 {を希望する旨の申出があった/を希望しない旨の申出があった/の希望に関する申出はなかった}
a　労働者が適用基準に該当する派遣就業の指示を拒否したことによる場合
b　事業主が適用基準に該当する派遣就業の指示を行わなかったことによる場合（指示した派遣就業が取りやめになったことによる場合を含む。）
（aに該当する場合は、更に下記の5のうち、該当する主たる離職理由を更に1つ選択し、○印を記入してください。該当するものがない場合は下記の6に○印を記入した上、具体的な理由を記載してください。）
【契約の更新又は延長の希望の　有・無】
…(3)　早期退職優遇制度、選択定年制度等により離職
…(4)　移籍出向
4　事業主からの働きかけによるもの
…(1)　解雇（重責解雇を除く。）
…(2)　重責解雇（労働者の責めに帰すべき重大な理由による解雇）
(3)　希望退職の募集又は退職勧奨
……①　事業の縮小又は一部休廃止に伴う人員整理を行うためのもの
……②　その他（理由を具体的に　）
5　労働者の判断によるもの
(1)　職場における事情による離職
……①　労働条件に係る問題（賃金低下、賃金遅配、時間外労働、採用条件との相違等）があったと労働者が判断したため
……②　事業主又は他の労働者から就業環境が著しく害されるような言動（故意の排斥、嫌がらせ等）を受けたと労働者が判断したため
……③　妊娠、出産、育児休業、介護休業等に係る問題（休業等の申出拒否、妊娠、出産、休業等を理由とする不利益取扱い）があったと労働者が判断したため
……④　事業所での大規模な人員整理があったことを考慮した離職
……⑤　職種転換等に適応することが困難であったため（教育訓練の　有・無）
……⑥　事業所移転により通勤困難となった（なる）ため（旧（新）所在地：　）
……⑦　その他（理由を具体的に　）
…(2)　労働者の個人的な事情による離職（一身上の都合、転職希望等）
……①　職務に耐えられない体調不良、けが等があったため
……②　妊娠、出産、育児等のため
……③　家庭の事情の急変（父母の扶養、親族の介護等）があったため
……④　配偶者等との別居生活が継続困難となったため
……⑤　転居等により通勤困難となったため（新住所：　）
……⑥　その他（理由を具体的に 転職希望による自己都合退職　）
…6　その他（1－5のいずれにも該当しない場合）
（理由を具体的に　）

※離職区分：1A　1B　2A　2B　2C　2D　(2E)　3A　3B　3C　3D　4D　5E　1A　1B　2A　2B　2C　2D　2E　3A　3B　3C　3D　4D　5E

具体的事情記載欄（事業主用）　就業規則第○条に基づき60歳定年により退職

具体的事情記載欄（離職者用）事業主が記載した内容に異議がない場合は「同上」と記載してください。
同上

⑯離職者本人の判断（○で囲むこと）
事業主が○を付けた離職理由に異議　有り・(無し)

⑰　⑦欄の自ら記載した事項に間違いがないことを認めます。
（離職者氏名）　雇用　太郎

※平成25年4月1日から定年による離職部分が変更され、継続雇用に関する希望の有無とその理由の項目などが追加された。

「求職の申込み」が遅くなると失業給付が少なくなることがある

退職後に再就職したいときは、まず「求職の申込み」を行い職業を紹介してもらうわけですが、高齢者になればなるほど就職は厳しくなってきます。就職が決まるまでの収入は、一般的に失業給付に頼るしかありません。

「求職の申込み」を早く行ったからといって失業給付の総額が増えるわけではありませんが、失業状態であれば失業給付が早めに支給開始されるので、無収入の期間が短くて済むのです。

また、求職の申込みが退職時よりかなり遅くなってしまうと、所定の給付日数分が受けられなくなることもありますので注意が必要です（61ページ参照）。

求職申込書（例）

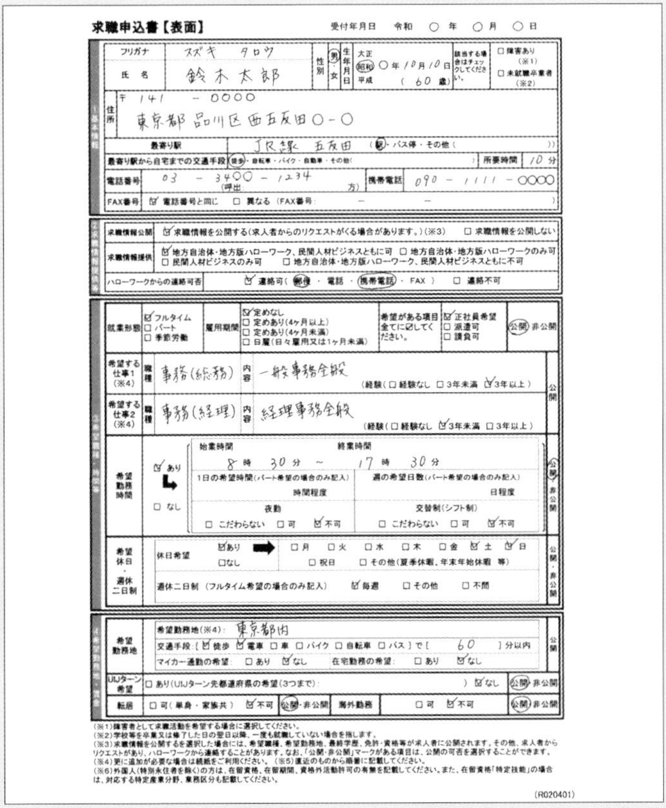

求職申込書【表面】　受付年月日　令和　○　年　○　月　○　日

フリガナ　スズキ　タロウ
氏名　鈴木太郎
性別　男・女
生年月日　大正・昭和・平成　○年10月10日（60歳）
該当する場合はチェックしてください。　☐ 障害あり（※1）　☐ 未就職卒業者（※2）
住所　〒141－0000　東京都品川区西五反田○－○
最寄り駅　JR線　五反田（駅・バス停・その他（　））
最寄り駅から自宅までの交通手段　徒歩・自転車・バイク・自動車・その他（　）　所要時間　10分
電話番号　03－3400－1234（呼出　方）　携帯電話　090－1111－0000
FAX番号　☑ 電話番号と同じ　☐ 異なる（FAX番号：　－　－　）

求職情報公開　☑ 求職情報を公開する（求人者からのリクエストがくる場合があります。）（※3）　☐ 求職情報を公開しない
求職情報提供　☑ 地方自治体・地方版ハローワーク、民間人材ビジネスともに可　☐ 地方自治体・地方版ハローワークのみ可　☐ 民間人材ビジネスのみ可　☐ 地方自治体・地方版ハローワーク、民間人材ビジネスともに不可
ハローワークからの連絡可否　☑ 連絡可（郵便・電話・携帯電話・FAX）　☐ 連絡不可

就業形態　☑ フルタイム　☐ パート　☐ 季節労働
雇用期間　☑ 定めなし　☐ 定めあり（4ヶ月以上）　☐ 定めあり（4ヶ月未満）　☐ 日雇（日々雇用又は1ヶ月未満）
希望がある項目全てに☑してください。　☑ 正社員希望　☐ 派遣可　☐ 請負可　公開・非公開
希望する仕事1（※4）　職種　事務（総務）　内容　一般事務全般（経験（☐ 経験なし　☐ 3年未満　☑ 3年以上））　公開
希望する仕事2（※4）　職種　事務（経理）　内容　経理事務全般（経験（☐ 経験なし　☑ 3年未満　☐ 3年以上））
希望勤務時間　☑ あり　☐ なし
始業時間　終業時間　8時30分～17時30分
1日の希望時間（パート希望の場合のみ記入）　時間程度
週の希望日数（パート希望の場合のみ記入）　日程度
夜勤　☐ こだわらない　☐ 可　☑ 不可
交替制（シフト制）　☐ こだわらない　☐ 可　☑ 不可
公開・非公開
希望休日・週休二日制
休日希望　☑ あり　☐ なし　☐ 月　☐ 火　☐ 水　☐ 木　☐ 金　☑ 土　☑ 日　☐ 祝日　☐ その他（夏季休暇、年末年始休暇　等）
週休二日制（フルタイム希望の場合のみ記入）　☑ 毎週　☐ その他　☐ 不問
公開・非公開

希望勤務地
希望勤務地（※4）：東京都内
交通手段：[☑ 徒歩　☑ 電車　☐ 車　☐ バイク　☐ 自転車　☐ バス]で[60]分以内
マイカー通勤の希望：☐ あり　☑ なし　在宅勤務の希望：☐ あり　☑ なし
公開
UIJターン希望　☐ あり（UIJターン先都道府県の希望（3つまで）：　）　☑ なし　公開・非公開
転居　☐ 可（単身・家族共）　☑ 不可　公開・非公開　海外勤務　☐ 可　☑ 不可　公開・非公開

（※1）障害者として求職活動を希望する場合に選択してください。
（※2）学校等を卒業又は修了した日の翌日以降、一度も就職していない場合を指します。
（※3）求職情報を公開するを選択した場合には、希望職種、希望勤務地、最終学歴、免許・資格等が求人者に公開されます。その他、求人者からリクエストがあり、ハローワークから連絡することがあります。なお、「公開・非公開」マークがある項目は、公開の可否を選択することができます。
（※4）更に追加が必要な場合は続紙をご利用ください。（※5）直近のものから順番に記載してください。
（※6）外国人（特別永住者を除く）の方は、在留資格、在留期間、資格外活動許可の有無を記載してください。また、在留資格「特定技能」の場合は、対応する特定産業分野、業務区分も記載してください。

(R020401)

60歳以上の定年等退職者は受給期間が延長できる

基本手当の受給期間（簡単にいうと、基本手当が受けられる有効期間）は、原則として離職日の翌日から1年間ですが、60歳以上の定年等退職者には特例として、離職日の翌日から2か月以内に求職の申込みを希望しない期間（1年が限度である）を申し出れば、その申し出た期間分が延長されます（もらえる総額が増えるのではなく、基本手当の有効期間が延長されるだけです。詳しくは62ページ参照）。

病気やケガで退職した人は受給期間が延長される

病気やケガで退職した人が離職後も継続して30日以上職業に就くことができない状態にあるときは、「受給期間延長申請書」により、継続30日以上となった日の翌日から一定期間内に申し出れば、30日以上継続して職業に就くことができない日数分、受給期間が延長されます（これも総額が増えるわけではなく、基本手当の有効期間が延長されるということです）。

また、原則の受給期間1年の途中で病気やケガのため継続30日以上職業に就くことができない日数分、受給期間を延長することができます。

ただし、いずれの場合も延長が認められる期間は、最大3年（離職日の翌日から合計4年）となっています（詳しくは62ページ参照）。

受給期間延長申請書

様式第16号（第31条、第31条の3、第101条の2の5関係）(2)

受給期間・教育訓練給付適用対象期間・高年齢雇用継続給付延長申請書

1 申請者	氏名	山 本 浩	生年月日	○年 1月20日	性別	(男)・女
	住所又は居所	〒 000－0000 埼玉県さいたま市大成町0－0－0 （電話 048-000-0000 ）				
2 申請する延長の種類		(受給期間)・教育訓練給付適用対象期間・高年齢雇用継続給付				
3 離職年月日		○年 1月 31日	4 被保険者となった年月日	○年 4月 1日		
5 被保険者番号		1103－65432－1				
6 支給番号						
7 この申請書を提出する理由		イ 妊娠、出産、育児、疾病、負傷等により職業に就く（対象教育訓練の受講を開始する）ことができないため (ロ) 定年等の理由により離職し、一定期間求職の申込みをしないことを希望するため 具体的理由　60歳の定年による退職				
8 職業に就く（対象教育訓練の受講を開始する）ことができない期間又は求職の申込みをしないことを希望する期間		○年 2月 1日から ○年 9月30日まで	※処理欄	年 月 日から 年 月 日まで		
※ 延長後の受給（教育訓練給付適用対象）期間満了年月日		年 月 日				
9 7のイの理由が疾病又は負傷の場合	傷病の名称		診療機関の名称・診療担当者			

雇用保険法施行規則~~第31条第1項~~①・第31条の②3第1項の規定により受給期間の延長、~~教育訓練給付に係る適用対象期間の延長、高年齢雇用継続給付の次回の支給申請可能な支給対象月に係る延長~~を上記のとおり申請します。

○年 3月20日

申請者氏名　山本浩

大宮 公共職業安定所長／地方運輸局長 殿

備考	離職票交付安定所名	
	離職票交付年月日	
	離職票交付番号	

※所属長		次長		課長		係長		係		操作者	

7欄のイの場合に記入が必要

7欄のイの人は②、ロの人は①を消す

7欄のロの場合は離職年月日の翌日から1年以内の希望する期間を記入する

雇用保険受給資格者証

雇用保険を受給する際は、この「雇用保険受給資格者証」を必ず提示しなければならない。第1面には支給番号、氏名等失業認定に関する事項が記され、第3・4面には支給ごとに認定期間と失業等給付の種類が記される

様式第11号(第17条の2関係)(第1面、第2面)

(第1面)

雇用保険受給資格者証

1. 支給番号	2. 氏名			
3. 被保険者番号	4. 性別	5. 離職時年齢	6. 生年月日	7. 求職番号
8. 住所又は居所				
9. 支払方法(記号(口座)番号—金融機関名—支店名)				

10. 資格取得年月日	11. 離職年月日	12. 離職理由
13. 60歳到達時賃金日額	14. 離職時賃金日額	15. 給付制限

16. 求職申込年月日	17. 認定日	18. 受給期間満了年月日
19. 基本手当日額	20. 所定給付日数	21. 通算被保険者期間
22. 離職前事業所名		
23. 再就職手当支給歴	24. 特殊表示(災害時、一括、巡相、市町村)	

安定所連絡メッセージ1

安定所連絡メッセージ2

管轄公共職業安定所又は
管轄地方運輸局所在地

公共職業安定所長

電話番号

交付　　年　月　日

(第3面)

証明写真

支給番号

氏名

	行数	処理月日	認定(支給)期間	日数	種類	支給金額	残日数	備考
処理	4■							
	5■							
	6■							
	7■							
	8■							
	9■							
	10■							
	11■							
	12■							
	13■							
	14■							
	15■							
	16■							

PART 2
雇用保険の活用

雇用保険
1

雇用保険の給付には どんなものがあるか

みなさんが給与の中から納めてきた雇用保険料は、失業者や高齢者の生活の安定・就職の促進のため、失業等給付という形をとって失業者や高齢者に支払われます。つまり、定年後は一定条件のもとで失業等給付が受けられます（失業等給付はかつて「失業保険」とか「失業給付」と呼ばれていました）。
また、60歳時点に比べ賃金が大幅にダウンした60歳以上65歳未満の継続勤務者には高年齢雇用継続給付を行い、高年齢者の雇用継続の円滑化を図っています。本章では雇用保険の失業等給付の中で特に中高年齢者に関するものを取り上げていきます。

失業等給付の種類はこんなに多い

雇用保険から支給される失業等給付は、一定の加入期間を満たしている被保険者が離職して失業状態に陥ったときに、基本手当等を支給することで勤労者の生活を支援したり、再就職手当・常用就職支度手当等を支給して求職活動を容易にし、再就職を促進しようとする制度です。
雇用保険の失業等給付の内容は次のようになっています。

失業等給付の内容

失業等給付	求職者給付	失業した労働者の生活の安定を図るための給付	基本手当、技能習得手当（受講手当、通所手当）、寄宿手当、傷病手当、高年齢求職者給付金、特例一時金、日雇労働求職者給付金
	就職促進給付	求職活動を容易にし、再就職を促進するための給付	就業促進手当（再就職手当、就業促進定着手当、就業手当、常用就職支度手当） 移転費、求職活動支援費（広域休職活動費、短期訓練受講費、求職活動関係役務利用費用費）
	教育訓練給付	労働者の能力開発を支援し、雇用の安定と就職を促進するための給付	教育訓練給付
	雇用継続給付	定年・介護等の理由で雇用継続が困難となる労働者への給付	高年齢雇用継続給付 介護休業給付

※育児休業給付は育児により雇用継続が困難となる労働者への給付で失業等給付ではない。

失業等給付のメインは基本手当である

雇用保険の失業等給付のメインは基本手当です。一般的に会社をやめて失業保険をもらうとは、この「基本手当」を受けることを意味します。

基本手当の受給

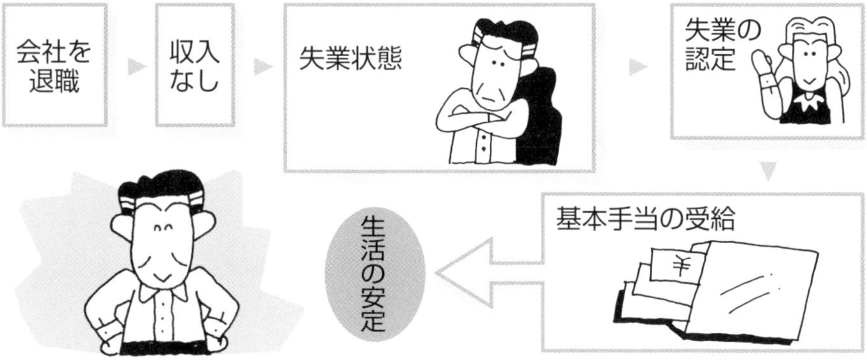

早期に就職すると再就職手当がもらえる

基本手当を受けられる人が、基本手当を受給できる日数の３分の１以上を残して再就職した場合で、一定要件に該当するときは、支給残日数の60％（所定給付日数の3分の1以上残している場合）または70％（所定給付日数の3分の2以上残している場合）に相当する日数分の再就職手当が受けられます。

再就職手当の受給

定年等で賃金が下がっても継続勤務する人には雇用継続給付がある

失業等給付は、本来会社を退職し失業した場合に給付されるものですが、高齢化社会を迎え、60歳から65歳までの間に継続雇用または途中で再雇用され、かつ60歳到達時または直前の離職時の賃金に比べて賃金が75%未満に低下した等の一定要件に該当する場合にも給付されます。これが高年齢雇用継続給付と呼ばれるもので、これには高年齢雇用継続基本給付金と高年齢再就職給付金の2種類があります。

なお、高年齢雇用継続給付については、高年齢者雇用確保措置の進展等を踏まえ、給付率の見直しが決まっています（令和７年４月施行予定）。

高年齢雇用継続給付

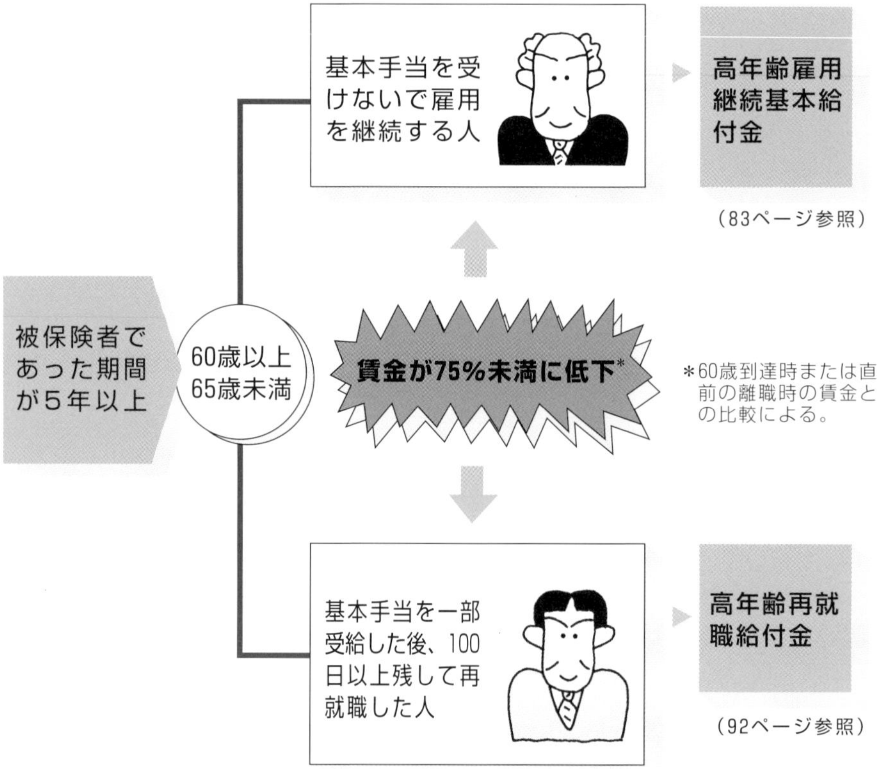

65歳以上で退職する人は一時金が給付される

65歳以上の雇用保険被保険者は、平成29（2017）年１月１日の法改正により高年齢被保険者と呼ばれます。

高年齢被保険者であった人が65歳以上で退職して失業状態になったときに支給される手当を高年齢求職者給付金といい、30日分または50日分の一時金で支給されます。

●高年齢求職者給付金を一時金として受給

高年齢雇用継続給付を受けると年金の一部はカットされる

雇用保険には失業給付のほかに高年齢雇用継続給付というものがあります。

高年齢雇用継続給付を受給中は、老齢厚生年金は在職老齢年金として一部支給停止されますが、さらに標準報酬月額の最大６％相当額も支給停止されます。

●年金受給権の発生によって老齢厚生年金が6％支給停止になる

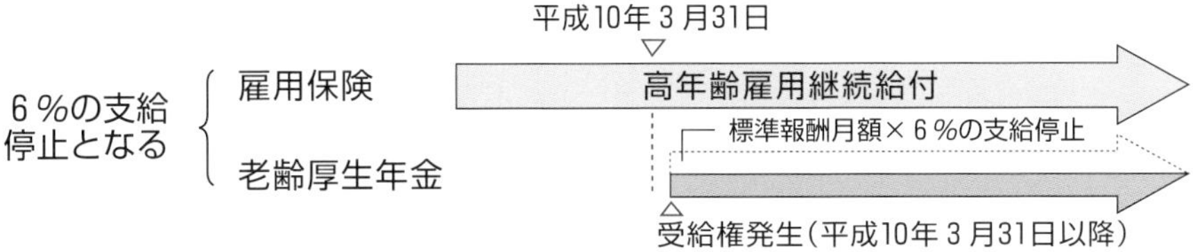

（注）高年齢雇用継続給付の支給率が15％の人は、老齢厚生年金の支給停止は標準報酬月額の6％となり、高年齢雇用継続給付の支給率が15％より低い場合は、その逓減率に応じて老齢厚生年金の支給停止も6％より低くなる。

雇用保険 2

雇用保険の加入者には四つの被保険者種類がある

雇用保険に加入している人（被保険者）の種類は、現在①一般被保険者、②高年齢被保険者、③短期雇用特例被保険者、④日雇労働被保険者の四つがあります。会社員で65歳未満の人は、通常は一般被保険者になります。被保険者の種類によって、離職したときの受給要件や給付内容等が異なってきます。

雇用保険の被保険者は 4 種類

雇用保険の被保険者は次の4種類があります。また、一般被保険者と高年齢被保険者は、所定労働時間の長短によって短時間以外の人と短時間の人との二つに区分されていましたが、現在では一つの区分になっています。

●雇用保険の被保険者の種類

種　類	対象労働者	種　類	対象労働者
一般被保険者 	65歳未満の常用労働者	短期雇用特例被保険者 	季節的に雇用される人 短期雇用を繰り返す人
高年齢被保険者 	65歳以上の常用労働者	日雇労働被保険者 	日々または30日以内の期間を定めて雇用される人

令和 4 年度末の雇用保険の被保険者数は4,456万人で対前年比0.3%増となっています。給付面についてみると、令和 4 年度の一般求職者給付は初回受給者数が112万1千人で対前年度比1.1%減、受給者実人員が40万5千人（年度平均）で対前年度比6.7%減、一般求職者給付全体の給付額は6,827億円（同18.1%減）でした。令和 4 年度の高年齢求職者給付は受給者数が38万6千人で対前年度比0.9%増、給付額は856億円（同0.9%増）でした。

被保険者の種類は65歳を境に変わる

被保険者の種類は、通常の会社員であれば65歳未満の人と65歳以上の人とで異なります。65歳以上で雇用される人は、平成29年1月1日以降は高年齢被保険者になります。なお、日雇労働者や短期雇用特例の人は、原則として65歳の前後で変わりはありません。

被保険者の種類

(65歳を境に図示すると次のようになる)

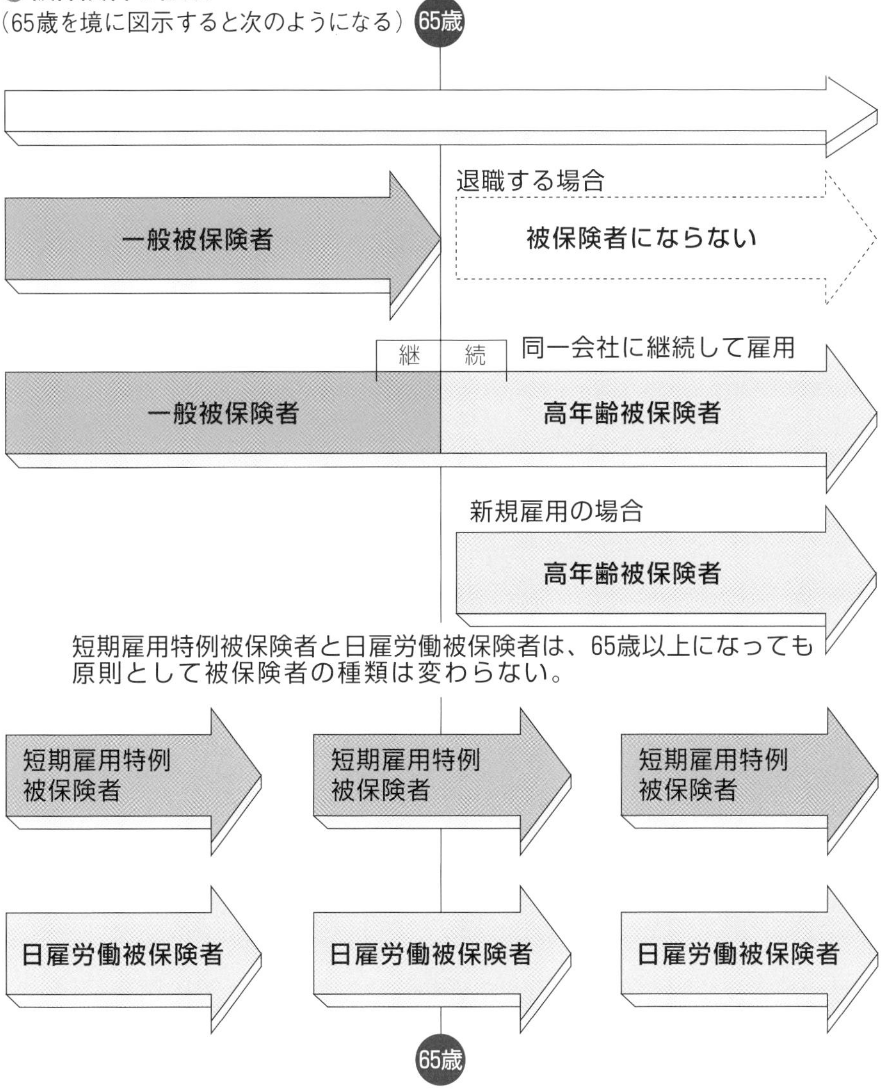

被保険者は一つの区分となった

一般被保険者と高年齢被保険者には、以前は短時間以外と短時間の二つの区分がありましたが、現在ではその区分はありません。

① 一般被保険者

※1週間の所定労働時間が20時間以上で、
31日以上引き続いて雇用される労働者

②高年齢被保険者

65歳をはさんだ被保険者の区分

被保険者の区分

65歳をはさんで被保険者の区分を図示すると、次のようになります。

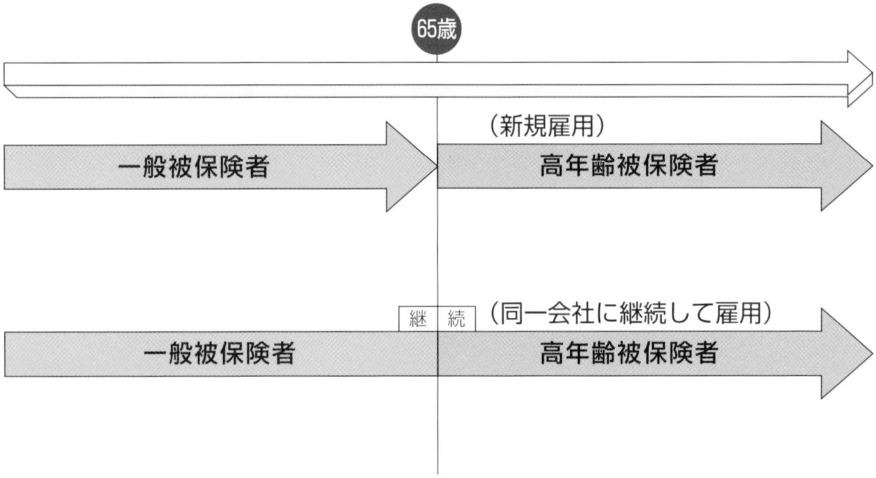

パートでも極端に時間が短くない限り、雇用保険の被保険者になる

パートタイマーで働く場合は、①通常の労働者と同じ被保険者になる、②被保険者にならない、の二つのパターンがあります。これらの適用関係は労働者や会社が任意に選べるものではなく、雇用されると法律上当然に決まるものです。

①パートでも通常の労働者と同じ被保険者になる場合

1週間の所定労働時間が20時間以上で31日以上引き続いて雇用されることが見込まれるパートタイマーは、原則として通常の労働者と同じ被保険者になります（下図のパートA、パートB、パートC、パートD）。

②パートで、いずれの被保険者にもならない場合

1週間の所定労働時間が20時間未満のパートタイマーは雇用保険の被保険者になりません（下図のパートE）。

●パートタイマーの所定労働時間の例

所定労働時間とは、雇用契約で約束した労働力を提供すべき時間のこと。
例えば1日7時間、週3日の雇用契約であれば、
1週間の所定労働時間は21時間である。

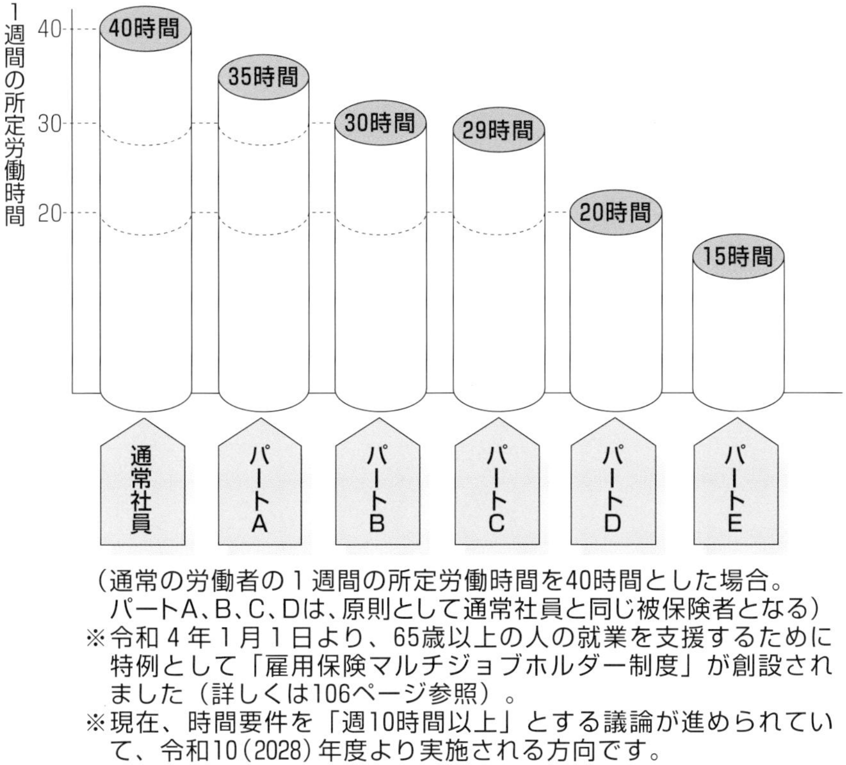

（通常の労働者の1週間の所定労働時間を40時間とした場合。
パートA、B、C、Dは、原則として通常社員と同じ被保険者となる）

※令和4年1月1日より、65歳以上の人の就業を支援するために特例として「雇用保険マルチジョブホルダー制度」が創設されました（詳しくは106ページ参照）。

※現在、時間要件を「週10時間以上」とする議論が進められていて、令和10（2028）年度より実施される方向です。

雇用保険 3

基本手当は離職日に受給資格を満たしていなければもらえない

失業等給付のメインである基本手当は、離職した後で「求職の申込み」を行い、その後に住所地のハローワークに「離職票」等を提出して受給資格があれば、離職後1年間のうちの失業認定を受けた日について、所定給付日数でを限度にもらうことができます。
受給資格とは基本手当が受けられる資格のことで、定年・自己都合退職では離職日以前2年間に雇用保険の被保険者期間が通算12か月以上あることが要件です。

被保険者期間は単に加入していただけではカウントされない

基本手当がもらえる資格を受給資格といい、離職の日以前2年間（倒産・解雇等による場合は1年間）に被保険者期間が通算12か月（同６か月）以上あれば発生します。被保険者期間とは、単に雇用保険に加入していた期間ではありません。離職日から暦で１か月ずつさかのぼり、その各１か月の期間内に賃金支払基礎日数が11日以上または80時間以上の労働時間があれば、被保険者期間を１か月として計算します。

被保険者期間の計算例（離職日11月20日）

	4/20	5/20	6/20	7/20	8/20	9/20	10/20	11/20
	3/21	4/21	5/21	6/21	7/21	8/21	9/21	10/21
賃金支払基礎日数	22日間	9日間（79時間）	11日間	10日間（82時間）	3日間	20日間	18日間	14日間
被保険者の区分	↓	↓	↓	↓	↓	↓	↓	↓
被保険者期間	1か月	0か月	1か月	1か月	0か月	1か月	1か月	1か月

※賃金支払基礎日数とは、実際に働いた日や有給休暇取得日等の賃金が支払われるべき日数のこと。

基本手当の受給資格があるパターンとないパターン

次の場合は、離職日以前の2年間（算定対象期間）に被保険者期間が通算して12か月以上あれば、基本手当の受給資格があります。被保険者期間は同一の会社に限らず、別の会社の被保険者期間も通算されます。

※特定受給資格者および一部の特定理由離職者の場合は、離職日以前1年間に6か月以上あれば受給資格を満たす。

＜定年・自己都合退職の場合＞

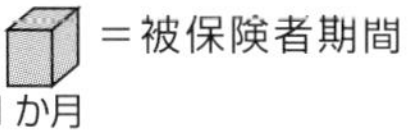

●基本手当の受給資格があるパターン

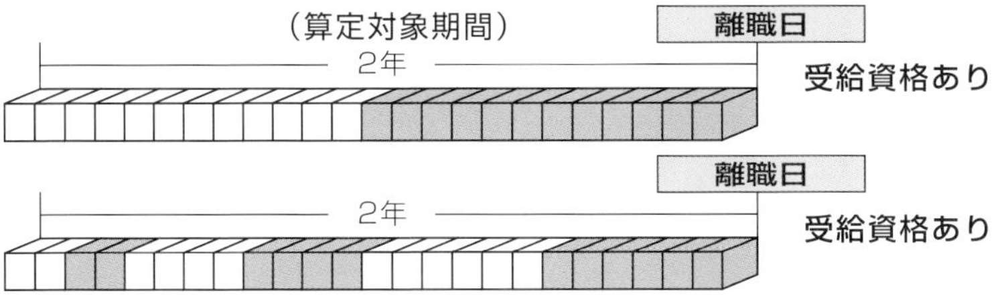

●基本手当の受給資格がないパターン

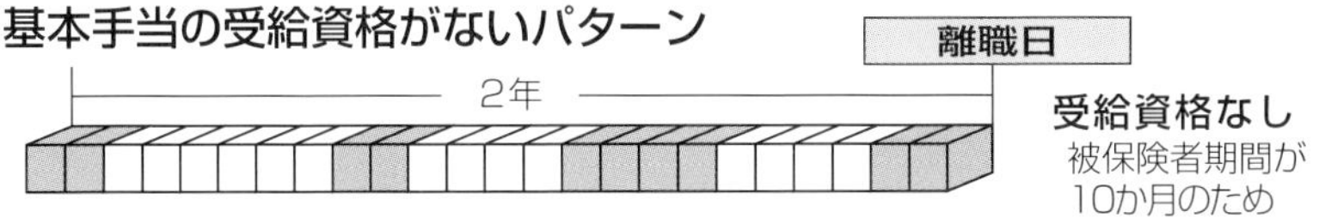

＜解雇等会社都合の場合＞

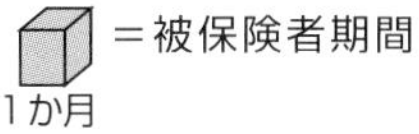

●基本手当の受給資格があるパターン

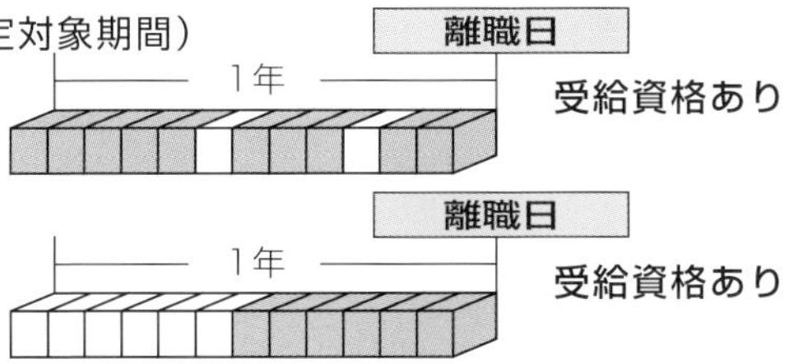

●基本手当の受給資格がないパターン

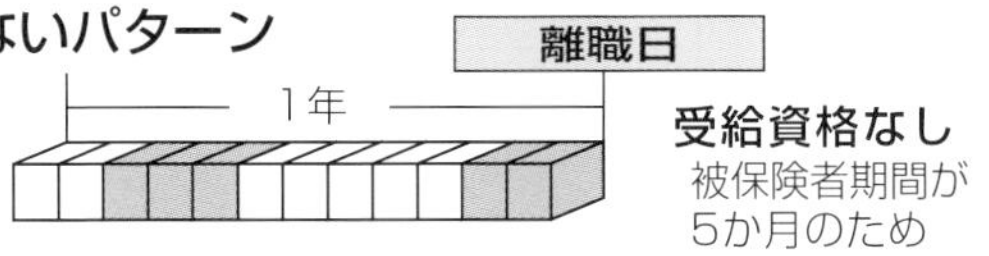

雇用保険 4

基本手当は積極的に就職活動しなければもらえない

基本手当を受けるためには、受給資格者がハローワークで失業の認定を受けなければなりません。失業の認定を受けるための失業とは、単に仕事についていないというだけでは足りず、雇用関係に入って労働者として働きたいという意思およびいつでも就職できるという環境上・健康上の能力が備わっている人が、積極的に就職活動をしているけれども就職先が見つからない状態にあることをいいます。

基本手当を受けるためには失業していることが要件である

基本手当を受けるための失業の要件は、①労働の意思がある、②労働の能力がある、③就職できない、の三つです。この三つがそろってはじめて失業の認定が行われるのです。失業の状態にあることの認定は、４週間に１回ずつ住所地のハローワークにおいて、失業認定申告書および受給資格者証の提出により行われます。

失業の要件

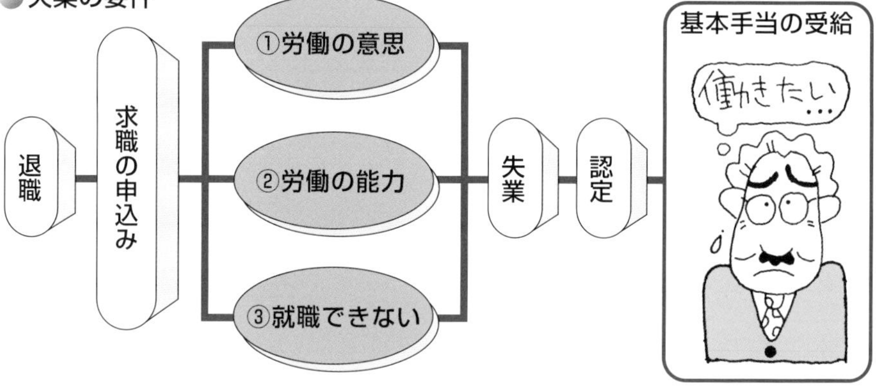

①労働の意思＝積極的に雇用されて働きたいという意思
②労働の能力＝いつでも就職できるという能力
（職業に就き得る環境にあること、および就職できる健康状態にあること）
③就職できない＝積極的に就職活動をしているが就職先が見つからない状態
※オンラインによる失業認定は現在、来所が難しい人を対象に実施されていますが、将来的には自宅で手続きを完結できるように準備が進められています。

すぐに働けない人には基本手当が支給されない

次の①～⑧のような人は、基本手当が受けられません。

基本手当が受給できない場合

①病気やケガですぐに働けないとき

②妊娠・出産・育児等によりすぐに働けないとき

③親族の看護に専念し、すぐに働けないとき

④定年などで退職後しばらく休養するとき

①～④のような場合は、受給期間を延長する制度があります。

＊上記①の病気やケガの場合は基本手当は受けられないが、求職の申込みより後で病気・ケガをしたときは、代わりに傷病手当が受けられることがある（98ページ参照）。

⑤結婚して家事に専念するとき

⑥自営業（準備を含む）を始めたとき

⑦新しい仕事に就いたとき
（パート・アルバイト等を含む）

⑧会社の役員に就任したとき
（事業活動および収入の有無を問わない）

雇用保険 5

基本手当はいつから支給されるのか

退職者が離職票を持ってハローワークに行けばすぐに基本手当がもらえるかというと、そうではありません。どんな人でも求職の申込日から通算７日間の待期期間(失業している日または傷病のため就職できない日)があり、それをクリアしないと支給対象にはなりません。
定年等による退職者は待期期間を満了させれば支給対象となりますが、自己都合退職者の場合はそれからさらに２か月または３か月間の給付制限があるので、かなり遅れます。もっとも、現金として最初に手元に入るのは、給付制限のない人でもハローワークに出頭した日から数えて約１か月後になり、給付制限がある人は約３～４か月後になります。

求職の申込みをした日から最初の７日間はもらえない

求職の申込日から通算して７日間（失業している日または傷病のため職業に就くことができない日）を待期といって、その期間を満了させるまでは基本手当は支給されません。

●定年等による退職者の場合

□ ＝ 失業している日または傷病のため職業に就くことができない日

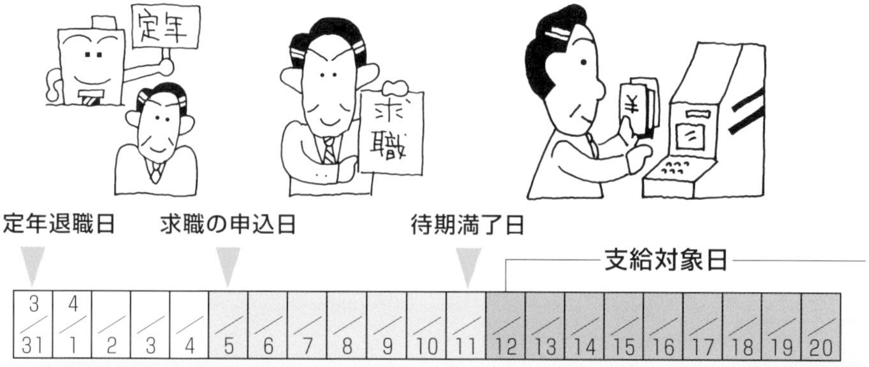

求職の申込日から□の日が通算して7日間ないと待期が満了しない＝基本手当が支給されない

自己都合退職者は待期７日間の後さらに２か月または３か月間もらえない

正当な理由のない自己都合退職者は、待期７日間の後、さらに２か月または３か月間にわたり基本手当が支給されません。この２か月または３か月間を給付制限期間といいます。

※自己都合退職の場合、5年間のうち２回までは２か月となる。

自己都合退職者の場合

□＝失業している日または傷病のため職業に就くことができない日　■＝給付制限期間

自己都合退職者の場合、2(3)か月の給付制限期間がある

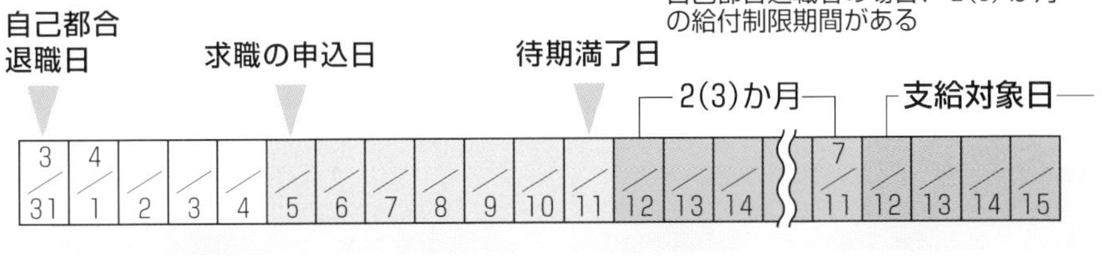

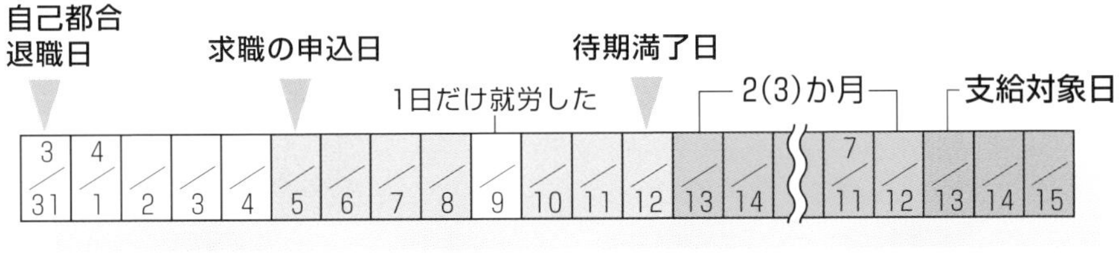

雇用保険 6

基本手当はいつまで受けられるのか

基本手当の有効期間は退職後１年間です。この１年間のことを受給期間といい、その期間が経過してしまうと、たとえ基本手当の日数が残っていても受けられなくなります。ただし、人によってはこの受給期間を延長できる場合があります。60歳以上の定年等退職者が退職後の一定期間をゆっくりしたいなど就職を希望しない場合は、その人が申し出た期間（１年を限度）が本来の１年に加算されます。またケガ・病気・妊娠・出産・育児等により就職できない日が継続30日以上ある人は、その期間（３年を限度とする）が本来の１年に加算されることになります。

退職後、１年を経過してしまうと基本手当はもらえない

基本手当を受けられる有効期間のことを受給期間といいます。受給期間は、離職日の翌日から起算して１年間です。

受給期間

「求職の申込み」が遅すぎると基本手当がもらえなくなる

退職した後「求職の申込み」が大幅に遅れると、所定の基本手当がもらえなくなることがあります。

例えば、基本手当の所定給付日数150日の人が、退職日から７か月以上（自己都合退職の場合は4か月）も遅れて「求職の申込み」を行った場合で、基本手当が一部もらえなくなる例を図で説明しましょう。

求職の申込みが遅れると

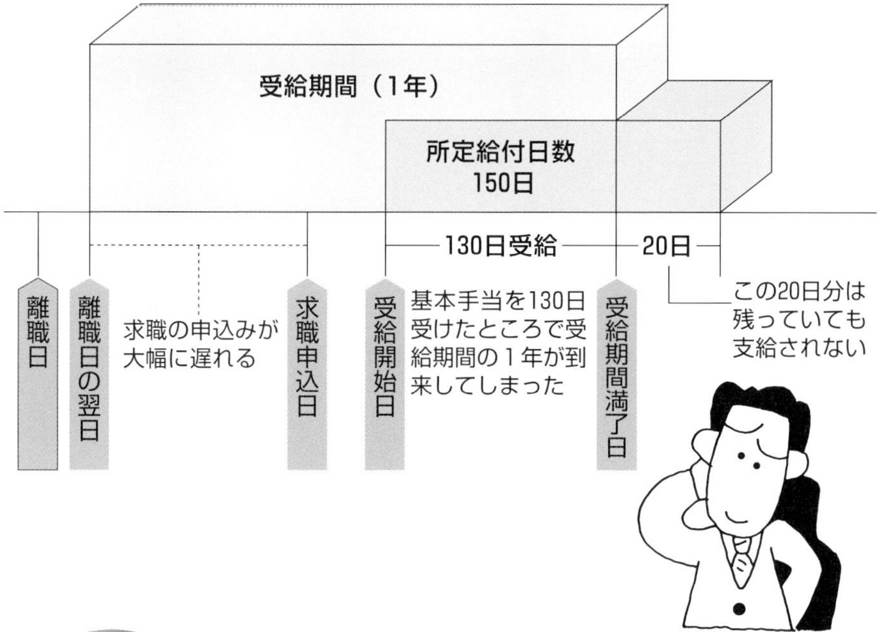

ひとことアドバイス　基本手当をもらっている人が途中で就職したら

基本手当の受給期間中であっても、途中で就職すれば失業ではなくなり、基本手当はもらえなくなります。その代わり、就職日の前日において基本手当の支給残日数が３分の１以上あり、一定要件に該当している人には再就職手当が支給されます。再就職手当の支給要件に該当している人は、まず「採用証明書」をハローワークに提出し、そのとき交付される「再就職手当支給申請書」に事業主の証明をもらい、就職日の翌日から起算して１か月以内に提出します。

60歳以上の定年等退職者には特別の受給期間延長措置がある

基本手当の受給期間は原則1年ですが、60歳以上の定年等退職者には特例として、離職日の翌日から2か月以内に就職を希望しない期間（1年を限度）を申し出ることによって、その期間分が原則1年に加算され受給期間が延長されます。この制度を利用するには、離職日の翌日から起算して2か月以内に「受給期間延長申請書」（43ページ参照）と「離職票」を住所地のハローワークに提出します。

受給期間が延長される場合①

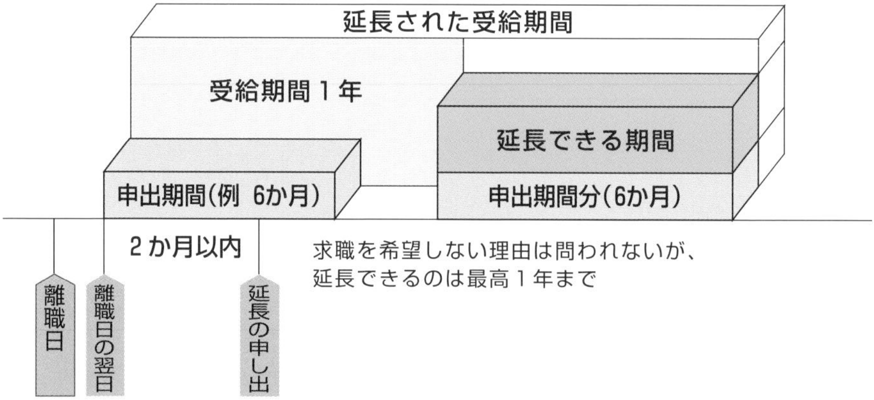

病気・ケガで退職した人も30日以上就労不能が続けば受給期間は延長される

病気やケガで退職した人が、退職後も継続して30日以上職業に就くことができない状態にあるときは、「受給期間延長申請書」により、継続30日の翌日以後に申し出れば、退職後の30日以上継続して職業に就くことができない日数分が原則1年に加算され、受給期間が延長されます。

また受給期間1年間の中で、病気・ケガで継続30日以上職業に就くことができない状態になったときも、同様の手続きにより受給期間の延長が可能です。

いずれの場合も1年に加算できるのは最大3年間であり、受給期間としては離職日の翌日から起算して最大4年間です。

受給期間が延長される場合②

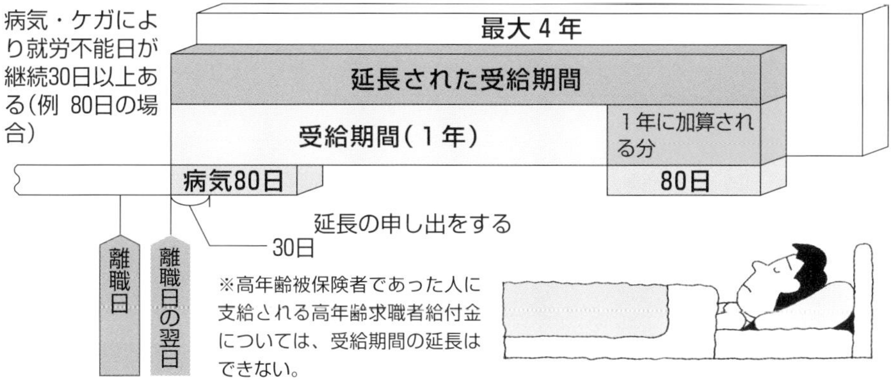

高年齢雇用継続給付の延長申請について

高年齢雇用継続基本給付金の受給資格者が被保険者資格を喪失した後、次の理由で基本手当（通常の失業給付）に係る受給期間の延長申請を行う場合は、「受給期間延長申請書」（43ページ参照）で同時に、「高年齢雇用継続給付延長申請書」も手続きします。

提出先は住所または居所を管轄するハローワークです。

高年齢雇用継続給付の延長申請を提出する理由と延長による特典

①病気、けがの理由により、引き続き30日以上職業に就くことができないとき

②60歳以上の定年等の理由により退職した者が、１年以内の間の一定期間安定した雇用に就くことを希望しないとき

〈特典〉

①この場合、基本手当の受給期間が延長された場合には、基本手当を受けず、かつ、延長された期間中に再就職して被保険者資格を取得すれば、その後、高年齢雇用継続基本給付金の支給を引き続き受けることができます。

②また、基本手当を受け、受給期間中に再就職した場合であって、一定の要件を満たしていれば、高年齢再就職給付金の支給を受けることができます。

（注意）この扱いは、資格喪失日から次の被保険者資格取得日までの間が延長した期間を含め、最大４年以内である場合に限られる。

雇用保険 7

基本手当は何日分もらえるのか

失業給付は、雇用保険の被保険者が定年、自己都合、会社の倒産や解雇などにより離職した場合に、失業中の生活を心配することなく求職活動を行い、早期の再就職を支援するために支給されます。
しかし、長引く景気の低迷による失業率の増加や、働き方の多様化に対応するという理由から、失業給付制度は大きく変わりました。特に定年や自己都合による離職については給付日数を減らし、会社の倒産や会社都合による解雇などの理由で離職した45歳以上の人で、雇用保険の被保険者であった期間（算定基礎期間という）が5年以上ある人は、それまでより給付日数が増えています。

離職理由により、基本手当の所定給付日数が大きく異なる

一般被保険者が失業し受給資格を得た場合、受給期間内に基本手当が受けられる最高日数のことを「所定給付日数」といいます。かつては離職理由に関係なく、離職日の年齢と加入期間の長短により決定され、もらいはじめる日が離職理由により早いか遅いかの違いがあるだけでした。しかし、現在では、離職理由によっても所定給付日数が大きく異なる制度に変わりました。

定年や自己都合による離職の場合は、おおむね給付日数が減りました。倒産により離職した人や会社都合により解雇された人（特定受給資格者という。67ページ参照）は手厚くなったとはいえ、30歳未満の若い人や、逆に60歳代前半層の人は、特定受給資格者となっても給付日数は減っています（66ページの表参照）。さらに、以前は倒産や定年退職者が受けられた個別延長給付や受給期間の延長制度はなくなっています。

◆所定給付日数の決定要件

①定年退職者
離職日の年齢に関係なく、被保険者であった期間により、90日〜150日

②自己都合退職者
離職日の年齢に関係なく、被保険者であった期間により、90日〜150日

③特定受給資格者
離職日の年齢と離職理由、被保険者であった期間により、90日〜330日

④就職困難者
離職日の年齢と就職困難度、被保険者であった期間により、150日〜360日

所定給付日数は被保険者であった期間の長さと離職理由・年齢で決まる

所定給付日数は雇用保険に加入していた期間(被保険者であった期間)の長さと離職理由・年齢によって決定されます。

所定給付日数の決定要件

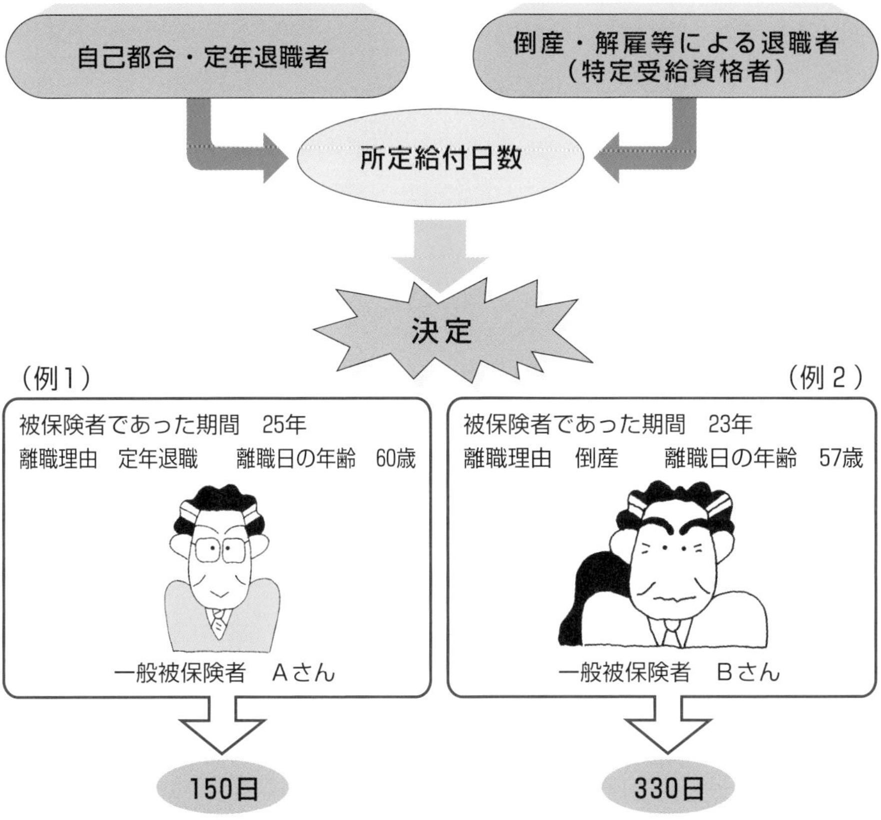

ひとこと アドバイス

「被保険者であった期間」は前の会社の分も通算される

所定給付日数の決定要件の一つである雇用保険の加入期間、つまり「被保険者であった期間」は、会社が違っても通算されます。ただし離職日の翌日から就職日までの空白期間が1年を超えていたり、以前の離職時にたとえ1日でも基本手当や再就職手当あるいは特例一時金を受けたことがある場合は、それ以前の期間はすべてリセットとなります。

所定給付日数表

ア　定年・契約期間満了や自己都合退職の人

被保険者であった期間／離職時等の年齢	10年未満	10年以上 20年未満	20年以上
65歳未満	90日	120日	150日

イ　倒産、解雇等により離職を余儀なくされた人（特定受給資格者および一部の特定理由離職者）

<table>
<tr><th>被保険者であった期間／離職時等の年齢</th><th>1年未満</th><th>1年以上
5年未満</th><th>5年以上
10年未満</th><th>10年以上
20年未満</th><th>20年以上</th></tr>
<tr><td>30歳未満</td><td rowspan="5">90日</td><td>90日</td><td>120日</td><td>180日</td><td>－</td></tr>
<tr><td>30歳以上
35歳未満</td><td>120日</td><td rowspan="2">180日</td><td>210日</td><td>240日</td></tr>
<tr><td>35歳以上
45歳未満</td><td>150日</td><td>240日</td><td>270日</td></tr>
<tr><td>45歳以上
60歳未満</td><td>180日</td><td>240日</td><td>270日</td><td>330日</td></tr>
<tr><td>60歳以上
65歳未満</td><td>150日</td><td>180日</td><td>210日</td><td>240日</td></tr>
</table>

ウ　障害者等の就職困難者

<table>
<tr><th colspan="2">被保険者であった期間／離職時の満年齢</th><th>1年未満</th><th>1年以上</th></tr>
<tr><td rowspan="2">障害者等の
就職困難者</td><td>45歳未満</td><td rowspan="2">150日</td><td>300日</td></tr>
<tr><td>45歳以上
65歳未満</td><td>360日</td></tr>
</table>

注）「被保険者であった期間（算定基礎期間）」とは、会社に雇用され被保険者として加入してきた期間をいう。転職を重ねた者であっても、たとえばA会社を退職し、失業給付や再就職手当を受けないまま、１年以内にB会社へ再就職して雇用保険の被保険者となった場合には、A会社からB会社への空白期間が１年以内であればA会社の期間とB会社の期間は「被保険者であった期間（算定基礎期間）」として通算される。

※特定受給資格者や有期の労働契約が更新されなかったことによって離職した人で、雇用情勢の悪い地域に居住する人など一定の条件に該当する場合は、給付日数が60日分（災害により離職した人は最大120日分）延長される場合があります。詳細はハローワークで確認してください。

「特定受給資格者」と「特定理由離職者」とは

特定受給資格者とは

定年を迎える前に会社の倒産や解雇などの理由で再就職の準備をする時間的余裕もなく離職することを余儀なくされた人を「特定受給資格者」といい、基本手当の所定給付日数は、被保険者期間が長くなると定年退職者や自己都合退職者より多くなっています。

特定理由離職者とは

倒産・解雇等による特定受給資格者に該当しない人で、有期の労働契約が更新されなかったことその他やむを得ない理由により平成21年３月31日以降に離職された人を「特定理由離職者」といい、通常は基本手当の受給資格要件として離職日以前の２年間に被保険者期間が通算して12か月以上必要なところ、離職日以前の１年間に被保険者期間が通算して６か月以上あれば基本手当の受給資格要件を満たすようになりました。

特定理由離職者に該当するのは、次の１または２のいずれかに該当する人です。

1．期間の定めのある労働契約の期間が満了し、かつ、当該労働契約の更新がないことにより離職した人（本人が契約更新を希望したにもかかわらず、当該契約更新の合意が成立しなかった場合に限る。）
2．正当な理由のある自己都合により離職した人（体力不足や出産・育児・介護のため、もしくは会社の住所変更等のため通勤不可能となった場合などの理由により退職を余儀なくされた人）

※詳細は「特定受給資格者および特定理由離職者の範囲と判断基準」を参照してください。

特定受給資格者および特定理由離職者の範囲と判断基準

Ⅰ.「倒産」等により離職した者

（1）倒産（破産、民事再生、会社更生等の各倒産手続の申立てまたは手形取引の停止等）に伴い離職した者

1．破産手続開始、再生手続開始、更生手続開始（更生特例法に基づく更生手続開始を含む。）、整理開始若しくは特別清算開始の申し立て等がなされたことまたは不渡手形の発生（1回を含む。）の事実が生じたことを理由として離職した場合が該当します。ただし、再建型の倒産手続の場合は、民事再生計画や会社更生計画が決定されるまでの間に離職を事業主に申し出た場合が該当します。

【持参する資料】裁判所において倒産手続の申立てを受理したことを証明する書類など

2. 業務停止命令（業務停止命令時において業務停止期間について定めのないものまたは1か月以上のものに限る。）により当該営業業務がすべて停止されたことにより、事業所の倒産がほぼ確実となったため離職した場合（業務が再開されるまでの間に離職を事業主に申し出た場合に限る。）が該当します。

【持参する資料】業務停止命令の事実がわかる資料など

（2）事業所において大量雇用変動の場合（1か月に30人以上の離職を予定）の届出がされたため離職した者及び当該事業主に雇用される被保険者の3分の1を超える者が離職したため離職した者

1. 事業規模若しくは事業活動の縮小または事業の転換等に伴い、雇用対策法第27条第1項の規定による離職に係る大量の雇用変動の場合（1か月に30人以上の離職を予定）の届出が安定所にされ（されるべき場合を含む。）大量の人員整理が行われることが確実となったために離職した場合が該当します。
2. 事業規模若しくは事業活動の縮小または事業の転換等に伴い、当該事業主に雇用される雇用保険被保険者のうちの相当数の人員整理（事業主都合による解雇や勧奨退職、希望退職応募等により離職した者が、当該離職者の離職日の1年前の日（1年前より後に人員整理が開始された場合は当該人員整理開始日）と比較し、適用事業所の3分の1を超えることとなる場合）が既に行われたために離職した場合が該当します。

（3）事業所の廃止に伴い離職した者

1. 事業所が廃止されたため、当該事業所を離職した場合が該当します。
2. 事業所が廃止されたのでもなく、裁判上の倒産手続が執られているのでもないが、事実上当該事業所に係る事業活動が停止し、再開される見込みがないときにおいて、当該事業所を離職した場合が該当します。
3. 会社法等の商事関係法令に基づく解散の議決が行われたため、離職した場合が該当します。

【持参する資料】解散の議決が行われた議事録（写）など

（4）事業所の移転により、通勤することが困難となったため離職した者

通勤困難（通常の方法により通勤するための往復所要時間が概ね4時間以上であるとき等）な適用事業所の移転について事業主より通知され（事業所移転の1年前以降の通知に限る。）、事業所移転直後（概ね3か月以内）までに離職した場合がこの基準に該当します。

【持参する資料】事業所移転の通知、事業所の移転先がわかる資料及び離職者の通勤経路に係る時刻表など

Ⅱ.「解雇」等により離職した者

（1）解雇（自己の責めに帰すべき重大な理由による解雇を除く。）により離職した者

自己の責めに帰すべき重大な理由により解雇された場合を除き、事業主から解雇され離職した場合が該当します。

【持参する資料】解雇予告通知書、退職証明書、就業規則など

(2)労働契約の締結に際し明示された労働条件が事実と著しく相違したことにより離職した者

被保険者が労働契約の締結に際し、事業主から明示された労働条件（以下この項目において「採用条件」という。）が就職後の実際の労働条件と著しく相違したことまたは事業主が労働条件を変更したことにより採用条件と実際の労働条件が著しく異なることとなったことを理由に、就職後1年を経過するまでの間に離職した場合が該当します。この場合の「労働条件」とは労働基準法第15条及び労働基準法施行規則第5条において労働条件の明示が義務づけられているもの（賃金、労働時間、就業場所、業務等）です。ただし、事業主が、正当な手続を経て変更したことにより、採用条件と実際の労働条件が異なることとなった場合には、この基準には該当しません。（他の特定受給資格者の判断基準に該当する場合（賃金や時間外労働の時間等）は、各々の判断基準で判断します。

【持参する資料】採用条件及び労働条件がわかる労働契約書や就業規則など。労働協約による変更は労使が合意した書面、就業規則による変更は労働組合等の意見を聴取した事実がわかる資料など

(3)賃金（退職手当を除く。）の額の3分の1を超える額が支払期日までに支払われなかったことにより離職した者

下記の1．または2．に係る事実があった最初の月から起算して1年以内に離職した場合（この事実があった後、通常の賃金支払の事実が3か月以上継続した場合を除く。）が該当します。

1．現実にその月（賃金月）中に支払われた額（何月分であるかを問わない。）がその者が本来その月（賃金月）中に支払を受けるべき額の3分の2に満たない月があった場合。なお、支払われた休業手当等の額が、その者に支払われるべき賃金月額の3分の2に満たない月があった場合も該当します。

2．毎月決まって支払われるべき賃金の全額が所定の貸金支払日より遅れて支払われたという事実があった場合

また、上記の1．または2．の状態が混在した場合もこの基準に該当します。

【持参する資料】労働契約書、就業規則、賃金規定、賃金台帳、給与明細書、口座振込日がわかる預金通帳など

(4)賃金が、当該労働者に支払われていた賃金に比べて85％未満に低下した（または低下することとなった）ため離職した者（当該労働者が低下の事実について予見し得なかった場合に限る。）

【持参する資料】労働契約書、就業規則、賃金規定、賃金低下に関する通知書など

(5)離職の直前6か月間のうちに［1］いずれか連続する3か月で45時間、［2］いずれか1か月で100時間、または［3］いずれか連続する2か月以上の期間の時間外労働を平均して1か月で80時間を超える時間外労働が行われたため離職した者。事業主が危険もしくは健康障害の生ずるおそれがある旨を行政機関から指摘されたにもかか

わらず、事業所において当該危険もしくは健康障害を防止するために必要な措置を講じなかったため離職した者

【持参する資料】タイムカード、賃金台帳、給与明細書など

（6）事業主が法令に違反し、妊娠中もしくは出産後の労働者または子の養育もしくは家族の介護を行う労働者を就業させ、もしくはそれらの者の雇用の継続等を図るための制度の利用を不当に制限したことまたは妊娠したこと、出産したことこもしくはそれらの制度の利用の申出をし、もしくは利用をしたこと等を理由として不利益な取扱いをしたため離職した者

【持参する資料】労働契約書、就業規則など

（7）事業主が労働者の職種転換等に際して、当該労働者の職業生活の継続のために必要な配慮を行っていないため離職した者

【持参する資料】採用時の労働契約書、職種転換、配置転換の辞令（写）、賃金台帳など

（8）期間の定めのある労働契約の更新により3年以上引き続き雇用されるに至った場合において当該労働契約が更新されないこととなったことにより離職した者

【持参する資料】労働契約書、雇人通知書、就業規則、契約更新の通知書、タイムカードなど

（9）期間の定めのある労働契約の締結に際し当該労働契約が更新されることが明示された場合において当該労働契約が更新されないこととなったことにより離職した者（上記（8）に該当する場合を除く。）

【持参する資料】労働契約書、雇人通知書、就業規則など

（10）事業主または当該事業主に雇用される労働者から就業環境が著しく害されるような言動を受けたことによって離職した者

【持参する資料】特定個人を対象とする配置転換、給与体系等の変更があった場合には、配置転換の辞令（写）、就業規則、労働契約書、賃金台帳など

（11）事業主から直接もしくは間接に退職するよう勧奨を受けたことにより離職した者（従来から恒常的に設けられている「早期退職優遇制度」等に応募して離職した場合は、これに該当しない。）

【持参する資料】希望退職募集要綱、離職者の応募事実がわかる資料など

（12）事業所において使用者の責めに帰すべき事由により行われた休業が引き続き3か月以上となったことにより離職した者

【持参する資料】賃金台帳、給与明細書など

（13）事業所の業務が法令に違反したため離職した者

【持参する資料】事業主の業務が法令に違反した事実がわかる資料

（注）（8）について、次の①～③のいずれかに該当する場合、特定受給資格者または特定理由離職者に該当することがあります。

①採用当初はなかった契約更新上限がその後追加された者、または不更新条項が追加された者

②採用当初の契約更新上限が、その後引き下げられた者

③平成24年８月10日以後に締結された４年６か月以上５年以下の契約更新上限が到来した（定年後の再雇用に関し定められた雇用期限の到来は除く。）ことにより離職」された者。ただし、平成24年８月10日前から、同一事業所の有期雇用労働者に対して、一様に４年６か月以上５年以下の契約更新上限が設定されていた場合を除く。

特定理由離職者の範囲

Ⅰ．期間の定めのある労働契約の期間が満了し、かつ、当該労働契約の更新がないことにより離職した者（その者が当該更新を希望したにもかかわらず、当該更新についての合意が成立するに至らなかった場合に限る。）（上記「特定受給資格者の範囲」のⅡ.の（８）または（９）に該当する場合を除く。）（※）

（※）労働契約において、契約更新条項が「契約の更新をする場合がある」とされている場合など、契約の更新について明示はあるが契約更新の確約まではない場合がこの基準に該当します。

Ⅱ．以下の正当な理由のある自己都合により離職した者

（１）体力の不足、心身の障害、疾病、負傷、視力の減退、聴力の減退、触覚の減退等により離職した者

（２）妊娠、出産、育児等により離職し、雇用保険法第20条第１項の受給期間延長措置を受けた者

（３）父もしくは母の死亡、疾病、負傷等のため、父もしくは母を扶養するために離職を余儀なくされた場合または常時本人の看護を必要とする親族の疾病、負傷等のために離職を余儀なくされた場合のように、家庭の事情が急変したことにより離職した者

（４）配偶者または扶養すべき親族と別居生活を続けることが困難となったことにより離職した者

（５）次の理由により、通勤不可能または困難となったことにより離職した者

ⅰ）結婚に伴う住所の変更

ⅱ）育児に伴う保育所その他これに準ずる施設の利用または親族等への保育の依頼

ⅲ）事業所の通勤困難な地への移転

ⅳ）自己の意思に反しての住所または居所の移転を余儀なくされたこと

ⅴ）鉄道、軌道、バスその他運輸機関の廃止または運行時間の変更等

ⅵ）事業主の命による転勤または出向に伴う別居の回避

ⅶ）配偶者の事業主の命による転勤もしくは出向または配偶者の再就職に伴う別居の回避

（６）その他、上記「特定受給資格者の範囲」のⅡの(11)に該当しない企業整備による人員整理等で希望退職者の募集に応じて離職した者等

雇用保険 8

基本手当を全部もらったとしたら総額はいくらか

失業期間中に受けられる基本手当の総額は、失業１日あたりの額（基本手当日額）に最高日数（所定給付日数）を掛ければ算出されます。失業１日あたりの額、つまり基本手当日額は、退職直前6か月間に支払われた賃金総額を180日で割った額（賃金日額）に給付率（4.5割または５割～８割）を掛けて算出します。

基本手当日額とは失業1日あたりの額である

失業１日あたりの受給額を基本手当日額といい、退職直前６か月間の賃金総額を180で割って得た額（賃金日額）に4.5割または５割～８割の給付率を掛けて算出します。退職直前６か月間の賃金総額は人によって異なるので、必然的に基本手当日額も人によって違ってきます。また、受給期間内にもらえる最高日数（所定給付日数）も、離職理由と年齢、雇用保険に加入していた期間の長短によって異なりますから、失業期間中に受けられる基本手当の総額は人によってさまざまです。

●基本手当日額

※一般的に賃金日額が高いほど給付率は低くなり、賃金日額が低くなるほど給付率は高くなる。

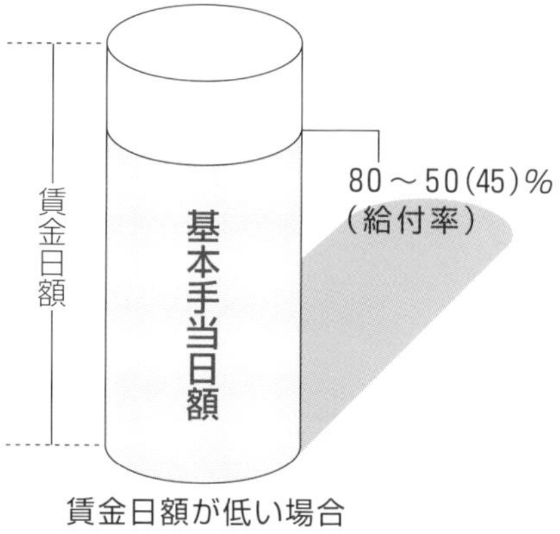

賃金日額が低い場合

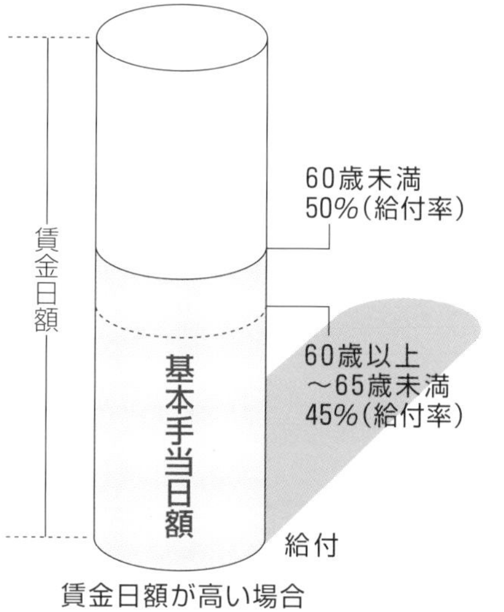

賃金日額が高い場合

給付率は賃金日額の大小と年齢によって決まる

基本手当を算出するための給付率は、原則として賃金日額の50%ですが、低所得者になればなるほど80%になるように設定されています。また退職時の年齢が60歳以上65歳未満の人の場合、高額所得者ほど給付率は45%になるように設定されています。

●基本手当日額を算出するための給付率（令和５年8月１日〜令和６年7月31日）※1

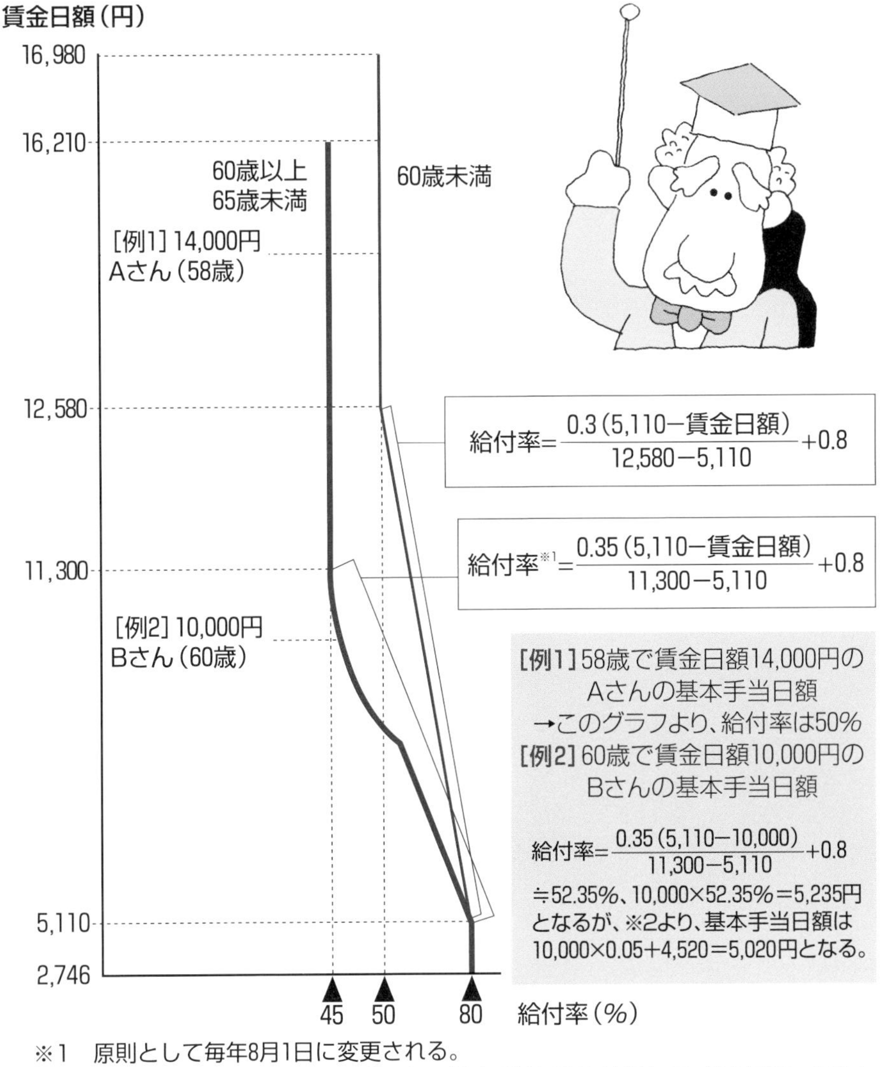

$$給付率=\frac{0.3(5{,}110-賃金日額)}{12{,}580-5{,}110}+0.8$$

$$給付率^{※1}=\frac{0.35(5{,}110-賃金日額)}{11{,}300-5{,}110}+0.8$$

[例1] 58歳で賃金日額14,000円のAさんの基本手当日額
→このグラフより、給付率は50%

[例2] 60歳で賃金日額10,000円のBさんの基本手当日額

$$給付率=\frac{0.35(5{,}110-10{,}000)}{11{,}300-5{,}110}+0.8$$

≒52.35%、10,000×52.35%＝5,235円となるが、※2より、基本手当日額は10,000×0.05+4,520＝5,020円となる。

※1　原則として毎年8月1日に変更される。
※2　ただし、この給付率によって導かれる基本手当日額と比較して、賃金日額×0.05＋4,520で計算される基本手当日額の方が低い場合には、その金額となる。

賃金日額は退職前6か月間の賃金総額で決まる

賃金日額は退職直前6か月間に支払われた賃金総額（通勤手当などを含む）を180で割って出します。この退職前6か月間の賃金総額には、退職金や臨時の賃金、年3回までの賞与は含まれません。

●賃金日額の計算式

$$賃金日額=\frac{退職前6か月間の賃金総額}{180}$$

※賃金総額から
①臨時に支払われる賃金と
②3か月を超える期間ごとに支払われる賃金は除かれる。

賃金日額には上限額と下限額がある

賃金日額は退職直前6か月間の実際の賃金をもとに算出しますが、同じ年齢層の賃金日額に比べ極めて高い人には上限額が適用され、また極端に低い人には下限額が適用されます。(毎年8月1日改定)

●賃金日額の上限額

賃金日額の上限額は五つの年齢区分に応じて、次のように定められています。それによって自動的に基本手当日額の上限額が決まります。

離職日の年齢区分	賃金日額の上限額	基本手当日額の上限額
29歳以下	13,890円	➡ 6,945円
30歳以上44歳以下	15,430円	➡ 7,715円
45歳以上59歳以下	16,980円	➡ 8,490円
60歳以上64歳以下	16,210円	➡ 7,294円
65歳以上	13,890円	➡ 6,945円

（※令和5年8月1日～令和6年7月31日）

●賃金日額の下限額

賃金日額の下限額は受給資格に係る被保険者の区分に関係なく、次のように定められています。それによって自動的に基本手当日額の下限額が決まります。

賃金日額の下限額	基本手当日額の下限額
2,746円	➡ 2,196円

（※令和5年8月1日～令和6年7月31日）

あなたが失業したら基本手当日額はいくらか

失業１日あたりの基本手当日額がいくらになるかを賃金日額ごとに計算してみましょう。

●基本手当日額の目安表（令和５年８月１日～令和６年７月31日まで）

単位（円）

賃金日額	基本手当日額				
	65歳以上	60歳～64歳	45歳～59歳	30歳～44歳	29歳以下
｜ 2,746	｜ 2,196	｜ 2,196	｜ 2,196	｜ 2,196	｜ 2,196
3,000	2,400	2,400	2,400	2,400	2,400
5,000	4,000	4,000	4,000	4,000	4,000
5,110	4,088	4,088	4,088	4,088	4,088
6,000	4,585	4,498	4,585	4,585	4,585
7,000	5,068	4,851	5,068	5,068	5,068
8,000	5,471	4,920	5,471	5,471	5,471
9,000	5,793	4,970	5,793	5,793	5,793
9,500	5,925	4,995	5,925	5,925	5,925
10,000	6,036	5,020	6,036	6,036	6,036
11,300	6,230	5,085	6,230	6,230	6,230
12,000	6,279	5,400	6,279	6,279	6,279
12,580	6,290	5,661	6,290	6,290	6,290
13,000	6,500	5,850	6,500	6,500	6,500
13,890	6,945	6,250	6,945	6,945	6,945
14,000	↓	6,300	7,000	7,000	↓
15,430	6,945	6,943	7,715	7,715	6,945
16,210		7,294	8,105	↓	
16,500			8,250	7,715	
16,980		↓	8,490		
		7,294	↓ 8,490		

※年齢は離職日における満年齢。

基本手当をもらうには4週間に1回ずつ失業認定を受ける

基本手当を受けるには「求職の申込み」をし、その後に住所地のハローワークへ行って「離職票」の提出を行い受給資格の決定を受けた後、原則として4週間に1回ずつ定められた日に失業認定を受けなければなりません。この失業認定の方法は「失業認定申告書」に失業認定期間中（原則として28日間）の就労状況や就職活動の内容等を記載して「受給資格者証」とともにハローワークへ提出することによって行われます。失業認定の対象は、待期の通算7日間と基本手当の支給対象日以後の期間になりますが、最初の通算7日間の待期期間は基本手当が支給されません。

「失業認定申告書」は4週間に1回ずつ提出する

基本手当をもらうための失業認定は、4週間に1回ずつ決められた日に住所地のハローワークへ行き、「失業認定申告書」を提出することによって行われます。

●「失業認定申告書」の提出

失業認定の必要な期間

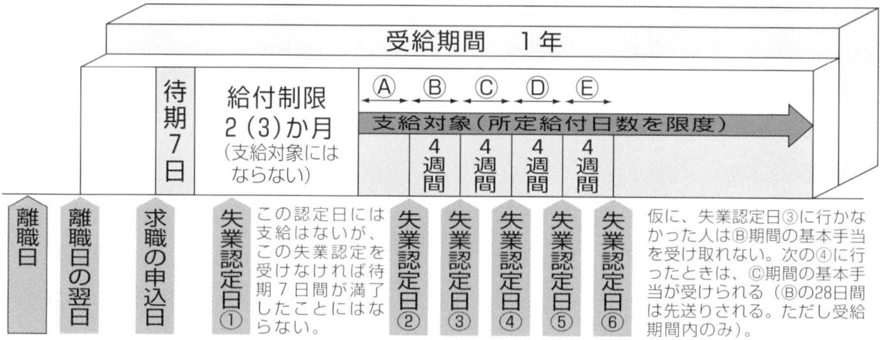

失業認定日に出頭しないとその期間分はもらえない

決められた失業認定日に出頭しなかったときは、直前の失業認定日以後の28日分については失業認定ができないので支給されません。支給されなかった日数は受給期間内に限り先送りされます。

失業認定申告書

裏面に書き方について詳しい注意書きがあるので、よく読んで記入すること

様式第14号（第22条関係）（第1面）

失業認定申告書

（必ず第２面の注意書きをよく読んでから記入してください。）

※ 帳票種別　11203

（あてはまるものに○をつけ、必要なことがらを記入してください。）

1 失業の認定を受けようとする期間中に、就職、就労又は内職・手伝いをしましたか。	ア　した 就職又は就労をした日は○印、内職又は手伝いをした日は×印を右のカレンダーに記入してください。 イ　しない	月 1 2 3 4 5 6 7 8 9 10 11 12 13 14 15 16 17 18 19 20 21 22 23 24 25 26 27 28 29 30 31	月 1 2 3 4 5 6 7 8 9 10 11 12 13 14 15 16 17 18 19 20 21 22 23 24 25 26 27 28 29 30 31

2 内職又は手伝いをして収入を得た人は、収入のあった日、その額（何日分か）などを記入してください。	収入のあった日　月　日	収入額　円	何日分の収入か　日分
	収入のあった日　月　日	収入額　円	何日分の収入か　日分
	収入のあった日　月　日	収入額　円	何日分の収入か　日分

3 失業の認定を受けようとする期間中に、求職活動をしましたか。

ア　求職活動をした

(1)求職活動をどのような方法で行いましたか。

求職活動の方法	活動日	利用した機関の名称	求職活動の内容
（ア）公共職業安定所又は地方運輸局による職業相談、職業紹介等			
（イ）職業紹介事業者による職業相談、職業紹介等			
（ウ）派遣元事業主による派遣就業相談等			
（エ）公的機関等による職業相談、職業紹介等			

(2)(1)の求職活動以外で、事業所の求人に応募したことがある場合には、下欄に記載してください。

事業所名、部署	応募日	応募方法	職種	応募したきっかけ	応募の結果
（電話番号　　）				（ア）知人の紹介 （イ）新聞広告 （ウ）就職情報誌 （エ）インターネット （オ）その他	
（電話番号　　）				（ア）知人の紹介 （イ）新聞広告 （ウ）就職情報誌 （エ）インターネット （オ）その他	

イ　求職活動をしなかった　（その理由を具体的に記載してください。）

4 今、公共職業安定所又は地方運輸局から自分に適した仕事が紹介されれば、すぐに応じられますか。	ア　応じられる イ　応じられない	イに○印をした人は、すぐに応じられない理由を第２面の注意の8の中から選んで、その記号を○で囲んでください。 （ア）　（イ）　（ウ）　（エ）　（オ）

5 就職もしくは自営した人又はその予定のある人が記入してください。	ア　就職	（1）公共職業安定所又は地方運輸局紹介 （2）地方公共団体又は職業紹介事業者紹介 （3）自己就職 月　日より就職（予定）	（就職先事業所） 事業所名（　　） 所在地（〒　　）
	イ　自営	月　日より自営業開始（予定）	電話番号（　　）

雇用保険法施行規則第２２条第１項の規定により上記のとおり申告します。

令和　年　月　日
（この申告書を提出する日）

公共職業安定所長
地方運輸局長　殿

受給資格者氏名＿＿＿＿＿＿
支給番号（　　　）

※公共職業安定所又は地方運輸局記載欄	1. 支給番号　—　—	2. 未支給区分	3. 待期満了年月日　年　月　日
	4. 支給期間（初日）年　月　日〜（末日）月　日	5. 内職又は手伝いによる収入（内職日数）日（収入額）円	6. 基本手当支給日数　日
	7. 就業手当支給日数　日	8. 就業手当に相当する特別給付支給日数　日	9. 就職年月日－経路　年　月　日 —

次回認定日・時間 月　日　時から 時まで	認定対象期間　月　日〜　月　日	※連絡事項
	備考	取扱者印　操作者印

2021. 9

アに○をつけた人は、前回の失業認定日から今回の失業認定日の前日までに就労した日を申告する。この場合、就労した日数を差し引いた分の基本手当が支給される（例えば７日間就労したら28－７=21日間分）。この差し引かれた日数分の基本手当については、支給されないわけではなく、受給期間内で繰り越される。
イに○をつけた人は、何も記入しなくてよい

雇用保険 10

早期に再就職すると、一時金で再就職手当がもらえる

基本手当の受給資格者が早期に再就職し、一定要件を満たすと、基本手当の支給残日数の60%または70%に相当する日数分の再就職手当がもらえます。再就職手当は、基本手当を全部もらわなくても、早めに就職すればまとまったお金が入るので損はしない、という気持ちにさせ、失業者の再就職意欲を喚起させる目的があります。

再就職手当の支給要件はこうなっている

再就職手当は、基本手当が受けられる人（受給資格者）が次の①から⑨のすべてに該当したとき支給されます。支給額は、基本手当日額※×所定給付日数の支給残日数×給付率です。給付率は、基本手当の支給残日数が所定給付日数の３分の２以上ある場合は70%、３分の１以上ある場合は60%です。

※基本手当日額の上限額6,290円（60歳以上65歳未満は5,085円）

再就職手当の支給要件

①就職日の前日における基本手当の支給残日数が、所定給付日数の３分の１以上あること。

②１年を超えて引き続き雇用されることが確実であると認められる職業に就いたこと。

※事業を開始した場合で、一定の要件に該当したときを含む。

③離職前の事業主に再び雇用されたものでないこと（関連会社も含む）。

④通算７日間の待期期間が経過した後に就職したこと。

⑤自己都合等退職により３か月間の給付制限を受けている人は、給付制限３か月の最初の１か月間だけは公共職業安定所（ハローワーク）の紹介で就職したこと（１か月経過後は職安紹介の就職でなくてもかまわない）。

⑥雇用することを約した事業主が、最初の求職の申込日より前の日にある場合で、その事業主のもとに雇用されたものでないこと（再就職の会社が離職票の提出日より前に内定していた会社でないこと）。

⑦就職日前３年以内に、再就職手当または常用就職支度金のいずれかを受けたことがないこと。

⑧再就職して雇用保険の被保険者資格を取得していること（被保険者とならない形で就職していないこと）。

⑨再就職手当の支給に関する調査を行う際に再就職した会社を離職していないこと。

再就職手当の支給申請の方法

再就職手当の支給申請は「再就職手当支給申請書」に受給資格者証を添えて、再就職日の翌日から起算して1か月以内に住所地のハローワークに提出することになります。

●再就職手当が支給されるまで

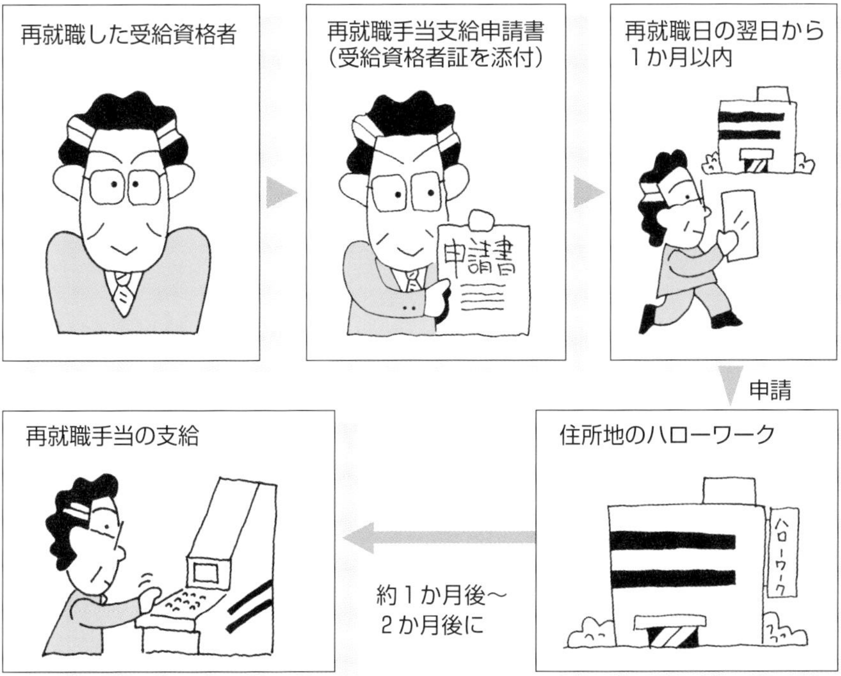

ひとことアドバイス

45歳以上の人には常用就職支度手当がある

常用就職支度手当は、身体障害者とか就職日において45歳以上の人が、公共職業安定所の紹介で1年以上引き続いて雇用されることが確実である職業に就いた場合に支給されるものです。常用就職支度手当は、再就職手当と違って支給残日数が1日でもあれば、45日残として40%（18日分）が支給されます。ただし過去3年間に常用就職支度手当または再就職手当をもらったことのある人には支給されません。また、常用就職支度手当と再就職手当の両方が受けられる場合は、再就職手当のほうを優先して支給することになります。

雇用保険

11

常用以外の仕事についた場合には、就業手当がもらえる

基本手当を受給している人が早期に再就職した場合、一年を超えて雇用されることが確実な場合などの一定の要件を満たしていれば、前項で述べた再就職手当を受けることができます。では、それ以外の仕事についた場合にはどのような手当が受けられるでしょうか。
就業手当は、就業促進手当のうち「常用以外の仕事」についた場合に支給されるもので、一定の要件のもとで基本手当日額の一定割合が賃金に上乗せして支給されるものです。

再就職手当がもらえない場合でも早期の再就職は就業手当の対象となる

就業手当は就業促進手当のひとつで、再就職手当の支給対象とならない就職、つまり「常用雇用等以外の形態で就業」した場合に、一定の要件を満たしていれば支給されるものです。対象となるのは、基本手当の支給残日数が所定給付日数の3分の1以上、かつ、45日以上である基本手当の受給資格者です。

支給額は、基本手当日額の30%に相当する額で、就業した日ごとに支給されます。1日あたりの支給額の上限は1,887円、60歳以上65歳未満の場合は1,525円で、就業手当の支給を受けた日については、基本手当を支給したものとみなされます。

支給手続は、原則として、失業の認定に合わせて4週間に1回、前回の認定日から今回の認定日の前日までの各日について「就業手当支給申請書」に、受給資格者証と就業した事実を証明する資料（給与明細書など）を添付してハローワークに申請します。

なお、常用雇用等以外の形態での就業とは、通常の労働者より労働時間は短いが、原則として所定労働時間が1日4時間以上で、1年以上は雇用されない場合をいいます。

就業手当のその他の支給要件

（1）7日間の待期期間が経過した後に就業したものであること。
（2）離職前の事業主（関連事業主を含む）に再び雇用されたものでないこと。
（3）自己都合退職など離職理由による給付制限を受けた場合、待期満了後1カ月間については、公共職業安定所または職業紹介事業者の紹介によって再就職したこと。
（4）公共職業安定所に求職の申込みをした日以前に雇用予約をしていた事業主に雇用されたものでないこと。

内職収入と同じように基本手当の減額調整が行われるケース

受給資格者が被保険者とならない形で就業しながら求職活動を行う場合で一定の要件に該当する場合には、「内職収入による減額規定」が準用されます。

内職収入による減額規定

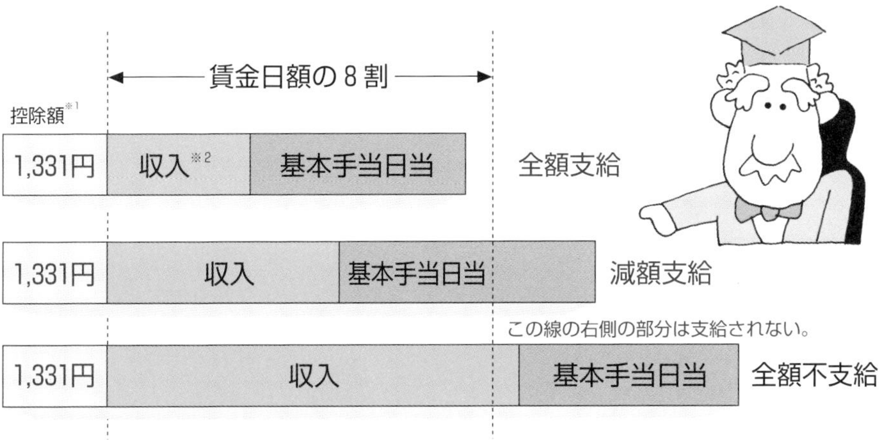

※1　令和6年7月31日までの額。控除額は毎年8月1日に厚生労働大臣告示で変更される。
※2　収入とは、内職収入や被保険者とならない形で就業（原則1日4時間未満）したときの1日あたりの賃金。

雇用保険 12

60歳以降は高年齢雇用継続給付を活用する

定年後の再雇用はありがたいものですが、給料は大幅ダウン、しかも生活費はまだまだたくさんかかります。そんなとき役立つ制度が「高年齢雇用継続給付」です。通常、雇用保険の給付は会社を離職し失業しているときに失業給付として行われるわけですが、この「高年齢雇用継続給付」は会社をやめなくても支給されるという利点があります。支給要件は被保険者であった期間が5年以上ある60歳以上65歳未満の被保険者が、原則として60歳到達時の賃金に比べ、老齢等の理由で75%未満の賃金に低下した状態で働いているということです。

高年齢雇用継続給付には2種類のものがある

高年齢雇用継続給付には65歳まで支給される「高年齢雇用継続基本給付金」と1年または2年間支給される「高年齢再就職給付金」の2種類があります。

●高年齢雇用継続給付の概要

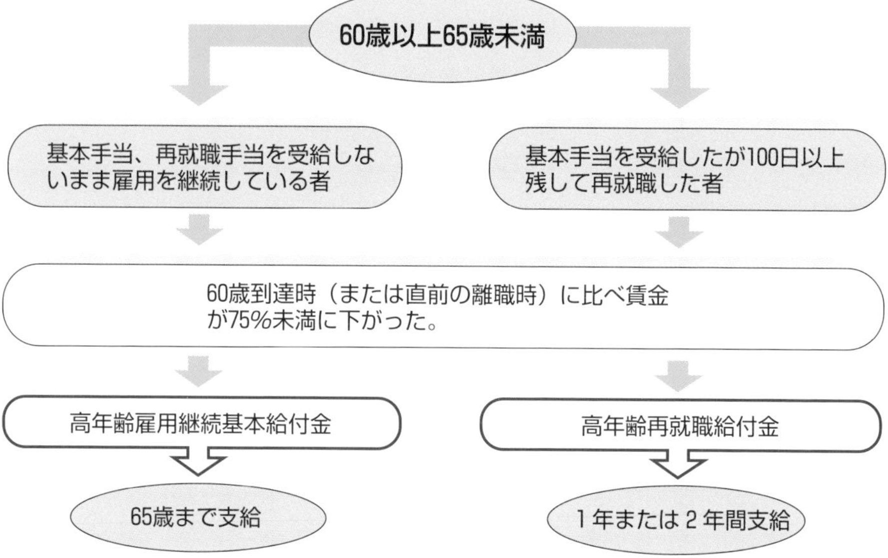

高年齢雇用継続基本給付金の受給要件はどうなっているか

高年齢雇用継続基本給付金の支給要件は、被保険者であった期間が5年以上ある60歳以上65歳未満の被保険者が、60歳到達時の賃金に比べ老齢等の理由で75%未満の賃金に低下した状態で継続雇用されているということです。

●高年齢雇用継続基本給付金の受給要件

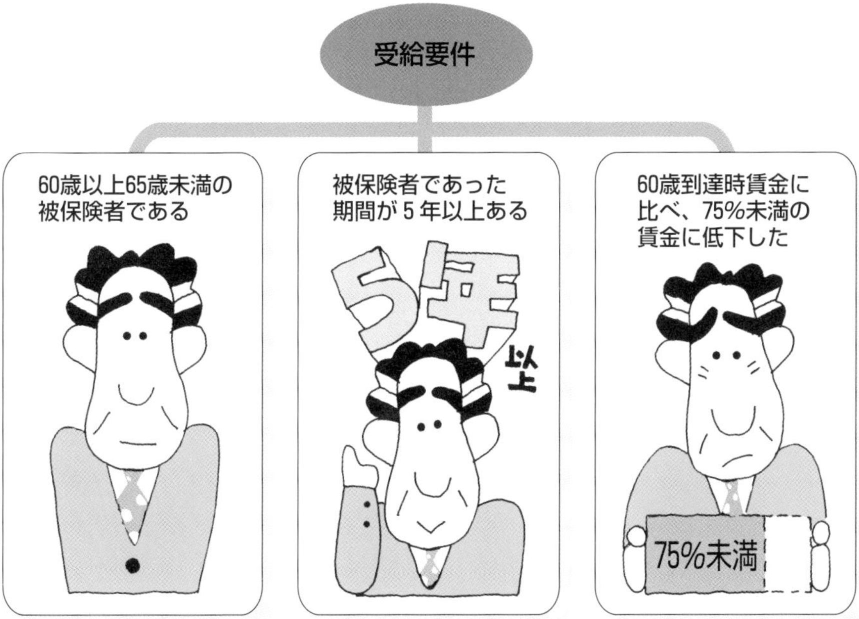

ひとことアドバイス

「賃金低下」の理由

高年齢雇用継続給付は、定年後の賃金が60歳到達時賃金に比べ相当程度低下した高年齢労働者が退職することなく雇用を継続していることは準失業的であるとして、低下した今の賃金の一定率の額を雇用保険から給付していこうとするものです。ここでいう「賃金低下」は老齢による労働能力の低下等の理由でなければなりません。したがって、次のような賃金低下の理由では高年齢雇用継続給付は受けられません。

◆非行　◆懲戒処分　◆疾病または負傷　◆事業所の休業　◆争議行為　◆欠勤

高年齢雇用継続基本給付金は65歳まで支給される

60歳到達日に被保険者であった期間が５年以上ある場合

60歳到達日の属する月から65歳到達日の属する月まで、支給対象月ごとに支給される。

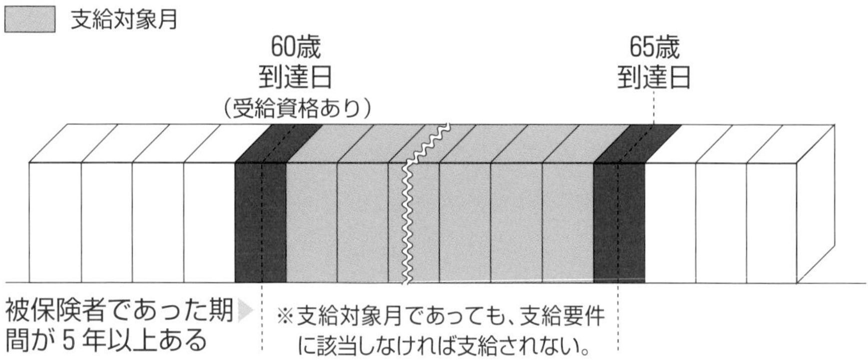

60歳到達日に被保険者であった期間が５年に満たない場合

60歳到達日には被保険者であった期間が５年に満たなかった場合でも60歳到達後に５年に至ったときは、５年に至った日の属する月から65歳到達日の属する月まで、支給対象月ごとに支給される。

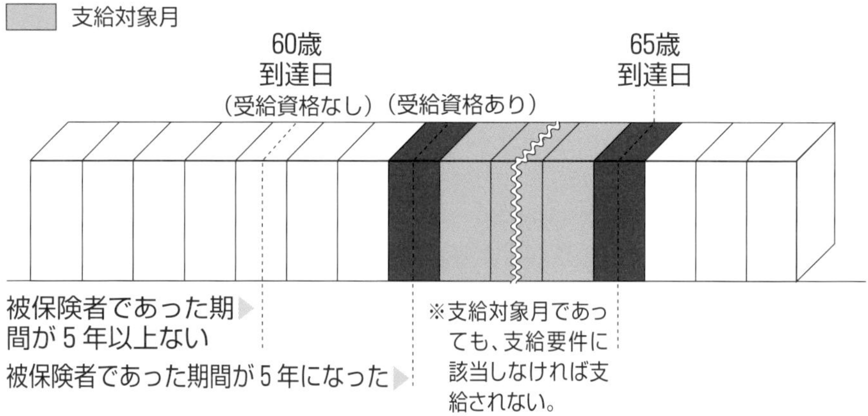

※60歳到達日より後で被保険者であった期間が５年になった場合は、当該５年を満たした時点での賃金を100%として、その後75%未満に賃金が低下した場合に支給対象となる。
※被保険者であった期間。（65ページひとことアドバイス参照）

高年齢雇用継続基本給付金の額は最高15%支給される

支給対象月（60歳到達日以降の各暦月）ごとに、原則として次の計算式による額が支給されます。

①支給対象月の賃金が60歳到達時の賃金月額の61%未満のとき

支給対象月の賃金額×15%

②支給対象月の賃金額が60歳到達時の賃金月額の61%以上75%未満のとき

支給対象月の賃金額×支給率(%)※

（小数点以下切り捨て）

※ $支給率 = \frac{13{,}725 - 183X}{280X} \times 100$ 　$X = \frac{支給対象月の賃金額}{60歳到達時の賃金月額} \times 100$

（小数点第3位を四捨五入）　（小数点第3位を四捨五入）

- 60歳到達時の賃金月額は、60歳到達日を基準として、過去6か月間に支払われた賃金総額を180で割って得た額（みなし賃金日額）に30を乗じた額である。
- 支給対象月の賃金と給付額の合計が月額370,452円※を超える場合は、370,452円※からその支給対象月の賃金を控除した額が支給される。
- なお、60歳到達時の賃金月額の75%未満であっても、支給対象月の賃金が370,452円※を超えている場合は、支給されない。
- 「60歳到達時の賃金月額」は「直前の離職時の賃金月額」の場合もある。

※令和5年8月1日～令和6年7月31日。毎年8月1日に変更される。

ひとことアドバイス　**高年齢雇用継続給付をもらった人が失業しても、基本手当は受けられる**

高年齢雇用継続給付を受けていた人が、その後退職した場合は、求職の申込みをし離職票を提出することで基本手当が受けられるようになります。これは、高年齢雇用継続給付と基本手当とはその制度の趣旨からまったく別の給付であるとする考え方によるものです。

高年齢雇用継続基本給付金の具体例

●例１）60歳到達日に被保険者であった期間が５年以上あった場合。60歳到達時の賃金月額は50万円であり、その後老齢等の理由で月額20万円に低下したとき

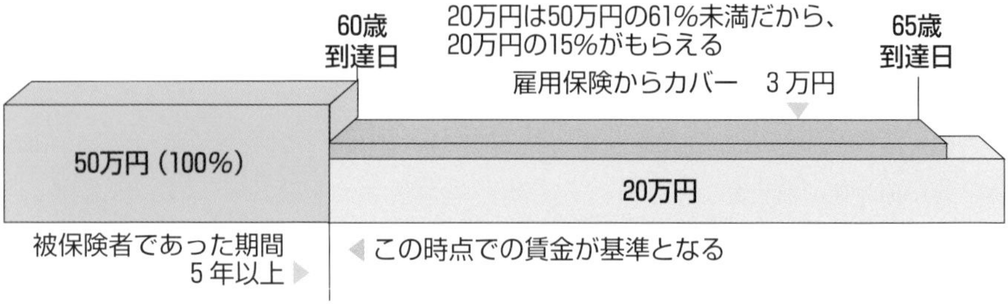

●例２）60歳到達日には被保険者であった期間が５年未満であり、その後５年を満たした場合、５年を満たした時点で賃金月額が30万円であったが、その後18万円に低下したとき

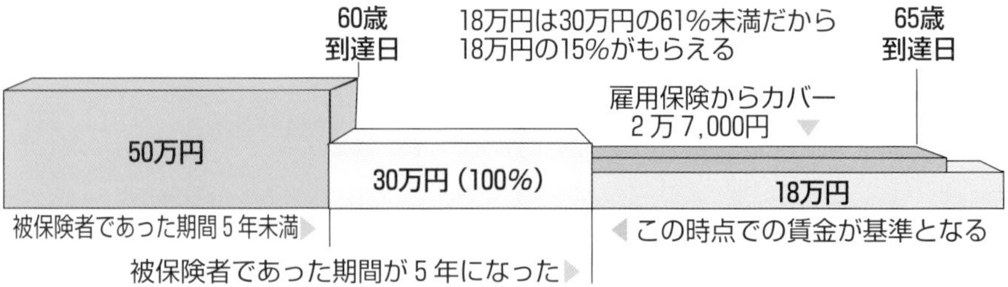

●高年齢雇用継続給付の支給額試算表(令和5年8月1日～令和6年7月31日まで)

(単位：円)

60歳時の賃金／低下後の賃金	20万円支給額	25万円支給額	30万円支給額	35万円支給額	40万円支給額	45万円支給額	486,300円支給額
100,000	15,000	15,000	15,000	15,000	15,000	15,000	15,000
110,000	16,500	16,500	16,500	16,500	16,500	16,500	16,500
120,000	18,000	18,000	18,000	18,000	18,000	18,000	18,000
130,000	13,065	19,500	19,500	19,500	19,500	19,500	19,500
140,000	6,538	21,000	21,000	21,000	21,000	21,000	21,000
150,000	0	22,500	22,500	22,500	22,500	22,500	22,500
160,000	0	17,968	24,000	24,000	24,000	24,000	24,000
170,000	0	11,441	25,500	25,500	25,500	25,500	25,500
180,000	0	4,896	27,000	27,000	27,000	27,000	27,000
190,000	0	0	22,876	28,500	28,500	28,500	28,500
200,000	0	0	16,340	30,000	30,000	30,000	30,000
210,000	0	0	9,807	31,500	31,500	31,500	31,500
220,000	0	0	3,278	27,764	33,000	33,000	33,000
230,000	0	0	0	21,252	34,500	34,500	34,500
240,000	0	0	0	14,712	36,000	36,000	36,000
250,000	0	0	0	8,175	32,675	37,500	37,500
260,000	0	0	0	0	26,130	39,000	39,000
270,000	0	0	0	0	19,602	40,500	40,500
280,000	0	0	0	0	13,076	37,576	42,000
290,000	0	0	0	0	6,525	31,059	43,500
300,000	0	0	0	0	0	24,510	42,300
310,000	0	0	0	0	0	17,980	35,743
320,000	0	0	0	0	0	11,456	29,248
330,000	0	0	0	0	0	4,917	22,704
340,000	0	0	0	0	0	0	16,150
350,000	0	0	0	0	0	0	9,625
360,000	0	0	0	0	0	0	3,096
370,000	0	0	0	0	0	0	0

※支給対象月の賃金と支給額の合計が月額370,452円を超える場合には、370,452円からその支給対象月の賃金を控除した額が支給される。

※なお、60歳到達時の賃金月額の75%未満であっても、支給対象月の賃金が370,452円を超えている場合は支給されない。

高年齢雇用継続給付の受給資格確認のための手続きをする

高年齢雇用継続給付の受給資格確認の手続きは、引き続き雇用される雇用保険の被保険者が60歳を迎えたとき（被保険者であった期間が60歳時点で５年に満たないときは65歳になるまでの間で５年を満たしたとき）に会社を通して手続きします。

受給資格確認だけをすることもできますが、引き続き雇用される場合には賃金が初めて75％未満に低下した月の初日から４か月以内に会社が高年齢雇用継続給付支給申請と同時に行うことが多いです。

高年齢雇用継続給付の受給資格の確認のしかた

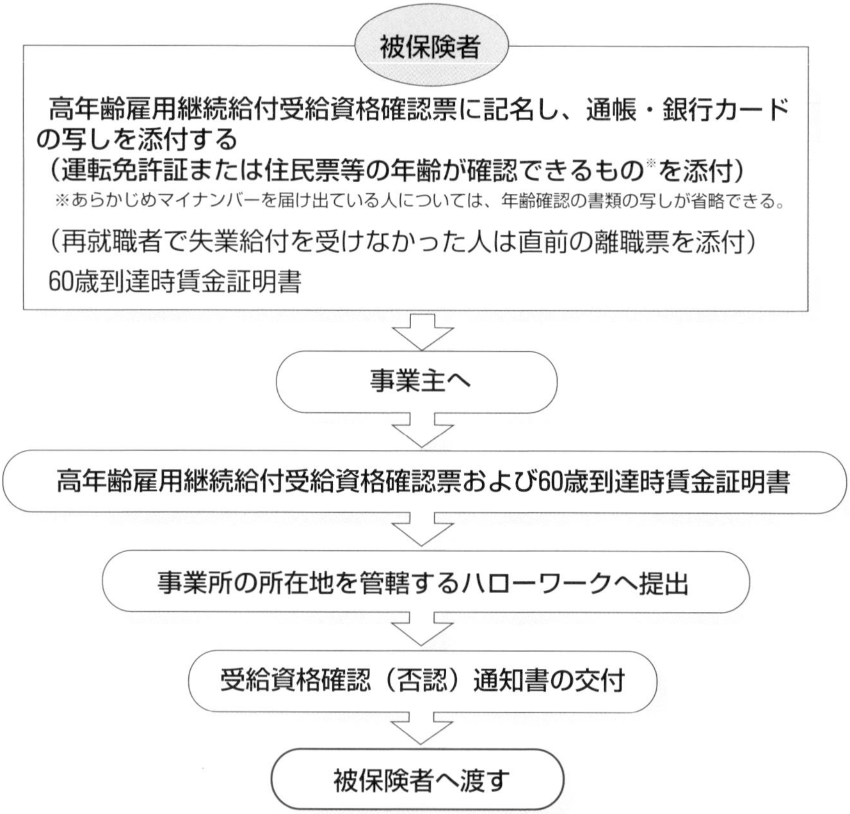

※受給資格確認通知書は支給申請のとき必要となる。

高年齢雇用継続給付受給資格確認票・(初回)高年齢雇用継続給付支給申請書

当該事業所の事業所番号を記入

被保険者証に記載されている被保険者番号を記入

雇用保険被保険者証に記載されている被保険者となった年月日を記入

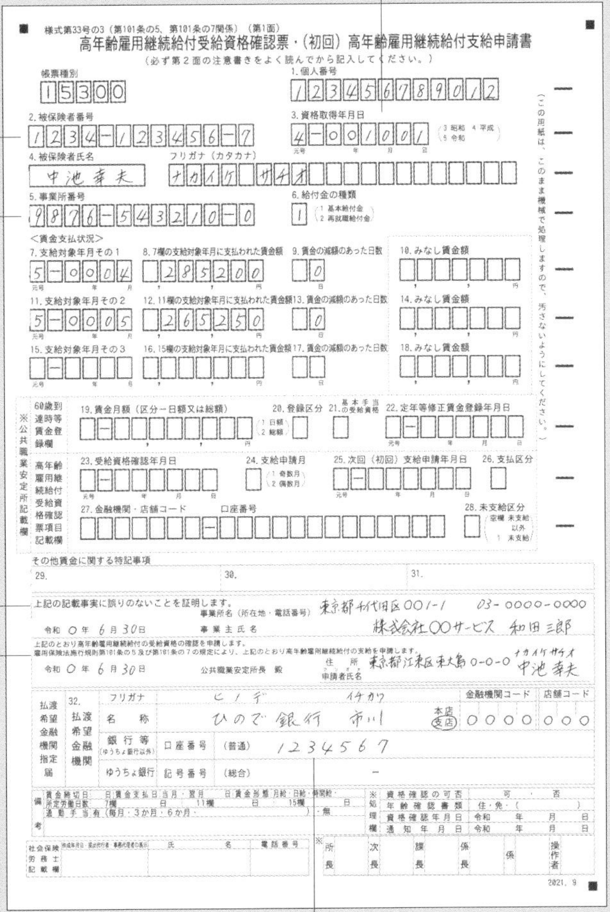

様式第33号の3（第101条の5、第101条の7関係）（第1面）

高年齢雇用継続給付受給資格確認票・（初回）高年齢雇用継続給付支給申請書

（必ず第２面の注意書きをよく読んでから記入してください。）

帳票種別 15300

1. 個人番号 123456789012

2. 被保険者番号 1234-123456-7

3. 資格取得年月日 4-001001（3 昭和 4 平成 5 令和）元号 年 月 日

4. 被保険者氏名 中池幸夫　フリガナ（カタカナ） ナカイケ サチオ

5. 事業所番号 9876-543210-0

6. 給付金の種類 1（1 基本給付金 2 再就職給付金）

<賃金支払状況>

7. 支給対象年月その1	8. 7欄の支給対象年月に支払われた賃金額	9. 賃金の減額のあった日数	10. みなし賃金額
5-0004	285200 円	0 日	円
11. 支給対象年月その2	**12. 11欄の支給対象年月に支払われた賃金額**	**13. 賃金の減額のあった日数**	**14. みなし賃金額**
5-0005	265250 円	0 日	円
15. 支給対象年月その3	**16. 15欄の支給対象年月に支払われた賃金額**	**17. 賃金の減額のあった日数**	**18. みなし賃金額**
-	円	日	円

※公共職業安定所記載欄

60歳到達時等賃金登録欄　19. 賃金月額（区分－日額又は総額）（1 日額 2 総額）　20. 登録区分　21. 基本手当の受給資格　22. 定年等修正賃金登録年月日

高年齢雇用継続給付受給資格確認票項目記載欄　23. 受給資格確認年月日　24. 支給申請月（1 奇数月 2 偶数月）　25. 次回（初回）支給申請年月日　26. 支払区分　27. 金融機関・店舗コード　口座番号　28. 未支給区分（空欄 未支給以外 1 未支給）

その他賃金に関する特記事項　29.　30.　31.

上記の記載事実に誤りのないことを証明します。

事業所名（所在地・電話番号） 東京都千代田区001-1　03-0000-0000

令和 0 年 6 月 30 日　事業主氏名 株式会社〇〇サービス　和田三郎

上記のとおり高年齢雇用継続給付の受給資格の確認を申請します。

雇用保険法施行規則第101条の5及び第101条の7の規定により、上記のとおり高年齢雇用継続給付の支給を申請します。

令和 0 年 6 月 30 日　公共職業安定所長 殿　住所 東京都江東区東大島0-0-0　申請者氏名 中池幸夫《ナカイケサチオ》

払渡希望金融機関指定届	32. 払渡希望金融機関	フリガナ	ヒノデ　イチカワ	金融機関コード	店舗コード
		名称	ひので銀行　市川　本店・(支店)	0000	000
		銀行等（ゆうちょ銀行以外）	口座番号（普通） 1234567		
		ゆうちょ銀行	記号番号（総合） -		

備考　賃金締切日　日　賃金支払日 当月・翌月　日　賃金形態 月給・日給・時間給・　所定労働日数 7欄　日　11欄　日　15欄　日　通勤手当 有（毎月・3か月・6か月・　）・無

※処理欄　資格確認の可否 可・否　年齢確認書類 住・免・（　）　資格確認年月日 令和 年 月 日　通知年月日 令和 年 月 日

社会保険労務士記載欄　作成年月日・提出代行者・事務代理者の表示　氏名　電話番号

※所長　次長　課長　係長　係　操作者

2021. 9

被保険者本人が記入する

事業主が記載事実に誤りのないことを証明する（会社が記入）

払渡しを希望する金融機関の名称・支店名・口座番号を記入の上、通帳・銀行カードの写しを添付する

高年齢雇用継続基本給付金の申請は原則２か月に１回ずつ行う

高年齢雇用継続給付の支給申請を行うのは本来は被保険者本人ですが、事業主を通じて申請をすることについての本人の同意があれば、事業主が本人に代わって支給申請することになります。本人の同意を得て、事業主が行うのが一般的です。

高年齢雇用継続基本給付金の支給申請

被保険者

高年齢雇用継続給付支給申請書
（事業主から証明を受ける）

（受給資格確認票により受給資格が確認されたとき交付される）

⇩

最初の支給対象月の初日から起算して４か月以内
２回目以降は支給決定されたときに申請月が指定される

⇩ （奇数月または偶数月）

事業所の所在地を管轄するハローワークへ提出

⇧

添付書類
支給対象月にかかる賃金台帳、出勤簿等（給与明細書等の添付）

※電子申請による提出が便利である。

高年齢雇用継続給付支給申請書（2回目以降）

様式第33号の3の2（第101条の5、第101条の7関係）（第1面）

高年齢雇用継続給付支給申請書

（必ず第２面の注意書きをよく読んでから記入してください。）

（なるべく折り曲げないようにし、やむをえない場合には折り曲げマーク（▶）の所で折り曲げてください。）

（この用紙は、このまま機械で処理しますので、汚さないようにしてください。）

帳票種別 13301

氏名

給付金の種類（1 基本給付金 2 再就職給付金）

事業所番号

管轄区分

1. 被保険者番号 XXXX-XXXXXXX

2. 資格取得年月日 ○○○○○○

要件該当日

支給対象年月 令和

支給申請月 令和

前回処理年月日

賃金月額の７５％（旧８５％）

賃金月額の６１％（旧６４％）

<賃金支払状況>

3. 支給対象年月その１ 5－0000 元号 年 月

4. 3欄の支給対象年月に支払われた賃金額 000000 円

5. 賃金の減額のあった日数 0 日

6. みなし賃金額 円

7. 支給対象年月その２ 5－0000 元号 年 月

8. 7欄の支給対象年月に支払われた賃金額 000000 円

9. 賃金の減額のあった日数 0 日

10. みなし賃金額 円

11. 支給対象年月その３ － 元号 年 月

12. 11欄の支給対象年月に支払われた賃金額 円

13. 賃金の減額のあった日数 日

14. みなし賃金額 円

※ 15. 未支給区分（空欄 未支給以外 1 未支給）

16. 出力区分（即時出力の場合は「1」を入力）

17. 次回支給申請年月日 － 元号 年 月 日（4 平成 5 令和）

上記の記載事実に誤りがないことを証明します。

令和 ○年 7月 7日

事業所名（所在地・電話番号） 東京都千代田区○○1-1 株式会社○○サービス 03-0000-0000

事業主氏名 代表取締役 和田三郎 印

雇用保険法施行規則第101条の5・第101条の7の規定により、上記のとおり高年齢雇用継続給付の支給を申請します。

令和 ○年 7月 7日

飯田橋 公共職業安定所長 殿

申請者氏名 申請について同意済

2019. 5

本人が記入する。または本人から同意があった場合は「申請について同意済」と記載する

すでに記入してある

会社が記入する

※本人から同意書をもらっている場合は、「申請について同意済」と記載する。

高年齢再就職給付金を受けるには早期に就職しなければならない

高年齢再就職給付金は、いったん失業給付を受け、基本手当の支給残日数が100日以上ある受給資格者が再就職し、被保険者となった場合、再就職後の各月の賃金が直前の離職時の賃金に比べ75%未満に低下した条件で雇用された場合に、１年または２年にわたって支給されるものです。

高年齢再就職給付金の支給要件

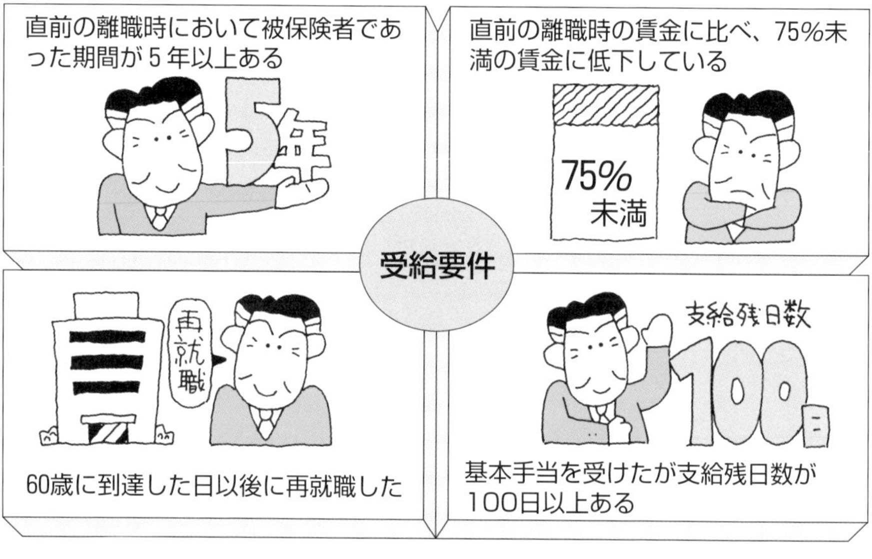

高年齢再就職給付金の支給期間は最高２年である

高年齢再就職給付金の支給期間は、再就職日の前日における基本手当の支給残日数が100日以上あるか、または200日以上あるかによって１年または２年となっています。ただし、途中で65歳になれば打ち切りです。

高年齢再就職給付金の支給期間

基本手当の支給残日数200日以上 ⇒ ２年間

基本手当の支給残日数100日以上200日未満 ⇒ １年間

●基本手当の支給残日数が200日以上の場合

[支給期間]

再就職日の属する月から２年経過する日の属する月までの期間

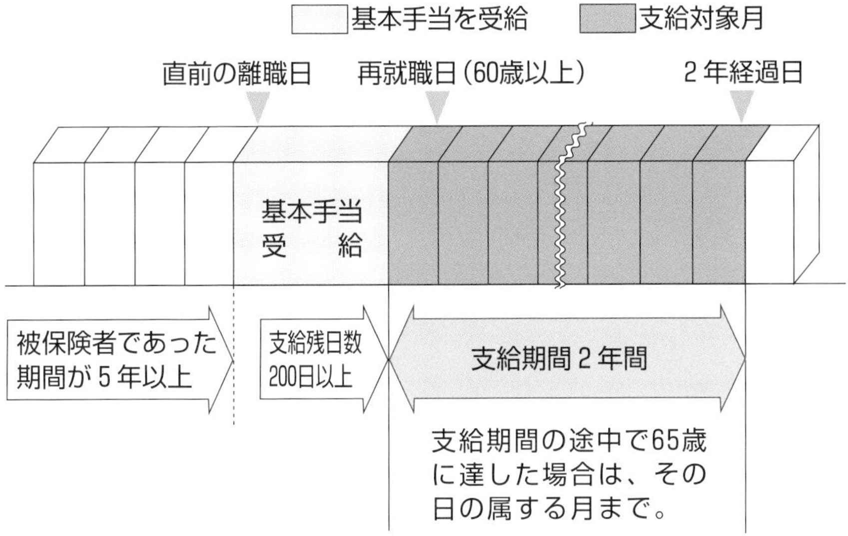

●基本手当の支給残日数が100日以上の場合

[支給期間]

再就職日の属する月から１年経過する日の属する月までの期間

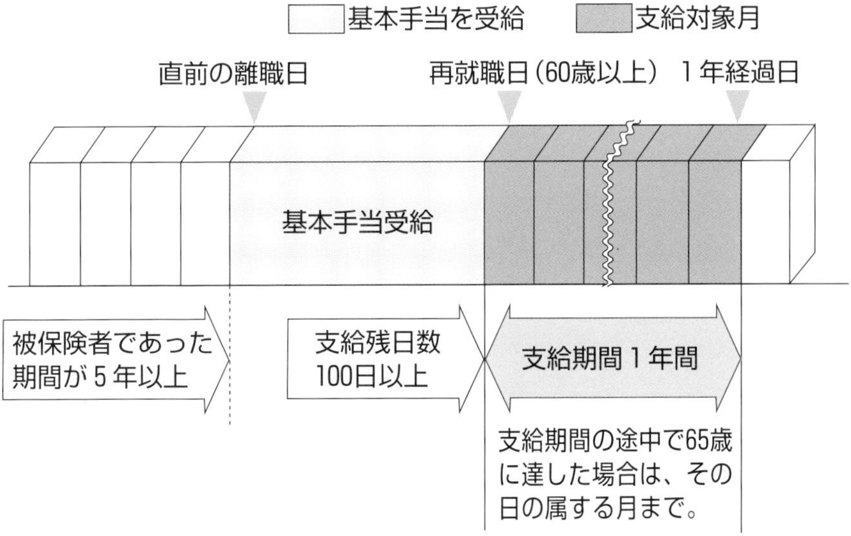

※支給対象月であっても、支給要件に該当しなければ支給されない。

高年齢再就職給付金の額は再就職後の賃金の15%が最高

高年齢再就職給付金の額は直前の離職時の賃金に比べ再就職後の賃金が75%未満に低下して雇用される場合に、再就職後の各月の賃金に支給率（最高15%・85ページ参照）を掛けた額です。

高年齢再就職給付金の支給率と額

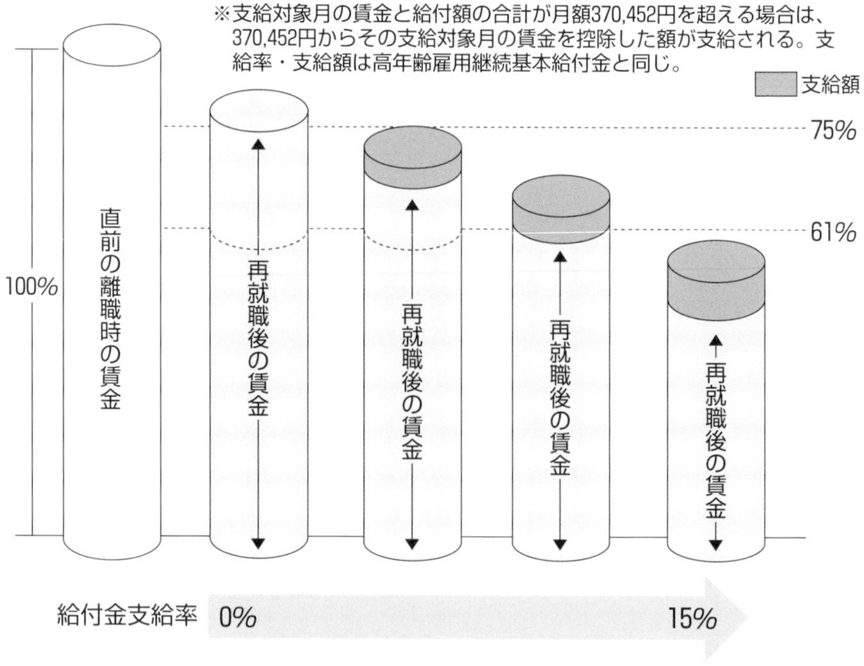

ひとことアドバイス　高年齢再就職給付金と再就職手当は併給されない

高年齢再就職給付金の支給を受けられる方が、同一の就職に関して再就職手当の支給を受けられる場合、その方が再就職手当の支給を受けたときは高年齢再就職給付金は支給されず、高年齢再就職給付金の支給を受けたときは再就職手当は支給されません。この併給調整は、施行日（平成15年4月1日）以後に安定した職業に就くことにより被保険者となった方に適用されます。

高年齢再就職給付金の支給申請はこのようにする

高年齢再就職給付金の受給資格確認のしかたは、高年齢雇用継続基本給付金の受給資格確認のしかたとほぼ同じです。ただし、高年齢再就職給付金の場合は、「受給資格確認票」のみによって行います。（88ページ参照）。

高年齢再就職給付金の支給申請手続きは、受給資格確認通知書がハローワークから交付された後、被保険者本人が行うかまたは（労使協定による合意があれば）被保険者の代理人として事業主が行うことになります。一般的には、事業主が支給申請をします。

●高年齢再就職給付金の支給申請

再就職者

高年齢雇用継続給付支給申請書
（事業主から証明を受ける）

（受給資格確認票により受給資格が確認されたときに交付される）

⇩

最初の支給対象月の初日から起算して4か月以内
2回目以降は支給決定されたときに
申請月（奇数月または偶数月）が指定される

⇩

事業所の所在地を管轄するハローワーク

⇧

〈添付書類〉
支給対象月にかかる賃金台帳、出勤簿等（給与明細書等の添付）

※事業主が本人に代わって支給申請するときは、高年齢雇用継続給付支給申請書に署名し、事業主に提出する。

雇用保険 13

公共職業訓練を受けるとプラスαの給付と基本手当の延長がある

これまでの仕事とまったく異なる仕事へ職種転換しようとする人は、知識・技能が不足しているため再就職が困難となります。そこで職種転換のための知識・技能を身につける手段として利用されているのが公共職業訓練です。公共職業安定所長の指示により公共職業訓練を受ける受給資格者には、基本手当のほかに、技能習得手当や寄宿手当も支給されます。また公共職業訓練を受ける期間中は、所定給付日数が全部なくなったとしても基本手当が延長して支給されることになります。詳しい資料は各公共職業安定所（ハローワーク）においてあります。

基本手当にプラスされるものは何か

公共職業訓練を受ける場合は、基本手当のほか、技能習得手当や寄宿手当が支給されます。

●基本手当にプラスされる諸手当

技能習得手当	受講手当	全受講者	定額500円※／日
	通　所　手　当	交通機関利用者	最高42,500円／月
		自動車等利用者	最高　8,010円／月
寄宿手当	寄宿手当は、扶養家族と別居して公共職業訓練を受講する人が対象となる		定額10,700円／月

※40日分を限度とする。

公共職業訓練を受ける間は基本手当が延長される

公共職業安定所長の指示で公共職業訓練を受講する場合は、たとえ所定給付日数が全部なくなっても、受講期間中（２年を限度）である限り基本手当が延長して支給されます。

公共職業訓練を受ける場合

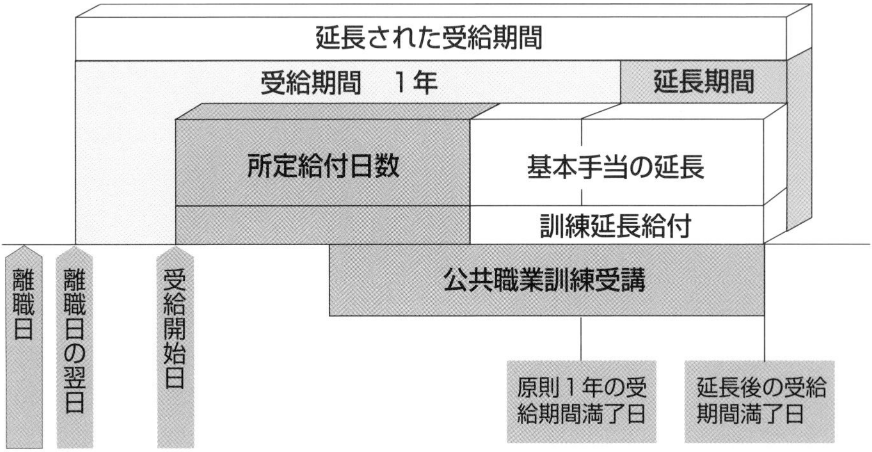

高年齢者を対象とした訓練科目にはどういうものがあるか

おおむね50歳以上で再就職を希望する人を対象とした昼間6か月コースと3か月コースの主な訓練科目を、東京都の例で挙げてみましょう。

昼間の6か月コース――数学と国語の簡単な筆記試験・面接を行う

科　目	内　容	主な就職先
ビル管理科	冷暖房・給排水・電気・防災等のビル設備全般の保守管理に関する知識技能	ビル管理会社
電気設備管理科	建築物における電気設備のサービス（保守・調整・管理・点検等）に必要な知識技能	ビル管理会社、病院、工場
庭園施工管理科	園芸や造園に必要な基礎的知識技能、伝統的な作庭手法の基礎的な実技	造園会社、公園管理団体
ホテル・レストランサービス科	ホテルやレストランなどでフロントサービス及びレストランサービスに従事する人材に必要な知識技能	ホテル、レストラン

3か月コース――筆記試験・面接試験あり

科　目	内　容	主な就職先
クリーンスタッフ養成科※	ビルクリーニングの日常清掃・定期清掃に関する知識技能、ハウスクリーニングの部位別清掃など	ビルメンテナンス会社、ハウスクリーニング会社
生活支援サービス科	家事代行サービス・生活支援サービスの提供に必要な知識技能	家事代行サービス事業所、介護事業所
マンション維持管理科	建物や施設の維持・管理に関する知識技能、管理員としての接遇マナーなど	マンション管理会社等
施設警備科※	施設における出入管理や防犯・防災機器の取り扱いを中心とした施設警備に必要な知識技能	警備会社、ビル管理会社

※クリーンスタッフ養成科と施設警備課はすべての年齢を対象としたコース。

雇用保険 14

ケガや病気で就労できない人には傷病手当がある

受給期間中にケガをしたり病気になったときは、就職できる状態ではありませんので、その日については雇用保険での失業とはなりません。しかしかぜで2～3日休養したような一時的な病気の場合は失業の認定はされます。継続15日以上の長期にわたって就労不能な状態が続くと、もはや失業を認めるわけにはいかないので基本手当は支給されません。
ケガや病気をしている失業者に給付をしないというのは生活の困窮を招くことにもなりますので、継続15日以上続いたケガや病気の期間については、基本手当に代えて傷病手当が支給されます。

傷病手当は継続15日以上のケガ・病気の人が対象である

傷病手当は、退職して求職の申込みをした後で継続15日以上のケガ・病気になり就労できなくなった受給資格者に支給されますが、すぐもらえるわけではなく、基本手当と同じく通算7日間の待期や自己都合等退職者の給付制限期間をクリアしてからでないと受けられません。

●傷病手当の支給

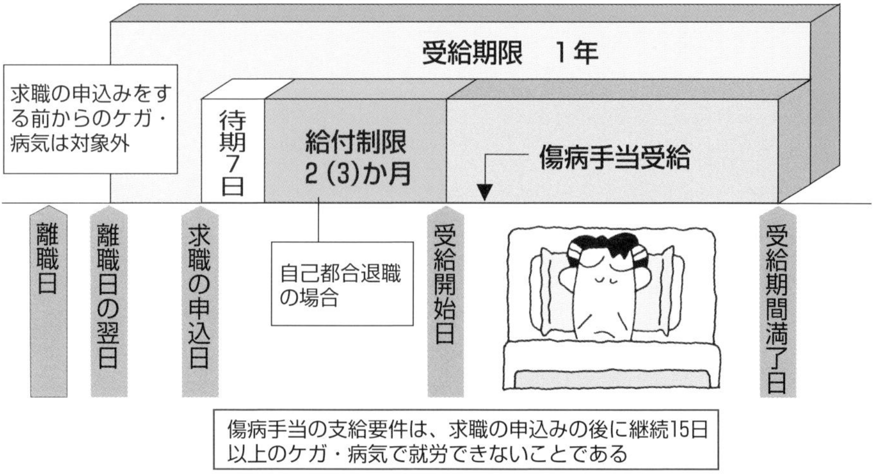

傷病手当は受給期間内において何日分支給されるのか

傷病手当の支給日数は、基本手当の所定給付日数からすでに支給された基本手当の日数を差し引いた日数です。支給期間については、当初の基本手当の受給期間内に限られます。例えば、所定給付日数150日の人が基本手当を100日もらった後であれば、受給期間内において傷病手当はあと50日分が受けられます（例１）。また、基本手当を受けることなく最初から傷病手当を受けるとすれば、最高日数は基本手当の所定給付日数と同じになります（例２）。したがって（1）基本手当のみ、（2）傷病手当のみ、（3）基本手当＋傷病手当、のいずれの場合にも所定給付日数が限度です。

傷病手当の支給日数の例

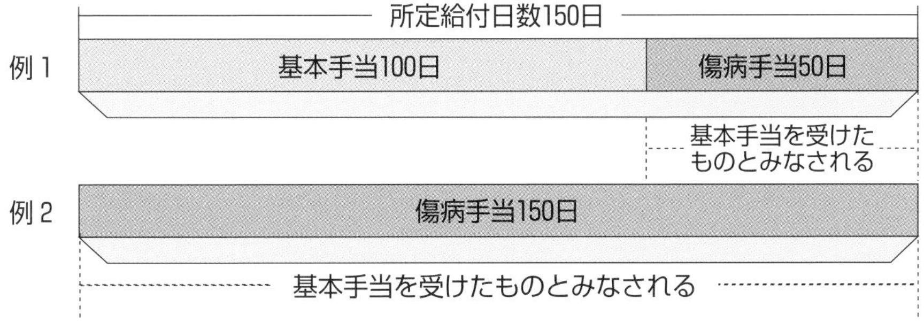

他の社会保険からも給付されるとき傷病手当はもらえない

傷病手当を受けられる人が他の社会保険からも同一の事由により給付されるときには、傷病手当は支給されません。

傷病手当が受けられない場合

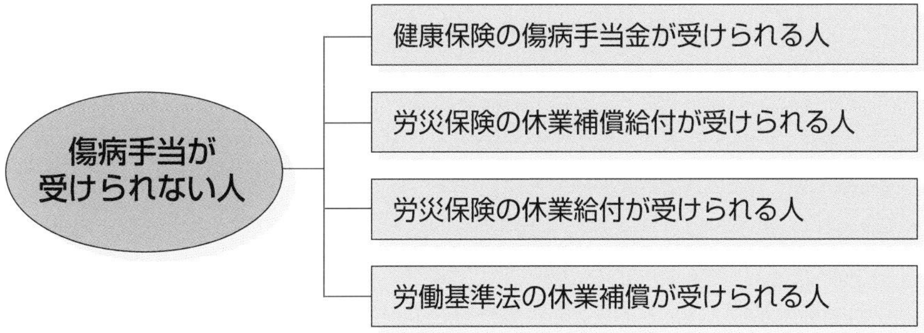

雇用保険 15

65歳以上で退職した人は30日分または50日分の一時金になる

雇用保険では、65歳未満の人を一般被保険者とし、離職して失業した場合には所定給付日数（66ページ参照）の基本手当が支給されます。しかし、65歳以降も同一の会社または他の会社に雇用された場合は、被保険者の種類が一般被保険者から高年齢被保険者に変わり、高年齢被保険者となります。その後、離職し失業したときは、基本手当ではなく、一時金として30日分または50日分の高年齢求職者給付金が支給されることになります。

65歳以上の人が失業すると一時金になる

65歳以上の高年齢被保険者が離職して失業すれば、基本手当ではなく一時金の高年齢求職者給付金が支給されます。この高年齢求職者給付金を受けるためには、離職日の翌日から起算して１年の受給期間内に求職の申込みと離職票の提出を行い、失業認定日にハローワークへ行って、失業認定を受ける必要があります。

高年齢求職者給付金の額

被保険者であった期間	高年齢求職者給付金の額
１年未満	30日分
１年以上	50日分

※令和６年５月現在。

一時金である高年齢求職者給付金が受けられる要件

高年齢求職者給付金は、離職日以前１年間に被保険者期間が通算６か月以上ある高年齢被保険者であった人が、離職日の翌日から起算して１年を経過する日までに求職の申込みと離職票の提出を行い、決められた失業認定日にハローワークへ行って失業認定を受けると一時金として支給されます。基本手当は４週間に１回ずつ失業認定を受けなければもらえませんが、この高年齢求職者給付金は決められた１回の失業認定で一時金が受けられます。

高年齢求職者給付金の受給要件

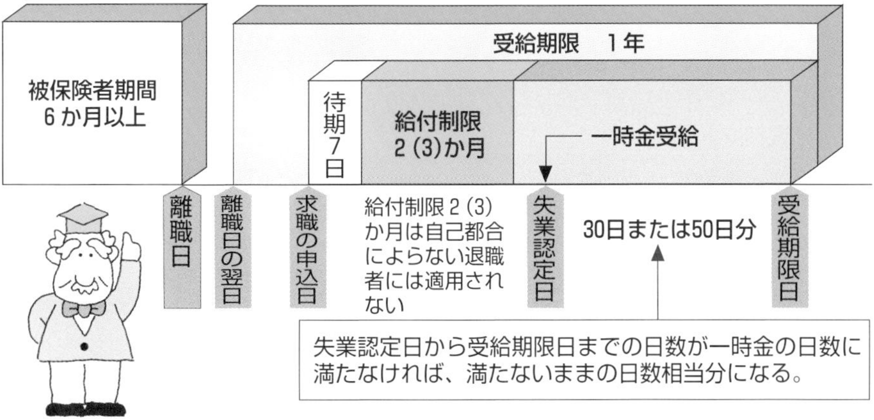

ひとことアドバイス

65歳以上の社会保険適用は？

65歳以上で雇用保険に加入している従業員を高年齢被保険者といい、65歳前から継続している人はもちろん、65歳以上で新たに雇用される人も該当します。
令和２年４月１日からは高年齢被保険者でも雇用保険料を負担することになりました。また、雇用保険マルチジョブホルダー制度が新設されています（詳しくは106ページ参照）。労災保険も年齢に関係なく適用されますが、労災保険料は会社が全額負担します。介護保険料は65歳になるまでは健康保険料と共に給与から控除されますが、65歳以上になると給与からは控除されない代わりに公的年金から控除されます（切替中の数か月は自分で支払う）。健康保険は75歳になるまで加入できますが、75歳以降は後期高齢者医療制度に移行します。
また、厚生年金保険は要件に該当する限り、70歳になるまで加入できます。

雇用保険 16

再就職した後、すぐ会社をやめた場合の基本手当はどうなる？

基本手当の受給期間中に再就職できたにもかかわらず、期間をおくことなく再び離職した場合には、前の受給資格に基づく基本手当が引き続き受けられることがあります。個々のケースにもよりますが、①再就職時に基本手当の支給残日数があった、②受給期間の１年がまだ経過していない、③再就職により新たな受給資格が発生していない、等の要件が満たされていれば再び受給できることがあります。
もしも再就職先で新たな受給資格が発生したときは、前の受給資格に基づく基本手当は受けられませんが、新たな受給資格に基づく基本手当あるいは高年齢求職者給付金が受けられます。

再就職して新たな受給資格が発生してから再離職した場合は？

再就職して、新たな受給資格が発生してから再離職すると、前の受給資格は消えてしまい、その代わり新しい受給資格が発生することになります。この場合の手続きは最初からやり直すことになります。

再離職した場合の新しい受給資格

再就職後新たな受給資格発生前に再離職した場合は？

再就職しても新たな受給資格が発生する前に離職すると、受給期間および支給残日数があれば、前の受給資格に基づいて再び基本手当が受けられる場合があります。

再離職後の基本手当

例）所定給付日数150日の人が基本手当を90日分もらって再就職したが、新たな受給資格が発生する前に再離職した場合

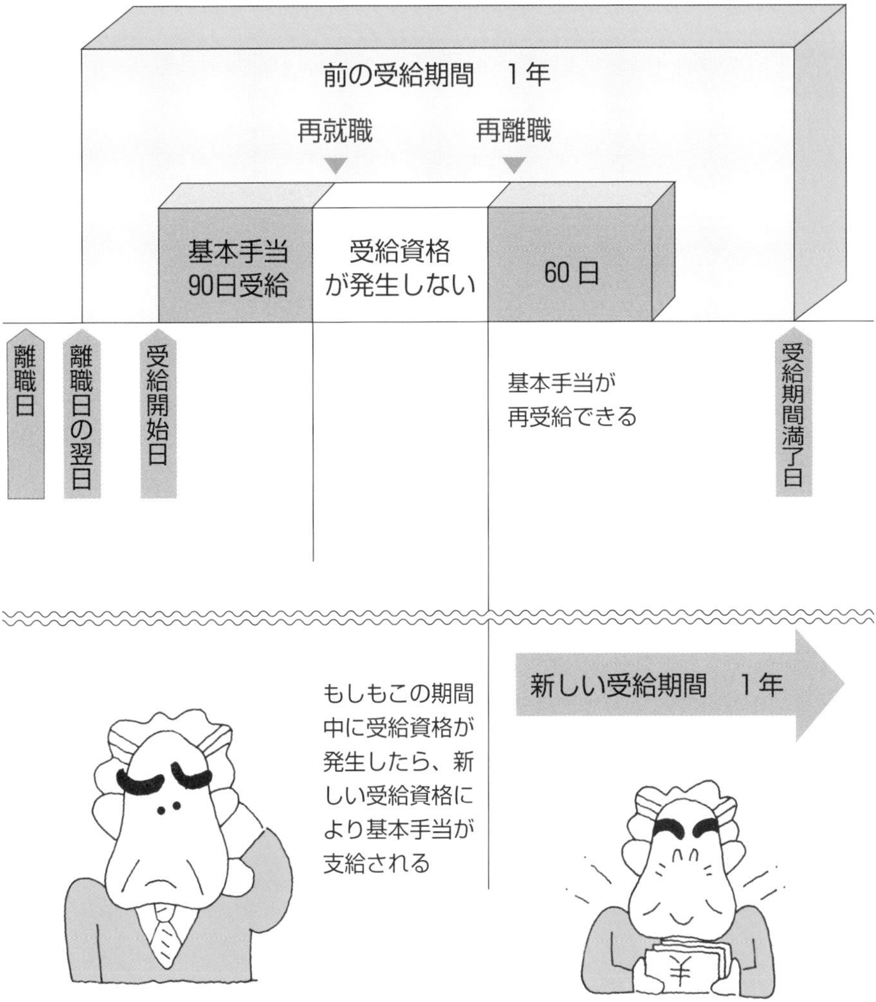

雇用保険

17

不正受給すると、以後支給されないばかりか3倍返しも！

基本手当などの失業等給付を不正に受給すると、その受け取った額を返還するのはもちろん、以後の失業等給付は支給されなくなります。また悪質な不正行為者には、不正受給額の2倍の納付金が命ぜられることもあります。不正受給になるケースとしては、就職したにもかかわらず報告をせずそのまま基本手当をもらい続けた場合、離職票の記載内容を自分で書き換えたり、事業主に頼んで離職票の賃金額や離職理由を偽って作成してもらった場合、アルバイト等自己の労働による収入があったにもかかわらずそのことを隠し失業認定申告書に書かなかった場合等があります。

不正受給になるケースはどういう場合か

不正受給になるのは、次のようなケースが考えられます。

不正受給になるケース

1. 離職票の内容を書き換えた場合
   特に賃金の額を書き換えた場合等
2. 離職票の交付にあたり虚偽の内容を事業主に記入してもらった場合
   賃金を多めに記入してもらった場合や離職理由を会社都合にしてもらった場合等
3. 失業認定申告書の申告内容に虚偽があった場合
   内職収入があったにもかかわらず申告しなかった場合や就職したにもかかわらず失業中であると偽った場合
4. 提出すべき書類を全部提出しなかった場合
   求職の申込み時には手持ちの離職票はすべて提出しなければならないが、一部しか提出しなかった場合等
5. 代理人による失業認定申告の場合
   失業認定日には必ず本人が出頭しなければならないにもかかわらず、他の人を出頭させ、失業認定を受けさせた場合等

不正受給すると返還するとともに以後支給されない

不正が見つかると、以後失業等給付は受けられなくなります。同時に不正に受け取った分は返還しなければなりません。

雇用保険に関する法律を知らなくて不正行為を犯してしまった場合でも、不正行為の処分はまぬがれません。

就職したにもかかわらず申告せず不正に基本手当を受給した場合の例

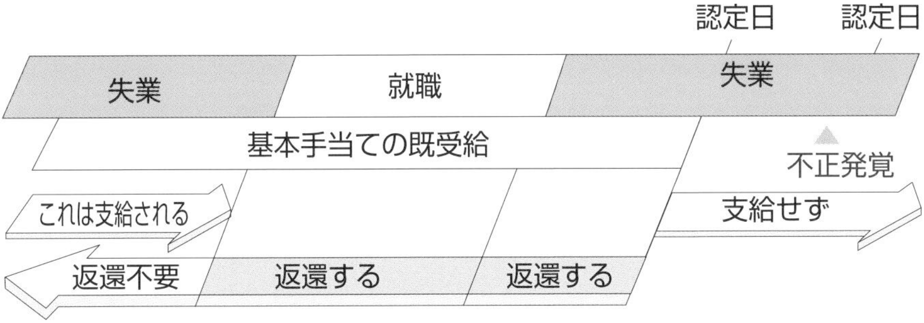

悪質なケースは3倍返しになる

不正受給が悪質な場合には、不正受給額を返還するとともに、不正受給額の2倍の額を納付しなければなりません。いわゆる3倍返しの定めがあります。

悪質と認められる不正行為の例

①

偽造もしくは虚偽記載の離職票の使用、または他人の離職票の使用

②

安定した職業に就いたにもかかわらず、その事実を秘匿した失業認定申告書の提出

③

再就職手当の支給に関する虚偽の就職の届け出等

ひとことアドバイス　雇用保険マルチジョブホルダー制度

令和４年１月１日から、複数の会社で勤務する65歳以上の人がそのうち2つの会社での勤務時間を合計して雇用保険の適用対象者の要件を満たせば、特例的に雇用保険の被保険者（マルチ高年齢被保険者）になることができるようになりました。

この制度を利用するには本人からハローワークに申し出を行うことが必要で、申し出を行った日からマルチ高年齢被保険者となります（詳しくは「厚生労働省　マルチジョブホルダー制度の申請パンフレット」で検索）。

雇用保険マルチジョブホルダー制度の適用対象者

1．複数の事業所に雇用される65歳以上の労働者であること

2．2つの事業所（1つの事業所における1週間の所定労働時間が５時間以上20時間未満）の労働時間を合計して1週間の所定労働時間が20時間以上であること

3．２つの事業所のそれぞれの雇用見込みが31日以上あること

↓ 適用対象の場合

本人がハローワークで申し出る

（例）

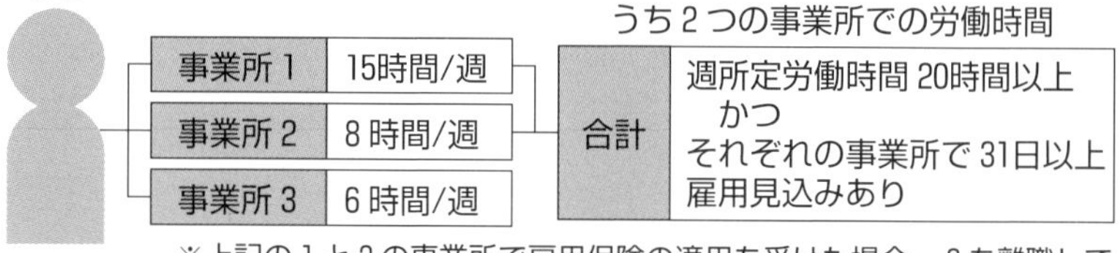

65歳以上
２つ以上の
事業所で雇用

※上記の１と２の事業所で雇用保険の適用を受けた場合、２を離職しても、１と３の労働時間が週20時間以上あるため、１と２で喪失に係る届出後、改めて１と３の雇入に係る届出が必要です。

出典：厚労省　雇用保険マルチジョブホルダー制度リーフレット

高齢者のための職業紹介機関一覧

名　称	所　在　地	電　話
(社)全国シルバー人材センター事業協会	〒135-0016 江東区東陽３－23－22 東陽プラザビル３F	03-5665-8021

※全国にあった人材銀行は、「公共サービス改革基本方針」によって平成28年3月31日で廃止され、4月以降は各ハローワークで就職支援・人材確保支援が行われています。

PART 3

年金の基礎知識

年金

1 退職後の年金加入も忘れずに

会社に勤務していた人が60歳未満で退職すると、国民年金の第1号被保険者になります。勤務中は国民年金の第2号被保険者でしたから、退職後は国民年金の第1号被保険者への加入手続きが必要となります。60歳以上で退職し自分は国民年金に関係がないという人でも、配偶者が60歳未満の被扶養者であれば、一般的に今までの第3号被保険者から第1号被保険者への変更手続きが必要となります。これらの手続きを怠ると配偶者の年金額が減ったり、年金の受給資格に影響を与えたりしますので十分に注意してください。

60歳未満の退職者は国民年金の第1号被保険者になる

60歳未満で退職した人は、第2号被保険者から第1号被保険者への「国民年金被保険者関係届書(申出書)」が必要です。この手続きをしないと保険料を滞納している状態になり、65歳からの老齢基礎年金が満額もらえなくなったり、受給権そのものに影響したりすることがあります。退職後はすぐに届け出をしてください。「国民年金被保険者関係届書(申出書)」は、退職日から14日以内に住所地の市区町村役場の国民年金担当窓口へ提出します。

●第1号被保険者への種別変更

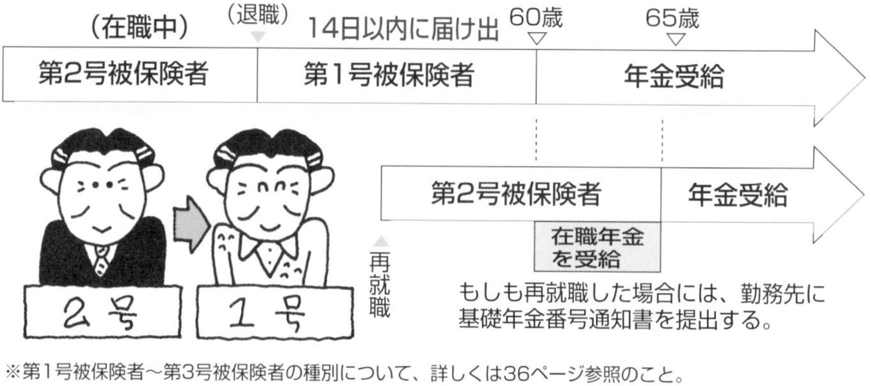

※第1号被保険者～第3号被保険者の種別について、詳しくは36ページ参照のこと。

再就職すれば厚生年金保険に強制加入

厚生年金保険は勤務していれば70歳まで加入することになります。いったん退職した人でも、再就職すれば加入することになります。勤務する人は厚生年金保険に入る入らないを任意に選択できるものではありません。このことを強制加入といいます。再就職したときは、その都度基礎年金番号のわかるものを勤務先に提出する必要があります。

●再就職した場合は、勤務先に基礎年金番号通知書等を提出する

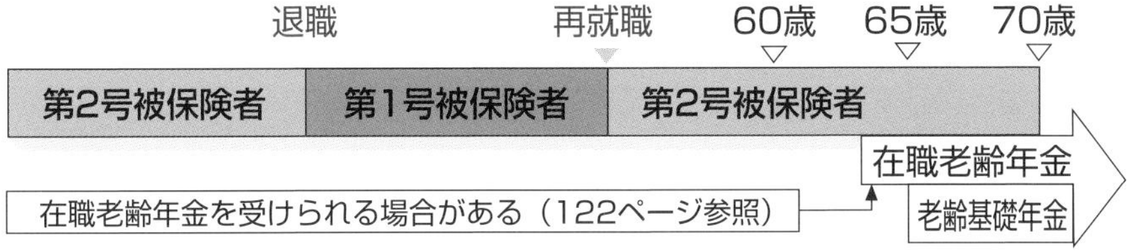

配偶者は第3号被保険者から第1号被保険者へ種別変更をする

厚生年金保険に加入している人に扶養されている配偶者(夫または妻)は、扶養義務者の就職や退職のたびに変更の手続きが必要となります。

例をあげれば、下記のようなパターンが考えられます。節目節目に手続きをとっておかないと、あとで年金額が減ったり、年金の受給資格に影響を与えることがありますので、必ず変更の届けを行ってください。

なお、「国民年金被保険者関係届書（申出書)」は、退職後14日以内に市区町村役場の国民年金担当窓口に届け出ることになっています。

●種別変更の例

＊第1号被保険者への変更の届け出は自ら行う。
＊第2号被保険者資格取得・第3被保険者への変更の手続きは会社が行う。

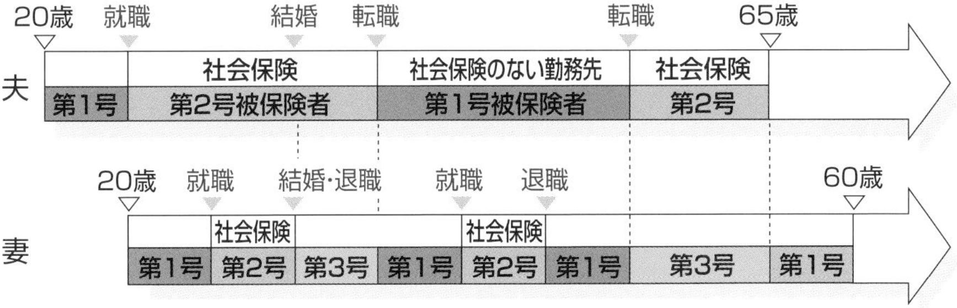

老齢基礎年金は、10年以上の加入期間が必要

老齢基礎年金をもらうためには、10年以上の加入期間がなければなりません。この10年以上の加入期間は、保険料を支払った期間（保険料納付済期間）と保険料免除期間（経済的な理由などで保険料を支払えない人が、法律または申請により保険料を免除された期間）および合算対象期間（国民年金への加入が任意であった人が当時任意加入していなかった期間など）の合計です。

なお、老齢基礎年金の受給資格期間は、受給資格があるかないかをみるためのもので、年金額をみるためのものではありません。

老齢基礎年金の受給資格期間を満たしていない人の対策

60歳になっても老齢基礎年金の受給資格期間を満たしていない人のための対策としては、次のものが考えられます。

①会社に勤めて、厚生年金保険に加入する
　勤めていれば、当然70歳まで厚生年金保険に加入しなければならない。
②65歳まで、国民年金に任意加入する
　通常は60歳までだが、自ら希望すれば65歳まで加入できる。
③昭和41年4月1日以前生まれの人は、さらに70歳まで国民年金に任意加入できる
　現在、特例として、65歳を過ぎても70歳まで任意加入が認められる（受給資格期間を満たしていない人のみ。年金の額を増やすための任意加入は認められない）。

加入期間が短くて老齢基礎年金の受給資格がない人は高齢任意加入を

70歳になっても老齢基礎年金の受給資格期間を満たしていない人（老齢基礎年金の受給資格がないと、老齢厚生年金ももらえない）は、受給

資格を満たすまで厚生年金保険に加入でき、同時に国民年金の被保険者にもなりますので、受給資格を得ることができます。これを「高齢任意加入」といいます。

加入要件は、老齢または退職を支給事由とする年金たる給付の受給権がないことのほかに、会社に勤務していることです。

保険料は、基本的には本人が自分の責任で全額を負担して年金事務所（旧社会保険事務所）に納めることになりますが、勤務先の会社が保険料を負担し納付することに同意した場合（この場合は事業主の同意書を添付する）には、一般の人と同様に半額の負担ですみ、保険料の納付も会社が行ってくれます。

●高齢任意加入

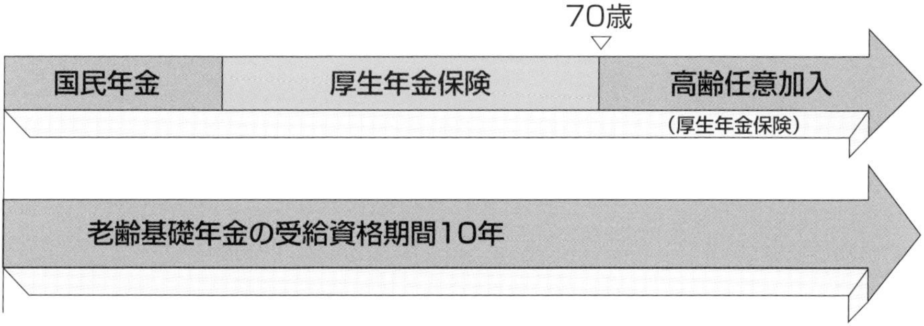

※必要な手続きは「高齢任意加入被保険者資格取得申出・申請書」を勤務先を管轄する年金事務所に提出すること。
※適用事業所に勤務している人は必ずしも会社の同意は必要としないが、未適用事業所の場合は必ず会社の同意が必要である。

国民年金被保険者関係届書（申出書）ー（例）

様式コード			
4	1	0	0

国民年金被保険者関係届書（申出書）ー（例）

裏面の「提出にあたってのご注意」を参考のうえ記入してください。

市区町村長
日本年金機構理事長　あて　　令和　〇　年　4　月　1　日
以下のとおり届け出（申し出）ます。

氏　　名：　中村 次郎

（被保険者本人が自署の場合は押印不要）

被保険者との続柄　：　①. 本人　2. その他（　　　）

市区町村	日本年金機構

基礎年金番号（１０桁）で届出する場合は「①個人番号」に左詰めで記入してください。

A. 被保険者

① 個人番号（または基礎年金番号）	2 1 0 9 8 7 6 5 4 3 2 1	② 生年月日	⑤ 昭和 / 7. 平成	〇〇 年 09 月 08 日	
③ 氏名	(フリガナ) 中村《ナカムラ》 次郎《ジロウ》	④ 性別	①. 男性 / 2. 女性		
⑤ 郵便番号	132 0000	⑥ 電話番号	①. 自宅 3. 勤務先 / 2. 携帯電話 4. その他	03 -0000- 0000	
⑦ 住所	東京都江戸川区小岩〇-〇-〇				
⑧ 国籍（外国籍の方のみ）		⑨ 外国人通称名（住民票上の通称）	(フリガナ)		

届出（申出）を行う「届書種類」に該当する番号を〇で囲んだうえ、必要事項を記入してください。

B. 届出（申出）事項

⑩届書種類・番号		⑪該当・申出年月日／出産（予定）日	⑫理由等	
資格取得届	①	平成 / (令和)　〇〇 年 04 月 01 日	0. ２０歳到達（学生） 1. 資格取得届出もれ 2. ２０歳到達 ③. 厚生年金（共済含む）からの移行	4. 任意加入の申出 5. その他 10. 中国残留邦人等 11. 外国からの転入
種別変更届	2			
資格取得申出	3			
資格喪失届	4	平成 / 令和　年 月 日	1. 厚生年金（共済含む）への移行 2. 任意加入対象者に該当 3. その他 4. 任意喪失の申出	5. 期間満了 10. 中国残留邦人等非該当 11. 外国への転出
資格喪失申出	5			
付加保険料納付・辞退申出	6	平成 / 令和　年 月 日	1. 納付の申出 2. 納付辞退の申出	3. 農業者年金の資格取得 4. 農業者年金の資格喪失
付加保険料該当・非該当届	7			
保険料免除理由該当届	8	平成 / 令和　年 月 日	1. 法第８９条第１号（障害基礎年金等） 2. 法第８９条第２号（生活扶助等） 3. 法第８９条第３号（国立療養所等）	⑬保険料納付申出の確認 1. 希望する 2. 希望しない
保険料免除理由消滅届	9			
年金手帳再交付申請	10	平成 / 令和　年 月 日	1. 紛失 2. 破損（汚れ）	9. その他 （　　　）
産前産後免除該当届	14	平成 / 令和　年 月 日	単胎・多胎の別	1. 単胎　2. 多胎
備考				

個人番号をお持ちでない方が以下の届出を行う場合は、必要事項を記入してください。

C. 届出事項

⑩届書種類・番号		⑪該当年月日	⑫理由等	
住所変更届	11	平成 / 令和　年 月 日	変更前住所	
氏名変更届	12	平成 / 令和　年 月 日	変更前氏名	
死亡届	13	平成 / 令和　年 月 日	届出者連絡先	―　―

※　市区町村・日本年金機構連絡欄	⑭納付書関連	
	作成不要	1
	早期送付	2

1905 1016 016

市区町村の窓口で記入することになる。その際、確認のため基礎年金番号のわかるものおよび資格喪失証明書を持参する。国民健康保険に加入する人は同時に手続きをすること（用紙は窓口にある）。扶養している配偶者のいる人は配偶者の分もいっしょに手続きをすること

国民年金第3号被保険者関係届

会社が記入する

配偶者を記入する。例えば夫が勤務、妻が専業主婦の場合は夫のこと

様式コード			
4	3	0	0

国民年金　第３号被保険者関係届

令和　○　年　4　月　1　日提出

日本年金機構

提出者情報

届書記入の個人番号（基礎年金番号）に誤りがないことを確認しました。

事業所所在地	〒000－0000 東京都新宿区○○1－1
事業所名称	株式会社 ○○商事
事業主氏名	村田太郎
電話番号	03（0000）0000
事業主等受付年月日	令和　○　年　4　月　1　日

社会保険労務士記載欄

氏名等　㊞

A 配偶者欄

① 氏名	(ﾌﾘｶﾞﾅ) ナカムラ　カズオ 中村　一夫	② 生年月日	⑤昭和 7.平成　00年05月06日　③性別 ①男性 2.女性
		④ 個人番号［基礎年金番号］	9 8 7 6 5 4 3 2 1 0 9 8
⑤ 住所	個人番号を記入した場合は、住所の記入は不要です。 〒　－　都道府県		

届出内容に応じて、該当・非該当（変更）のいずれかを○で囲み、記入してください。

B 第3号被保険者欄

① 氏名	この届書記載のとおり届出します。 令和　○　年　4　月　1　日 日本年金機構理事長あて (ﾌﾘｶﾞﾅ) ナカムラ　ミユキ (氏名) 中村　美雪 ※届書の提出は配偶者（第２号被保険者）に委任します ☑	② 生年月日	⑤昭和 7.平成　00年09月12日　③性別（続柄） 1.夫 ②妻 3.夫（未届） 4.妻（未届）
		④ 個人番号［基礎年金番号］	8 7 6 5 4 3 2 1 0 9 8 7
		⑤ 外国籍	⑥ 外国人通称名 (ﾌﾘｶﾞﾅ)
⑦ 住所	(1.同居) 2.別居 〒000－0000 東京都練馬区○○ 2－3－4 ※同居の場合も住民票の住所を記入してください。 ※海外居住者は国内協力者住所を記入してください。なお、協力者が親族の場合は協力者氏名および続柄を⑭備考に記入してください。	⑧ 電話番号	①自宅 2.携帯 3.勤務先 4.その他 03（0000）0000
(該当)	⑨ 第３号被保険者になった日　7.平成 (9.令和)　00年04月01日	⑩ 理由	①配偶者の就職 2.婚姻 3.離職 4.収入減少 5.その他（　）
	⑪ 配偶者の加入制度　(31.厚生年金保険・健康保険) 32.国家公務員共済組合 36.地方公務員等共済組合 37.日本私立学校振興・共済事業団 30.厚生年金保険・船員保険	⑭ 備考	
非該当（変更）	⑫ 第３号被保険者でなくなった日　7.平成 9.令和　年　月　日	⑬ 理由	1.死亡（令和　年　月　日） 2.離婚 3.収入増加 6.その他（　）
右の⑮～⑱の欄は、海外へ転出した場合や海外から転入した場合にいずれかを○で囲み、記入してください。	1.海外特例要件該当　⑮ 海外特例要件に該当した日　9.令和　年　月　日	⑯ 理由	1.留学 2.同行家族 3.特定活動 4.海外婚姻 5.その他（　）
	2.海外特例要件非該当　⑰ 海外特例要件に非該当となった日　9.令和　年　月　日	⑱ 理由	1.国内転入（令和　年　月　日） 2.その他（　）

健康保険証の発行元に確認を受けてください。　※届書記載の配偶者が協会けんぽ加入者の場合は、確認不要です。

医療保険者記入欄

組合（保険者）番号

上記のとおり第３号被保険者関係届の届出がありましたので提出します。

届書記載の第３号被保険者は、健康保険組合又は共済組合に加入している者の被扶養者であることを確認する。

認定年月日 令和　年　月　日　（「⑨第３号被保険者になった日」と同じ場合は、記載の必要はありません）

所在地　〒　－

名称

代表者等氏名

電話　（　）

2004 1016 010

上記の場合、妻のこと

厚生年金保険高齢任意加入被保険者資格取得申出・申請書

様式コード 2300

正

厚生年金保険高齢任意加入被保険者（船員以外）資格取得（申出）申請書

事務センター長 所長	副事務センター長 副所長	グループ長 課長	担当者

◎裏面の記入方法をご参照のうえ、記入してください。
◎「※」印欄は記入しないでください。

① 申出者又は申請者の氏名	（フリガナ）スズキ タロウ（氏）鈴木（名）太郎
② 申出者又は申請者の住所	〒000-0000 品川区西五反田0-0 電話番号 03（0000）0000

③ 事業所整理記号及び被保険者整理番号	④ 生年月日	⑤ 種別（性別）	⑥ 個人番号（または基礎年金番号）	※⑦ 資格取得年月日	⑧ 厚生年金保険の船員以外の被保険者であったことの有無	⑨ 報酬月額 ㋑ 通貨によるものの額	㋺ 現物によるものの額	㋩ 合計	※⑩ 標準報酬月額
神田 と000 00	（昭和）5 平成7 令和9 00年10月10日	（1）2 3 5 6 7	2111000000000	令和 年 月 日	無1 （有）2	200,000円	0円	200,000円	200千円

⑪ 事業所の事業の種類	不動産業
⑫ 現に健康保険の被保険者ですか。	1 健康保険の被保険者である。 次の欄に事業所整理記号及び被保険者整理番号（組合管掌健康保険の被保険者は、被保険者証の記号及び番号）を記入してください。 記号 神田と000 番号 00 2 健康保険の被保険者でない。
⑬ 保険料負担の同意等 事業主の同意の有無（申出者のみ）	被保険者となった場合は、事業主が保険料の半額を負担し、被保険者及び自己の負担する保険料を納付する義務を負うことにつき （1）同意している（同意証明欄に事業主の証明を受けてください。） 2 同意していない
⑬ 保険料負担の同意等 同意証明	（1）資格取得申出者の場合 厚生年金保険法附則第4条の3第7項による高齢任意加入被保険者にかかる保険料負担及び納付に同意する。 2 資格取得申請者の場合 厚生年金保険法附則第4条の5による高齢任意加入被保険者の資格に同意する。 令和0年0月0日 事業主氏名 高橋 三郎
⑭ 備考	

※決定事項

年金制度に加入していた期間	ヶ月
高齢任意加入被保険者資格取得年月日	令和 年 月 日
高齢任意加入被保険者資格喪失予定年月日	令和 年 月 日
高齢任意加入被保険者としての加入期間	ヶ月
標準報酬月額	千円
その他	

事業所所在地	〒000-0000 千代田区神田0-0
事業所名称	株式会社 東京地所
事業主氏名	代表取締役 高橋 三郎
電話番号	03（0000）0000

受付日付印

会社が厚生年金保険に加入していれば「申出」、加入していなければ「申請」に○をつける

会社が記入する

年金 2 年金の請求は早めにやろう

退職後、一定年齢に達すれば自動的に年金がもらえると思っている人がいますが、請求をしなければいつまでももらえません。また退職してしまった人の年金を会社が請求してくれることもありません。支給開始年齢になったら、「年金請求書」に必要書類を添付して請求することになります。

60歳台前半の特別支給の老齢厚生年金の請求は早めにやろう

年金の請求は早いほどよく、事前に送付されている「年金請求書」のほかに添付書類も用意しておく必要があります。そろったら郵送または予約をとって年金事務所へ行き「年金請求書」を提出してください。また、請求すればすぐに現金がもらえるかというとそうではありません。請求してから通常1か月前後で日本年金機構から「年金決定通知書」が送付され、その後支払われることになります。したがって、受給資格のある人は早めに年金請求の手続きをしたほうがそれだけ早く現金を手にできるわけです。ただし、失業給付の基本手当とは併給されないので、要注意です。

●老齢厚生年金の請求

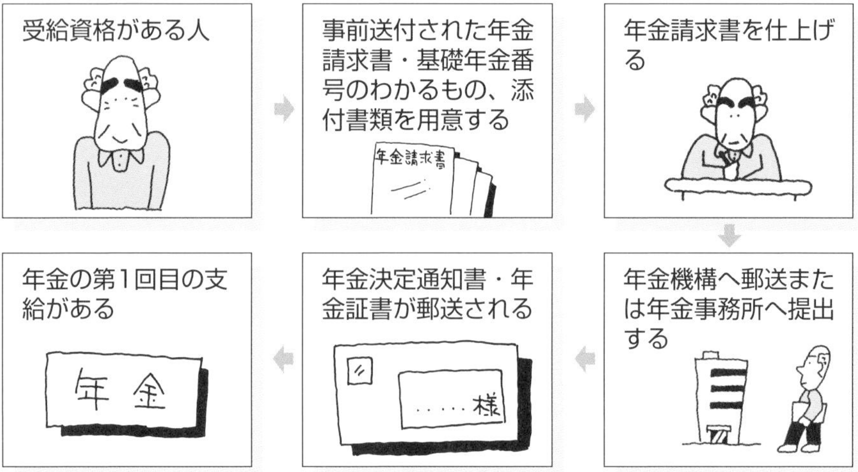

厚生年金基金または企業年金連合会にも年金請求をしよう

厚生年金基金は、厚生年金保険の老齢厚生年金の報酬比例部分を国に代わって運営し、より多くの年金を保障していこうとする制度です。近年はほとんどの厚生年金基金が解散し、企業年金へ移行しています。

厚生年金基金または企業年金連合会の年金のしくみ

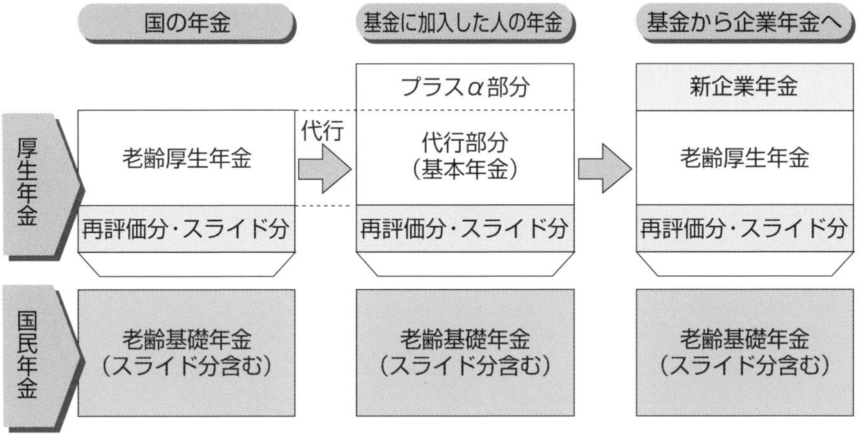

※再評価分とは、標準報酬月額を支給時に合わせて再評価したときの差額のこと。
※スライド分とは、物価・賃金の変動による増加分（減少する場合もある）のこと。
※近年は企業年金へ移行している。

厚生年金基金または企業年金連合会への年金請求

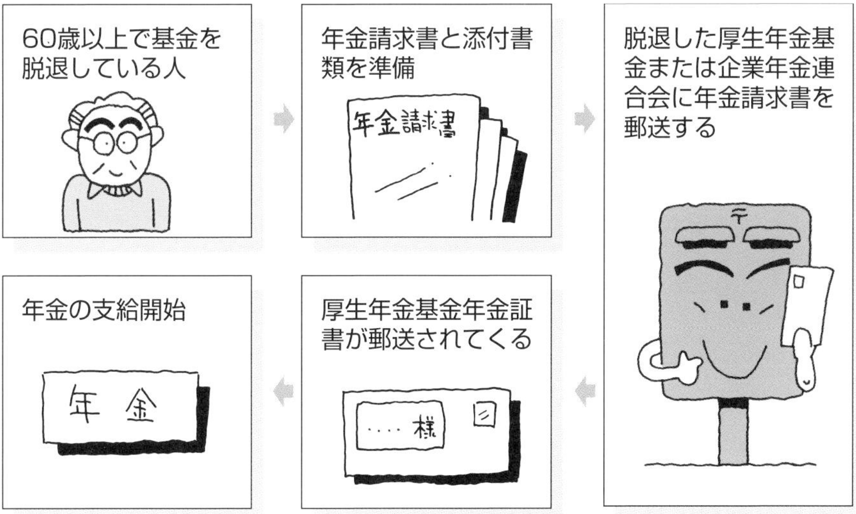

年金
3

年金のしくみは難しくない

退職後の生活資金の柱として、公的年金をあげる人は多いでしょう。国民年金と厚生年金保険を中心とした公的年金の制度を理解するのは難しいといわれています。これは公的年金制度（被用者年金各制度＝共済年金等を含む）が一元化されたことによる制度の変更と、本格的な高齢・少子化社会に向け改正が続けられているため、年齢・生年月日や性別等による経過措置が細かく定められていることが原因です。
しかし、年金の基礎知識を理解すれば、今まで取っつきにくかった年金制度というものがグッと身近に思えてきます。

現在の年金制度は2階建てになっている

年金には、大きく分けて公的年金と私的年金があります。国が運営しているものが公的年金と呼ばれます。現在すべての人が公的年金に加入することになっていますが、職業によって加入する制度が分かれています（119ページ参照）。

また、現在の年金制度は2階建て方式になっており、1階部分は国民年金から全国民共通の基礎年金が支給され、2階部分は厚生年金保険から基礎年金に上乗せする形で報酬比例の年金が支給されることになっています。

2階建て方式の年金制度

厚生年金保険	老齢厚生年金	障害厚生年金	遺族厚生年金	2階部分
国民年金	老齢基礎年金	障害基礎年金	遺族基礎年金	1階部分

※平成27年10月1日からは「被用者年金一元化法」により、厚生年金と共済年金が厚生年金に統一されました。

会社員は厚生年金保険に加入すると国民年金にも自動的に加入

会社員は、会社に勤めると当然厚生年金保険に加入することになりますが、同時に国民年金の第2号被保険者にもなっています。したがって、国民年金の老齢基礎年金に加えて、厚生年金保険の老齢厚生年金ももらえるのです。

会社員は国民年金と厚生年金の両方に加入している

年金は老齢給付のほかにも障害給付や遺族給付がある

年金というと老齢給付だけを考えがちですが、障害状態になったときの障害給付や、死亡した場合の遺族給付等がありますので、これらについても頭に入れておきましょう。

●年金の三つの給付（厚生年金保険に加入している人の場合）

年をとったとき	老齢給付	原則10年以上の資格期間を満たしている人には、65歳から老齢基礎年金と老齢厚生年金（加入期間のある場合）が支給される。 また、1年以上の厚生年金加入期間のある人は、生年月日によっては一定の年齢から「報酬比例部分」が支給される。
障害者となったとき	障害給付	厚生年金保険に加入している人が病気やケガで1級〜2級の障害者になったとき、障害基礎年金と障害厚生年金が支給される。3級障害の場合は障害厚生年金のみ支給され、3級より軽い場合は障害手当金が支給される（国民年金だけの場合は、1級・2級の障害基礎年金だけが支給される）。
亡くなったとき	遺族給付	一定の要件を満たしている人が亡くなった場合、その人の子のある妻または子に対して、遺族基礎年金と遺族厚生年金が支給される。その他の遺族に対しては遺族厚生年金が支給される。遺族の要件は、亡くなった人に生計を維持されていた妻（または夫）、子、父母、孫および祖父母で、妻以外の遺族は年齢等の制限がある。

老齢基礎年金は40年かけて初めて満額がもらえる

老齢基礎年金は、保険料納付済期間が40年あって初めて65歳から満額支給されます。この40年のことを加入可能年数といいますが、この加入可能年数の中に保険料滞納期間があれば、年金はその期間分を減額して支給されることになります。

また、老齢厚生年金は、報酬に比例した部分が老齢基礎年金に上乗せされる形で支給されます。

老齢給付のしくみ

老齢厚生年金（報酬に比例した額）
老齢基礎年金（令和 6 年度価額816,000円）※

※昭和31年4月2日以降生まれの人の価額。昭和31年4月1日以前生まれの人は813,700円。老齢基礎年金が満額支給されるのは、加入可能年数のすべてについて保険料納付済期間であることが条件となる。

老齢基礎年金の計算方法（昭和31年4月2日以降生まれの人の場合）

$$816{,}000円 \times \left\{ \frac{\text{保険料納付済期間の月数} + \text{保険料全額免除期間の月数}\times 8分の4^{※1} + \text{保険料4分の3免除期間の月数}\times 8分の5^{※1} + \text{保険料半額免除期間の月数}\times 8分の6^{※1} + \text{保険料4分の1免除期間の月数}\times 8分の7^{※1}}{480月（40年\times 12か月）} \right\}^{※2}$$

※1 平成21年3月分までの保険料免除期間（480月以内の月数）については、全額免除は6分の2、4分の3免除は6分の3、半額納付は6分の4、4分の1免除は6分の5（480月を超える月数についてはそれぞれ0、6分の1、6分の2、6分の3）で計算する。学生納付特例や若年者納付猶予の免除期間で追納がない期間は、年金額に反映されない。
※2 ｛ ｝内が1以上になる人は満額支給になる。

ひとことアドバイス

保険料納付済期間と保険料免除期間

保険料は20歳から60歳になるまで40年間は納めます。保険料を納めた期間は保険料納付済期間で、保険料を納めなかった期間は保険料滞納期間となり、将来の受給資格や年金額に影響を与えます。20歳から60歳までずっと第2号被保険者だった人はまず問題ありませんが、第1号被保険者の期間がある人は注意してください。生活が苦しくて保険料の納付が困難な人には保険料免除制度があり、免除には生活保護を受けている人や障害年金1級・2級の受給者等のための法定免除と、所得が少なくて生活が困難な人で本人の所得が一定額以下の人のための申請免除があります。また、20歳から50歳未満の人で前年の所得が一定額以下の場合は、申請後、承認されると納付が猶予されます。

年金 4

特別支給の老齢厚生年金はもうすぐなくなる

国民年金から支給される老齢基礎年金だけでなく、老齢厚生年金も、現在では原則として65歳から支給されることになっています。ただし、法改正の経過措置として、65歳未満で特別支給の老齢厚生年金（報酬比例部分）を受け取れる人が若干残っています。けれども、この報酬比例部分の年金も段階的になくなっていき、あと少しで経過措置が終わって65歳からの支給となります。

特別支給の老齢厚生年金とは

特別支給の老齢厚生年金は厚生年金保険に1年以上加入していた人が一定の年齢になって老齢基礎年金の受給資格期間を満たしているときに、65歳になるまで支給されるものです。

老齢基礎年金の受給資格期間は124ページの表の通りです。なお、受給資格期間にはいわゆるカラ期間(合算対象期間)も合わせて計算されます。

受給資格期間とは、年金の受給資格の有無をみるためのもので［保険料納付済期間＋保険料免除期間＋合算対象期間］のこと。
合算対象期間とは、年金額には関係ないが資格を得るために合算できる期間のこと。例えば、①昭和36.4.1～昭和61.3.31の間に20歳以上60歳未満で専業主婦であり、国民年金に未加入であった期間　②昭和36.4.1～平成3.3.31の20歳以上60歳未満の学生であった期間、等がある場合、受給資格期間を満たしていないと思っている人でも、そういった期間を含めると満たす場合があるので事前に確認すること。

●特別支給の老齢厚生年金がもらえる場合

※在職中の場合は152ページの在職老齢年金の項を参照のこと

① 厚生年金保険の加入期間が10年以上ある

② 国民年金と厚生年金保険の加入期間が合計10年以上あり、このうち厚生年金保険の加入期間が1年以上ある

特別支給の老齢厚生年金はこのように計算する

特別支給の老齢厚生年金は報酬比例部分として計算をします。いわゆる部分年金と言われるものです。

報酬比例部分の計算

A+Bの合計額

A：平成15年3月までの被保険者期間分

平均標準報酬月額（再評価後）× $\frac{9.5(10)}{1000}$ ～ $\frac{7.125(7.5)}{1000}$ ×被保険者期間の月数（×1.041）※1

生年月日による

B：平成15年4月以降の被保険者期間分

平均標準報酬額× $\frac{7.308(7.692)}{1000}$ ～ $\frac{5.481(5.769)}{1000}$ （×1.041）※1

生年月日による

※1　1.041は昭和13年4月2日以後生まれの人の令和6年度の従前額改定率。昭和13年4月1日以前生まれの人は1.043。
※（　　）内は従前保障計算の場合の数値等。

定額部分※の計算

定額単価※2×加入期間の月数（420月～480月を限度）

※2　1,701（1,696）円×乗率（定額部分）（令和6年度価額。かっこ内の額は昭和31年4月1日以前生まれの人。125ページ参照）

●年齢による経過措置一覧

令和6年度に達する年齢	昭和61年4月1日現在の年齢	生年月日	老齢基礎年金						
			加入可能年数	厚生年金期間特例	中高年特例（厚生年金）	国年を含む場合の特例	配偶者の振替加算（1年分）	報酬比例 旧	報酬比例 新
98	59	大15.04.02～昭02.04.01	25	20	15	21	234,100	10.00	9.500
97	58	昭02.04.02～昭03.04.01	26	20	15	22	227,779	9.86	9.367
96	57	昭03.04.02～昭04.04.01	27	20	15	23	221,693	9.72	9.234
95	56	昭04.04.02～昭05.04.01	28	20	15	24	215,372	9.58	9.101
94	55	昭05.04.02～昭06.04.01	29	20	15	25	209,051	9.44	8.968
93	54	昭06.04.02～昭07.04.01	30	20	15	25	202,965	9.31	8.845
92	53	昭07.04.02～昭08.04.01	31	20	15	25	196,644	9.17	8.712
91	52	昭08.04.02～昭09.04.01	32	20	15	25	190,323	9.04	8.588
90	51	昭09.04.02～昭10.04.01	33	20	15	25	184,237	8.91	8.465
89	50	昭10.04.02～昭11.04.01	34	20	15	25	177,916	8.79	8.351
88	49	昭11.04.02～昭12.04.01	35	20	15	25	171,595	8.66	8.227
87	48	昭12.04.02～昭13.04.01	36	20	15	25	165,509	8.54	8.113
86	47	昭13.04.02～昭14.04.01	37	20	15	25	159,188	8.41	7.990
85	46	昭14.04.02～昭15.04.01	38	20	15	25	152,867	8.29	7.876
84	45	昭15.04.02～昭16.04.01	39	20	15	25	146,781	8.18	7.771
83	44	昭16.04.02～昭17.04.01	40	20	15	25	140,460	8.06	7.657
82	43	昭17.04.02～昭18.04.01	40	20	15	25	134,139	7.94	7.543
81	42	昭18.04.02～昭19.04.01	40	20	15	25	128,053	7.83	7.439
80	41	昭19.04.02～昭20.04.01	40	20	15	25	121,732	7.72	7.334
79	40	昭20.04.02～昭21.04.01	40	20	15	25	115,411	7.61	7.230
78	39	昭21.04.02～昭22.04.01	40	20	15	25	109,325	7.50	7.125
77	38	昭22.04.02～昭23.04.01	40	20	16	25	103,004	7.50	7.125
76	37	昭23.04.02～昭24.04.01	40	20	17	25	96,683	7.50	7.125
75	36	昭24.04.02～昭25.04.01	40	20	18	25	90,597	7.50	7.125
74	35	昭25.04.02～昭26.04.01	40	20	19	25	84,276	7.50	7.125
73	34	昭26.04.02～昭27.04.01	40	20	―	25	77,955	7.50	7.125
72	33	昭27.04.02～昭28.04.01	40	21	―	25	71,869	7.50	7.125
71	32	昭28.04.02～昭29.04.01	40	22	―	25	65,548	7.50	7.125
70	31	昭29.04.02～昭30.04.01	40	23	―	25	59,227	7.50	7.125
69	30	昭30.04.02～昭31.04.01	40	24	―	25	53,141	7.50	7.125
68	29	昭31.04.02～昭32.04.01	40	25	―	25	46,960	7.50	7.125
67	28	昭32.04.02～昭33.04.01	40	25	―	25	40,620	7.50	7.125
66	27	昭33.04.02～昭34.04.01	40	25	―	25	34,516	7.50	7.125
65	26	昭34.04.02～昭35.04.01	40	25	―	25	28,176	7.50	7.125
64	25	昭35.04.02～昭36.04.01	40	25	―	25	21,836	7.50	7.125
63	24	昭36.04.02～昭37.04.01	40	25	―	25	15,732	7.50	7.125
62	23	昭37.04.02～昭38.04.01	40	25	―	25	15,732	7.50	7.125
61	22	昭38.04.02～昭39.04.01	40	25	―	25	15,732	7.50	7.125
60	21	昭39.04.02～昭40.04.01	40	25	―	25	15,732	7.50	7.125
59	20	昭40.04.02～昭41.04.01	40	25	―	25	15,732	7.50	7.125
58	19	昭41.04.02～	40	25	―	25	―	7.50	7.125

※老齢基礎年金の振替加算および遺族年金の経過的寡婦加算は、配偶者の生年月日による。

※昭和61年4月1日における年齢が60歳以上の人（大正15年4月1日以前に生まれた人）は、この経過措置は適用されない（旧法による）。

※昭和21年4月1日以前生まれ（施行日に40歳以上）で、老齢基礎年金の資格期間を満たした人が死亡したときは、乗率について老齢厚生年金と同じ経過措置がある。

（令和6年度）

老齢厚生年金											遺族厚生年金
報酬比例		部分年金開始年齢		特老厚開始年齢			定額単価　1,701（1,696）円				経過的寡婦加算
総報酬（旧）	総報酬（新）	男	女	男	女	特例・女子	船員・坑内員	定額乗率	定額上限	加給年金加算	610,300
7.692	7.308	−	−	60	60	55	55	1.875	420	234,800	610,300
7.585	7.205	−	−	60	60	55	55	1.817	420	234,800	579,004
7.477	7.103	−	−	60	60	55	55	1.761	420	234,800	550,026
7.369	7.001	−	−	60	60	55	55	1.707	432	234,800	523,118
7.262	6.898	−	−	60	60	55	55	1.654	432	234,800	498,066
7.162	6.804	−	−	60	60	55	55	1.603	432	234,800	474,683
7.054	6.702	−	−	60	60	56	55	1.553	432	234,800	452,810
6.954	6.606	−	−	60	60	56	55	1.505	432	234,800	432,303
6.854	6.512	−	−	60	60	57	55	1.458	444	269,500	413,039
6.762	6.424	−	−	60	60	57	55	1.413	444	269,500	394,909
6.662	6.328	−	−	60	60	58	55	1.369	444	269,500	377,814
6.569	6.241	−	−	60	60	58	55	1.327	444	269,500	361,669
6.469	6.146	−	−	60	60	59	55	1.286	444	269,500	346,397
6.377	6.058	−	−	60	60	59	55	1.246	444	269,500	331,929
6.292	5.978	−	−	60	60	60	55	1.208	444	304,100	318,203
6.200	5.890	60～61	−	61	60	60	55	1.170	444	338,800	305,162
6.108	5.802	60～61	−	61	60	60	55	1.134	444	373,400	284,820
6.023	5.722	60～62	−	62	60	60	55	1.099	444	408,100	264,477
5.938	5.642	60～62	−	62	60	60	55	1.065	456	408,100	244,135
5.854	5.562	60～63	−	63	60	60	55	1.032	468	408,100	223,792
5.769	5.481	60～63	60～61	63	61	−（60）	56	1.000	480	408,100	203,450
5.769	5.481	60～64	60～61	64	61	−（60）	56	1.000	480	408,100	183,107
5.769	5.481	60～64	60～62	64	62	−（60）	57	1.000	480	408,100	162,765
5.769	5.481	60	60～62	−（60）	62	−（60）	57	1.000	480	408,100	142,422
5.769	5.481	60	60～63	−（60）	63	−（60）	58	1.000	480	408,100	122,080
5.769	5.481	60	60～63	−（60）	63	−（60）	58	1.000	480	408,100	101,737
5.769	5.481	60	60～64	−（60）	64	−（60）	59	1.000	480	408,100	81,395
5.769	5.481	61	60～64	−（61）	64	−（60）	59	1.000	480	408,100	61,052
5.769	5.481	61	60	−（61）	−	−（60）	60	1.000	480	408,100	40,710
5.769	5.481	62	60	−（62）	−	−（60）	60	1.000	480	408,100	20,367
5.769	5.481	62	60	−（62）	−	−（60）	60	1.000	480	408,100	−
5.769	5.481	63	60	−（63）	−	−（60）	60	1.000	480	408,100	−
5.769	5.481	63	61	−（63）	−	−（61）	61	1.000	480	408,100	−
5.769	5.481	64	61	−（64）	−	−（61）	61	1.000	480	408,100	−
5.769	5.481	64	62	−（64）	−	−（62）	62	1.000	480	408,100	−
5.769	5.481	−	62	−	−	−（62）	62	1.000	480	408,100	−
5.769	5.481	−	63	−	−	−（63）	63	1.000	480	408,100	−
5.769	5.481	−	63	−	−	−（63）	63	1.000	480	408,100	−
5.769	5.481	−	64	−	−	−（64）	64	1.000	480	408,100	−
5.769	5.481	−	64	−	−	−（64）	64	1.000	480	408,100	−
5.769	5.481	−	−	−	−	−	−	1.000	480	408,100	−

※特別支給の老齢厚生年金の開始年齢欄の（　）内の年齢は、障害者・長期加入者の支給開始年齢である。
※特例・女子とは、厚生年金保険に原則として20年以上加入している人。
※定額単価の（　　）内の金額は昭和31年4月1日以前生まれの人の単価。

年金 5

60歳台前半の年金は見直され満額支給は65歳から

平成6年の年金制度大改定により、特別支給の老齢厚生年金の定額部分は原則としてなくなり、報酬比例部分のみのいわゆる部分年金に切り替わりましたが、これは2001年度から2013年度にかけて（女性は5年遅れで）段階的に移行しました。
さらにまた、2013年度から2025年度にかけて特別支給の老齢厚生年金の報酬比例部分も段階的になくなりつつあります。2021年度以降60歳に到達する男性の年金は65歳からとなりました。女性も将来年金は65歳から支給されることになります。

65歳までの年金は段階的になくなる

60歳から64歳までの部分年金は段階的になくなり、65歳からの支給に統一されます。現在は次ページの図のとおり、報酬比例部分の年金をもらえる人が一部残っています。なお、報酬比例部分の年金をもらえる人のうち、障害等級3級以上の人や厚生年金保険に44年以上加入してきた人が、退職等で厚生年金保険に加入していない状態であれば、報酬比例部分の開始年齢から定額部分と報酬比例部分の両方が支給される特例があります。

●報酬比例部分も段階的になくなる

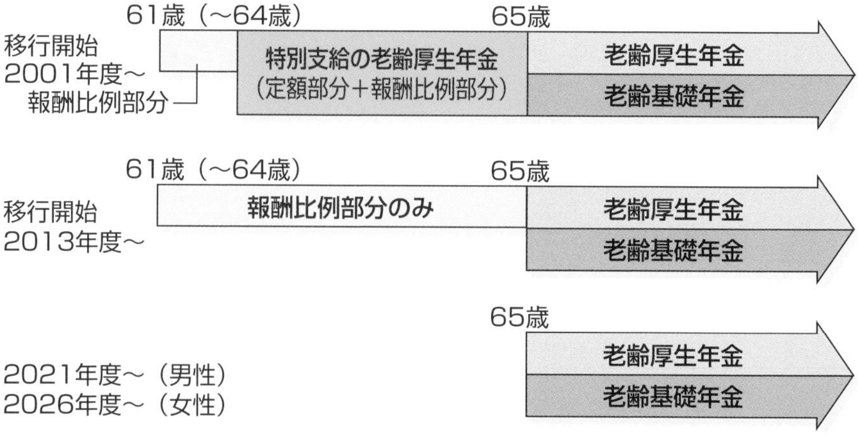

※上記中、報酬比例部分とは、報酬比例部分相当の老齢厚生年金のこと。
色文字で示した生年月日は、令和6年度に60歳を迎える人が含まれている。

年金
6
あなたの年金額を調べてみよう

65歳以上で老齢年金（老齢厚生年金と老齢基礎年金を合算したもの）を受給している人の平均年金月額※は、男性169,000円・女性109,000円です。これは65歳以上の人の場合ですので、65歳未満で部分年金のみの人の額はもっと少なくなります。自分の年金がいくらもらえるのかは、生年月日や加入月数、在職中の給与・賞与の平均額（平均標準報酬額）などをもとに算出しますが、自分で調べることは難しいので、ねんきん定期便やねんきんネットで調べたり、年金事務所で確認しましょう。

※平均年金月額（千円未満切り捨て）は「令和３年度厚生年金保険・国民年金事業の概況」による。

具体例で年金額を計算してみよう

年金額の計算は、その人の生年月日、性別、加入期間の月数、平均標準報酬月額（平成15年3月まで）、平均標準報酬額（平成15年4月以降）、配偶者・子がいるかいないかによって行われます。具体例をあげて計算してみましょう。

夫 生年月日　昭和38年8月15日生 令和5年8月、35年間勤めた会社を60歳で定年退職。その後年金に加入せず 平均標準報酬月額　30万円：A 平均標準報酬額　38万円：B 厚生年金の加入期間　35年（420月） 加入可能年数　40年（480月）	妻 生年月日　昭和40年5月18日生 専業主婦（国民年金への任意加入なし） 加入可能年数　40年（480月）

（注）年金額は従前保障計算により、令和6年度の価額で算出した。

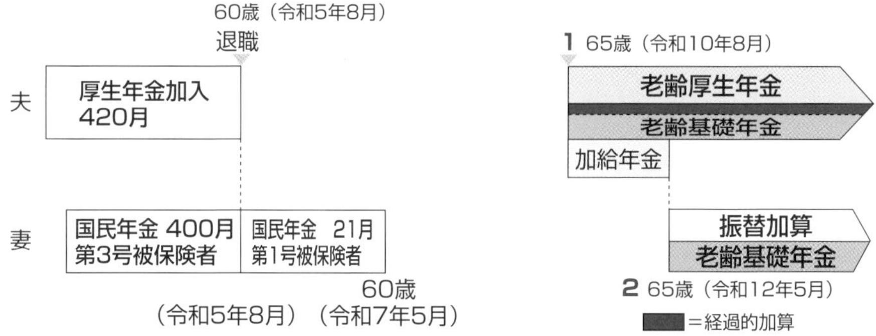

1　夫が65歳になったとき（妻は65歳未満）

①老齢基礎年金＝714,000円　$816{,}000円 \times \frac{420月}{480月} = 714{,}000円$

②報酬比例部分
＝A+B=969,069円

$A = 300{,}000円 \times \frac{7.50}{1000} \times 176月 \times 1.041 = 412{,}236$

$B = 380{,}000円 \times \frac{5.769}{1000} \times 244月 \times 1.041 \fallingdotseq 556{,}833$

※通常支給の場合、60歳から65歳までは年金なし。

③経過的加算＝420円　$(1{,}701円 \times 1.000 \times 420月) - (816{,}000円 \times \frac{420月}{480月})$
$\fallingdotseq 714{,}420円 - 714{,}000円 = 420円$

④加給年金＝408,100円

①＋②＋③＋④＝2,091,589円

2　妻が65歳になったとき、夫と妻の年金

夫の年金

①老齢基礎年金＝714,000円
②報酬比例部分＝969,069円
③経過的加算＝420円

①＋②＋③＝1,683,489円

妻の年金

⑤老齢基礎年金＝715,700円　$816{,}000円 \times \frac{421月}{480月} \fallingdotseq 715{,}700円$
⑥振替加算＝15,732円

⑤＋⑥＝731,432円

夫の年金＋妻の年金＝1,683,489円＋731,432円＝2,414,921円

※65歳で繰り上げをしない通常支給で計算。
※上記は従前保障で計算してある（令和６年度価額）。

年金 7

20年以上の厚生年金保険加入者には加給年金がプラスされる

加給年金は、厚生年金保険の加入期間が20年以上ある年金受給者が原則として65歳になった時点で一定の配偶者や子がある場合に、支給されるものです。加給年金は生活資金というものを世帯単位で考えた制度であり、年金受給者に生計を維持されている65歳未満の配偶者や18歳未満の子がある場合に、生活の手助けとして一定額を支給します。配偶者の場合は65歳になれば自分自身の老齢基礎年金が受けられるようになりますので打ち切られますが、配偶者の生年月日が昭和41年4月1日以前なら、配偶者の老齢基礎年金に一定額が振替加算されます。

加給年金の対象者と金額はこうなっている

加給年金は、厚生年金保険に20年以上加入している人が支給対象です。ただし、生年月日による中高年齢者の特例があり、15年から19年でよい人（昭和26年4月1日以前生まれの人）もいます。加給年金の対象となる人および金額は、次の通りです。

加給年金の対象者

年金受給者に生計を維持されている配偶者および子

子については満18歳に達したあと最初に到来する3月までの人か、または20歳未満の障害者であること（現に婚姻していないこと）

加給年金の額

対象者	年額	月額換算
配偶者	234,800円	19,566円
子の1人め	234,800円	19,566円
子の2人め	234,800円	19,566円
子の3人め	78,300円	6,525円

※令和６年度価額

配偶者の加給年金は特別加算される場合がある

昭和9年4月2日以降に生まれた受給権者の配偶者の加給年金には、特別加算があります。

加給年金の特別加算額

※令和６年度価額

受給者の生年月日	特別加算額	月額換算
昭和9.4.2～10.4.1	34,700円	2,891円
昭和10.4.2～11.4.1	34,700円	2,891円
昭和11.4.2～12.4.1	34,700円	2,891円
昭和12.4.2～13.4.1	34,700円	2,891円
昭和13.4.2～14.4.1	34,700円	2,891円

受給者の生年月日	特別加算額	月額換算
昭和14.4.2～15.4.1	34,700円	2,891円
昭和15.4.2～16.4.1	69,300円	5,775円
昭和16.4.2～17.4.1	104,000円	8,666円
昭和17.4.2～18.4.1	138,600円	11,550円
昭和18.4.2～	173,300円	14,441円

昭和41年4月1日以前生まれの配偶者には振替加算がある

配偶者が65歳になると配偶者自身の老齢基礎年金が支給されるので、今まで本人に支給されていた加給年金は打ち切りになります。しかし、昭和41年4月1日以前に生まれた配偶者については、それに代わる額を加算することになっています。これを振替加算といって、配偶者の老齢基礎年金に生年月日ごとに定められた額（下記の表の額）がプラスされます。ただし、厚生年金の加入期間が20年（中高年齢の特例者〈昭和26年4月1日以前生まれの人〉は15～19年）以上ある配偶者が老齢厚生年金を受けるようになった場合には、この振替加算は行われません。

●振替加算額一覧表（令和6年度価額）

配偶者の生年月日	年　額	月額換算
大正15年4月2日～昭和2年4月1日	234,100円	19,508円
昭和2年4月2日～昭和3年4月1日	227,779円	18,981円
昭和3年4月2日～昭和4年4月1日	221,693円	18,474円
昭和4年4月2日～昭和5年4月1日	215,372円	17,947円
昭和5年4月2日～昭和6年4月1日	209,051円	17,420円
昭和6年4月2日～昭和7年4月1日	202,965円	16,913円
昭和7年4月2日～昭和8年4月1日	196,644円	16,387円
昭和8年4月2日～昭和9年4月1日	190,323円	15,860円
昭和9年4月2日～昭和10年4月1日	184,237円	15,353円
昭和10年4月2日～昭和11年4月1日	177,916円	14,826円
昭和11年4月2日～昭和12年4月1日	171,595円	14,299円
昭和12年4月2日～昭和13年4月1日	165,509円	13,792円
昭和13年4月2日～昭和14年4月1日	159,188円	13,265円
昭和14年4月2日～昭和15年4月1日	152,867円	12,738円
昭和15年4月2日～昭和16年4月1日	146,781円	12,231円
昭和16年4月2日～昭和17年4月1日	140,460円	11,705円
昭和17年4月2日～昭和18年4月1日	134,139円	11,178円
昭和18年4月2日～昭和19年4月1日	128,053円	10,671円
昭和19年4月2日～昭和20年4月1日	121,732円	10,144円
昭和20年4月2日～昭和21年4月1日	115,411円	9,617円
昭和21年4月2日～昭和22年4月1日	109,325円	9,110円
昭和22年4月2日～昭和23年4月1日	103,004円	8,583円
昭和23年4月2日～昭和24年4月1日	96,683円	8,056円
昭和24年4月2日～昭和25年4月1日	90,597円	7,549円
昭和25年4月2日～昭和26年4月1日	84,276円	7,023円
昭和26年4月2日～昭和27年4月1日	77,955円	6,496円
昭和27年4月2日～昭和28年4月1日	71,869円	5,989円
昭和28年4月2日～昭和29年4月1日	65,548円	5,462円
昭和29年4月2日～昭和30年4月1日	59,227円	4,935円
昭和30年4月2日～昭和31年4月1日	53,141円	4,428円
昭和31年4月2日～昭和32年4月1日	46,960円	3,913円
昭和32年4月2日～昭和33年4月1日	40,620円	3,385円
昭和33年4月2日～昭和34年4月1日	34,516円	2,876円
昭和34年4月2日～昭和35年4月1日	28,176円	2,348円
昭和35年4月2日～昭和36年4月1日	21,836円	1,819円
昭和36年4月2日～昭和41年4月1日	15,732円	1,311円
昭和41年4月2日以降	―	―

年金 8

年金は年6回、2か月分ずつ偶数月に支払われる

年金は1年分まとめて支払われるのではなく、年6回（2月・4月・6月・8月・10月・12月）に分けて支払われます。
年金の支払日は、各偶数月の15日（金融機関の休日に当たる場合は前営業日）となっています。そもそも年金は、1年分の額が必ずもらえるものではありません。例えば、死亡すればその月で終わり、生存していれば1年分の年金が受けられるということです。そこで、生きている証として毎年住基ネットより現況を確認されます。「現況届」の提出が必要となる場合もあります。

年金は権利発生した翌月から支給される

年金の権利が発生するのは原則として65歳に達したときですが、65歳になっても受給資格がない人は以後受給資格を満たしたときです（60歳台前半でももらえる人がいます）。年金の支給開始は、権利が発生した月の翌月からとなります。

年金の支給

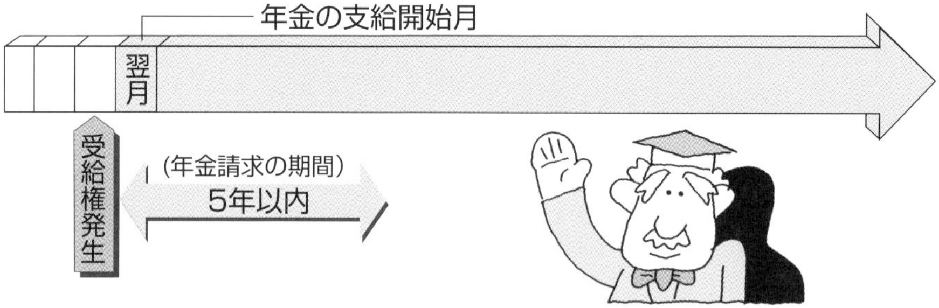

年金の受給資格が確認されると年金証書が交付される

年金を請求し、受給資格が確認されると年金決定通知書とともに年金証書が送付されてきます。この年金証書は、大切に保管してください。

年金証書

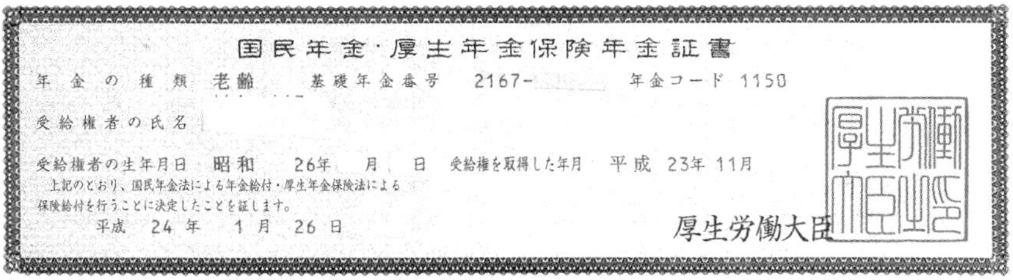
国民年金・厚生年金保険年金証書

年金の種類 老齢　基礎年金番号 2167-　年金コード 1150

受給権者の氏名

受給権者の生年月日 昭和 26年 月 日 受給権を取得した年月 平成 23年 11月

上記のとおり、国民年金法による年金給付・厚生年金保険法による保険給付を行うことに決定したことを証します。

平成 24 年 1 月 26 日

厚生労働大臣

年金の受取りは金融機関への振り込みが一般的である

年金の受取りには、受給者の希望する金融機関（ゆうちょ銀行を含む）へ振り込む方法が一般的です。

年金の受け取り方

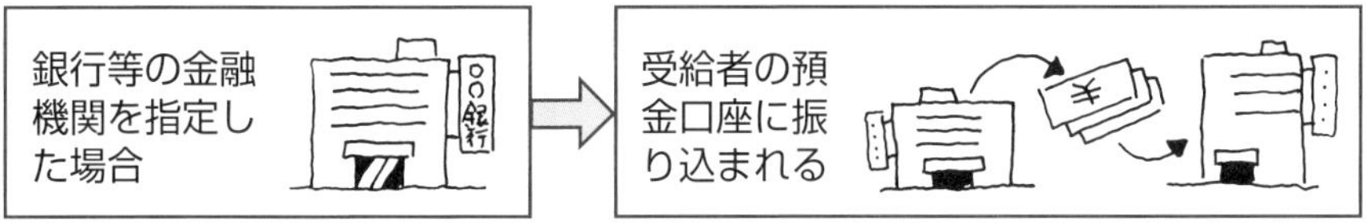

年金は年6回に分けて支払われる

年金は年6回に分けて支払われます。支払い月は2月・4月・6月・8月・10月・12月の各偶数月（支払期月という）であり、各支払期月に前2か月分が支払われることになります。

なお、請求が遅れたため過去の分をまとめて受け取る場合や死亡等で受給権が消滅したときは、支払い期月でない月でも支払われます。

年金の支払日

※15日が金融機関の休みの日に当たる場合は、直前の営業日になる。

年金 9

さあ、年金を請求しよう

年金を受ける権利は、加入期間・生年月日・年齢等の要件を満たしたときに発生しますが、自動的に支給されるということはありません。現在では、あらかじめ印字された年金請求書が事前に送付されることになっていますので、必要事項を記入の上、請求手続きをします。

年金請求書の提出は年金事務所へ

特別支給の老齢厚生年金を受け取る権利が発生する人には、支給開始年齢に到達する3か月前に「年金請求書」および年金の請求手続きの案内が日本年金機構から本人あてに送付されます。その後、65歳に到達する3か月前にも上記と同様の「年金請求書」が送付されます。年金の受給権発生日は支給開始年齢に到達した日（誕生日の前日）ですので、年金請求書の提出は当該日以降に行います。戸籍・住民票などは原則として、受給権発生日以降に交付され、かつ、年金請求書の提出日において6か月以内に交付されたものを用意しましょう。

年金請求書の提出

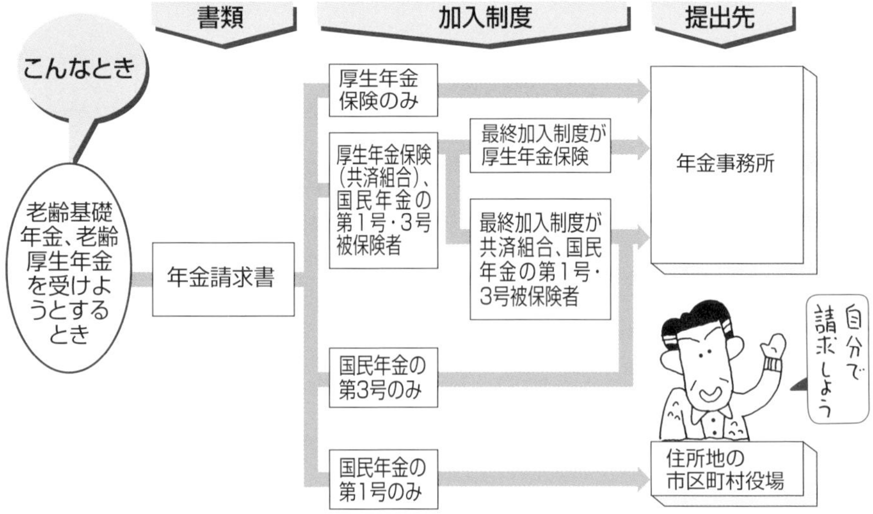

添付書類を忘れると請求できない

老齢年金の請求は「年金請求書」だけでは足りません。以下のような添付書類が必要です。主な添付書類には、次のものがあります。

主な添付書類一覧

すべての人に必要な書類等

- 「年金を受け取る本人の生年月日を明らかにできる書類：「戸籍謄本」、「戸籍抄本」、「戸籍の記載事項証明」、「住民票」、「住民票の記載事項証明書」のいずれか（単身者で日本年金機構にマイナンバーが登録されている人は、上記書類の添付は原則不要。単身者でマイナンバーが登録されていない人は、年金請求書にマイナンバーを記入すれば、上記書類の添付は原則不要）
- 受取先金融機関の通帳等（本人名義）：カナ氏名、金融機関名、支店番号、口座番号が記載された部分を含む預金通帳またはキャッシュカード（コピー可）等。
  ※年金請求書に金融機関の証明を受けた場合は不要

年金を請求する本人の厚生年金加入期間が20年以上かつ配偶者または18歳未満の子がいる人

- 戸籍謄本（記載事項証明書）：配偶者および18歳到達年度の末日までの間にある子について、請求者との続柄および氏名・生年月日を確認するため
- 世帯全員の住民票の写し（マイナンバーを記入すれば添付を省略できる）：請求者との生計維持関係を確認するため
- 配偶者の収入が確認できる書類（マイナンバーを記入すれば添付を省略できる）：生計維持関係を確認するため。配偶者の所得証明書、課税（非課税）証明書、源泉徴収票等
- 子の収入が確認できる書類（マイナンバーを記入すれば添付を省略できる）：生計維持関係を確認するため。子が義務教育終了前は不要。子が高等学校等在学中の場合は、在学証明書または学生証等

その他、年金を請求する本人の状況によって必要な書類等

- 年金手帳（基礎年金番号以外の年金手帳をお持ちの場合）
- 雇用保険被保険者証（雇用保険に加入したことがある場合）
- 年金加入期間確認通知書（共済組合への加入期間がある人）
- 年金証書（他の公的年金から年金を受けているとき（配偶者を含む））
- 医師または歯科医師の診断書（1級または2級の障害の状態にある子がいる人）
- 合算対象期間が確認できる書類（詳細は年金機構にご確認ください）

年金請求書（国民年金・厚生年金保険老齢給付）（1～2面）

様式第101号

年金請求書(国民年金・厚生年金保険老齢給付)

●年金を受ける方が記入する箇所は□(黄色)の部分です。（（注)□は金融機関で証明を受ける場合に使用する欄です。）
●黒インクのボールペンで記入してください。鉛筆や、摩擦に伴う温度変化等により消色するインクを用いたペンまたはボールペンは、使用しないでください。
●代理人の方が提出する場合は、年金を受ける方が13ページにある委任状をご記入ください。

受付登録コード
1 7 1 1

入力処理コード
4 3 0 0 0 1

二次元コード

⑧ 市区町村 受付年月日　　実施機関等 受付年月日

1．ご本人(年金を受ける方)について、太枠内をご記入ください。

㉓郵便番号	000－0000		
フリガナ	スギナミ　○○○　1-2-3		
㉔住所	杉並　市区町村　○○○　1-2-3　建物名		
フリガナ	ネンキン	タロウ	性別
㉑氏名	(氏) 年金	(名) 太郎	①男　2. 女

社会保険労務士の提出代行者欄

❶個人番号※(または基礎年金番号)	210987654321	❷生年月日	大正 ㊗昭和　○○年　5月　27日
電話番号1	03－0000－XXXX	電話番号2	－　－

※個人番号(マイナンバー)については、14ページをご確認ください。
※基礎年金番号(10桁)で届出する場合は左詰めでご記入ください。
＊日中に連絡が取れる電話番号(携帯も可)をご記入ください。
＊予備の電話番号(携帯も可)があればご記入ください。

2．年金の受取口座をご記入ください。

貯蓄預金口座または貯蓄貯金口座への振込みはできません。

㉕受取機関
①金融機関（ゆうちょ銀行を除く）
2. ゆうちょ銀行(郵便局)

フリガナ	ネンキン	タロウ
口座名義人氏名	(氏) 年金	(名) 太郎

年金送金先						
金融機関	㉖金融機関コード	㉘支店コード	(フリガナ) ヒノデ ひので　銀行 金庫 信組 農協 信連 信漁連 漁協	(フリガナ) スギナミ 杉並　本店 ㊗支店 出張所 本所 支所	㉙預金種別 ①普通　2当座	㉚口座番号(左詰めで記入) 1234567
ゆうちょ銀行	㉚貯金通帳の口座番号				金融機関またはゆうちょ銀行の証明欄　※	
	記号(左詰めで記入)	－	番号(右詰めで記入)		1ページの氏名フリガナと、口座名義人氏名フリガナが同じであることをご確認ください。	

※通帳等の写し(金融機関名、支店名、口座名義人氏名フリガナ、口座番号の面)を添付する場合、証明は不要です。

1

右の3ページを記入する際の注意事項

●履歴はあなたがはじめて公的年金制度(表1)に加入したときから古い順にご記入ください。
●事業所等の名称変更や所在地の変更、転勤などがあったときは、そのことがわかるように、それぞれの事業所等ごとに必要事項をご記入ください。記入できない場合は、備考欄にご記入ください。

《記入例》

詳しくわからないときでも、郡市区名まではご記入ください。

詳しくわからないときでも、年月まであるいは何年の夏とか冬までといったようにご記入ください。

加入していた年金制度が国民年金のときは、記入不要です。

社名だけでなく、支店・工場等についてもご記入ください。

履　　歴(公的年金制度加入経過)
※できるだけ詳しく、正確にご記入ください。

	(1)事業所(船舶所有者)の名称および船員であったときはその船舶名	(2)事業所(船舶所有者)の所在地または国民年金加入時の住所	(3)勤務期間または国民年金の加入期間	(4)加入していた年金制度の種類	(5)備　考
最初	(有)○○商店	台東区台東2－X	29・4・1から 35・3・31まで	1. 国民年金 2. 厚生年金保険 3. 厚生年金(船員)保険 4. 共済組合等	
2		杉並区高井戸西3－X－X	36・4・1から 38・3・31まで	1. 国民年金 2. 厚生年金保険 3. 厚生年金(船員)保険 4. 共済組合等	
3	△△化学(株)	江東区亀戸5－X－X	38・4・1から 41・3・31まで	1. 国民年金 2. 厚生年金保険 3. 厚生年金(船員)保険 4. 共済組合等	
4	△△化学(株)大阪工場	大阪市東区谷町9－X	41・4・1から 53・3・31まで	1. 国民年金 2. 厚生年金保険 3. 厚生年金(船員)保険 4. 共済組合等	
5	△△化学(株)大阪支店	大阪市西区北堀江6－X	54・4・1から 54・6・30まで	1. 国民年金 2. 厚生年金保険 3. 厚生年金(船員)保険 4. 共済組合等	
6	△△化学(株)東京支店	江東区亀戸5－X－X	54・7・1から 平5・3・31まで	1. 国民年金 2. 厚生年金保険 3. 厚生年金(船員)保険 4. 共済組合等	
7			・　・から ・　・まで	1. 国民年金 2. 厚生年金保険 3. 厚生年金(船員)保険 4. 共済組合等	
10			・　・から ・　・まで	1. 国民年金 2. 厚生年金保険 3. 厚生年金(船員)保険 4. 共済組合等	

表1　公的年金制度

ア．国民年金法	カ．私立学校教職員共済法
イ．厚生年金保険法	キ．廃止前の農林漁業団体職員共済組合法
ウ．船員保険法(昭和61年4月以後を除く)	ク．恩給法
エ．国家公務員共済組合法	ケ．地方公務員の退職年金に関する条例
オ．地方公務員等共済組合法	コ．旧市町村職員共済組合法

◆厚生年金基金に加入していた方へ
この年金請求書とは別に手続きが必要です。
●基金に加入している(加入していた)期間については、厚生年金基金にお問い合わせください。
●加入していた厚生年金基金の加入期間が10年未満で脱退された場合および加入していた厚生年金基金が解散している場合は企業年金連合会にお問い合わせください。

《企業年金連合会のお問い合わせ先》
電話番号：0570-02-2666
＊ IP電話からは 03-5777-2666

◆国民年金基金に加入していた方へ
この年金請求書とは別に手続きが必要です。
●基金に加入している(加入していた)期間については、国民年金基金にお問い合わせください。
●中途脱退者(60歳になる前に基金を脱退した方。ただし、15年以上基金に加入していた方を除く)は、国民年金基金連合会にお問い合わせください。

《国民年金基金連合会のお問い合わせ先》
電話番号：03-5411-0211

2

年金請求書（国民年金・厚生年金保険老齢給付）（3～4面）

3．これまでの年金の加入状況についてご記入ください。

(1)次の年金制度の被保険者または組合員となったことがある場合は、枠内の該当する記号を○で囲んでください。

ア．国民年金法	カ．私立学校教職員共済法
イ．厚生年金保険法	キ．廃止前の農林漁業団体職員共済組合法
ウ．船員保険法（昭和61年4月以後を除く）	ク．恩給法
エ．国家公務員共済組合法	ケ．地方公務員の退職年金に関する条例
オ．地方公務員等共済組合法	コ．旧市町村職員共済組合法

(2)年金制度の被保険者または組合員となったことがある場合は、下記の履歴欄にご記入ください。

履　歴(公的年金制度加入経過)
※できるだけ詳しく、正確にご記入ください。

	(1)事業所(船舶所有者)の名称および船員であったときはその船舶名	(2)事業所(船舶所有者)の所在地または国民年金加入時の住所	(3)勤務期間または国民年金の加入期間	(4)加入していた年金制度の種類	(5)備　考
最初	○○産業(株)	台東区台東0-0-0	00・4・1から 00・3・31まで	1. 国民年金 2. 厚生年金保険 3. 厚生年金(船員)保険 4. 共済組合等	
2		杉並区000 1-2-3	00・4・1から 00・3・31まで	1. 国民年金 2. 厚生年金保険 3. 厚生年金(船員)保険 4. 共済組合等	
3	△△商事(株)	中野区002-1-1	00・4・1から 00・5・31まで	1. 国民年金 2. 厚生年金保険 3. 厚生年金(船員)保険 4. 共済組合等	
4			・　・から ・　・まで	1. 国民年金 2. 厚生年金保険 3. 厚生年金(船員)保険 4. 共済組合等	
5			・　・から ・　・まで	1. 国民年金 2. 厚生年金保険 3. 厚生年金(船員)保険 4. 共済組合等	
6			・　・から ・　・まで	1. 国民年金 2. 厚生年金保険 3. 厚生年金(船員)保険 4. 共済組合等	
7			・　・から ・　・まで	1. 国民年金 2. 厚生年金保険 3. 厚生年金(船員)保険 4. 共済組合等	
8			・　・から ・　・まで	1. 国民年金 2. 厚生年金保険 3. 厚生年金(船員)保険 4. 共済組合等	
9			・　・から ・　・まで	1. 国民年金 2. 厚生年金保険 3. 厚生年金(船員)保険 4. 共済組合等	
10			・　・から ・　・まで	1. 国民年金 2. 厚生年金保険 3. 厚生年金(船員)保険 4. 共済組合等	

(3)改姓・改名をしているときは、旧姓名および変更した年月日をご記入ください。

旧姓名	(フリガナ) (氏)	(名)	
変更日	昭和・平成・令和	年　月　日	

旧姓名	(フリガナ) (氏)	(名)	
変更日	昭和・平成・令和	年　月　日	

3

右の5ページを記入する際の注意事項

●5ページ(4)に記載いただく該当番号を下記番号から選択してください。

○昭和61年3月までの期間において国民年金に任意加入しなかった期間

1　配偶者が下記ア～キの制度の被保険者、組合員または加入者であった期間
2　配偶者が下記ア～キの制度の老齢年金または退職年金を受けることができた期間
3　本人または配偶者が下記ア～キの制度の老齢年金または退職年金の受給資格期間を満たしていた期間
4　本人または配偶者が下記ア～キの制度から障害年金を受けることができた期間
5　本人が下記ア～キの制度から遺族に対する年金を受けることができた期間
6　本人または配偶者が都道府県議会、市町村議会の議員および特別区の議会の議員ならびに国会議員であった期間
7　本人が都道府県知事の承認を受けて国民年金の被保険者とされなかった期間

○国民年金に任意加入しなかった期間

8　本人が日本国内に住所を有さなかった期間
9　本人が日本国内に住所を有した期間であって日本国籍を有さなかったため国民年金の被保険者とされなかった期間
10　本人が学校教育法に規定する高等学校の生徒または大学の学生等であった期間
11　本人が昭和61年4月以後の期間で下記ア～ケの制度の老齢または退職を事由とする年金給付を受けることができた期間
ただし、ウ～ケの制度等の退職を事由とする年金給付であって年齢を理由として停止されている期間は除く

○その他の期間

12　本人か配偶者が下記以外の年金や恩給を受けていた期間
13　上記のいずれにも該当しない期間

ア．厚生年金保険法
イ．船員保険法(昭和61年4月以後を除く)
ウ．国家公務員共済組合法
エ．地方公務員等共済組合法
オ．私立学校教職員共済法
カ．廃止前の農林漁業団体職員共済組合法
キ．地方公務員の退職年金に関する条例
ク．廃止前の国会議員互助年金法
ケ．地方公務員等共済組合法(地方議会議員共済)

遺族基礎年金・遺族厚生年金に必要な資格要件について

老齢給付の受給資格期間を満たした場合であっても、遺族基礎年金・遺族厚生年金を受け取るためには、原則として、亡くなられた方の受給資格期間が25年（300月）以上あることが必要です。

受給資格期間や年金額を増やすことができます。

ご本人のお申し出により、60歳以上65歳未満の5年間(納付月数は480月まで)、国民年金保険料を納めることで、受給資格期間や年金額を増やすことができる任意加入制度がありますのでぜひご活用ください。

4

●年金請求書（国民年金・厚生年金保険老齢給付）（5〜6面）

(4)20歳から60歳までの期間で年金に加入していない期間がある場合は、その期間を下欄にご記入ください。

※この欄と、下の(5)については保険料納付済期間(厚生年金保険や共済組合等の加入期間を含む)および保険料免除期間の合計が25年以上ある方は記入不要です。

	20歳〜60歳の 加入していない期間	年齢	左ページの 該当番号	学校や勤め先等 (自営業、専業主婦等)	住所 (市区町村)	婚姻、配偶者の 勤め先
1	(自) (至)	歳 〜 歳				
2	(自) (至)	歳 〜 歳				
3	(自) (至)	歳 〜 歳				
4	(自) (至)	歳 〜 歳				
5	(自) (至)	歳 〜 歳				
6	(自) (至)	歳 〜 歳				
7	(自) (至)	歳 〜 歳				
8	(自) (至)	歳 〜 歳				
9	(自) (至)	歳 〜 歳				
10	(自) (至)	歳 〜 歳				

(5)配偶者(であった方も含みます)の氏名、生年月日、基礎年金番号をご記入ください。

なお、婚姻履歴が複数ある場合は、任意の用紙にご記入ください。

※9ページ5(1)にご記入いただく場合は記入不要です。

カナ氏名　(ネンキン ハナコ)
漢字氏名　(年金 花子)
生年月日　(明治)(大正)(昭和)(平成)(00)年(2)月(15)日
基礎年金番号 (4321- 123456) ※基礎年金番号はわかる範囲でご記入ください。

5

右の7ページを記入する際の注意事項

- 「年金」とは、老齢または退職年金、障害年金、遺族年金をいいます。
- 「受けている」には、全額支給停止になっている年金がある場合も含みます。

→(1)

表1　公的年金制度等

→①

ア. 国民年金法
イ. 厚生年金保険法
ウ. 船員保険法(昭和61年4月以後を除く)
エ. 国家公務員共済組合法
(JT、JR、NTTの三制度を含む)
(昭和61年4月前の長期給付に関する施行法を含む)
オ. 地方公務員等共済組合法
(昭和61年4月前の長期給付に関する施行法を含む)
カ. 私立学校教職員共済法
キ. 廃止前の農林漁業団体職員共済組合法
ク. 恩給法
ケ. 地方公務員の退職年金に関する条例
コ. 日本製鉄八幡共済組合
サ. 改正前の執行官法附則第13条
シ. 旧令による共済組合等からの年金受給者のための特別措置法
ス. 戦傷病者戦没者遺族等援護法

→②

(1)で、「1．受けている」または「3．請求中」を○で囲んだ方は、
・「公的年金制度名」… 表1から該当する公的年金制度等の記号を選択し、ご記入ください。
・「年金の種類」……… 該当するものを○で囲んでください。
・「(自)　年　月」………年金を受けることとなった年月をご記入ください。
(「1．受けている」を○で囲んだ方のみご記入ください)

＊2つ以上の年金を受ける権利を得た場合は、原則として、どちらか一方の年金を選択することになり、もう一方の年金は支給停止となります。年金を選択する際には、**「年金受給選択申出書」の提出が必要**です。
詳しくは、「ねんきんダイヤル」またはお近くの年金事務所にお問い合わせください。

→(2)

- 複数の雇用保険被保険者証等をお持ちの方は、**直近に交付された雇用保険被保険者証等に記載されている被保険者番号をご記入のうえ、番号が確認できる書類の写しを添付してください。**
- 最後に雇用保険の被保険者でなくなった日から**7年以上経過している方は被保険者番号を記入する必要はありません**(下の「事由書」の「ウ」を○で囲んで、氏名をご記入ください)。
- 雇用保険被保険者番号について、ご不明な点がありましたら、勤務先またはハローワークにお問い合わせください。

6

年金請求書（国民年金・厚生年金保険老齢給付）（7～8面）

4．現在の年金の受給状況等および雇用保険の加入状況についてご記入ください。

(1)現在、左の6ページ(表1)のいずれかの制度の年金を受けていますか。該当する番号を○で囲んでください。

1. 受けている(全額支給停止の場合を含む)	(2.) 受けていない	3. 請求中

①「1．受けている」を○で囲んだ方

公的年金制度名（表1より記号を選択）	年金の種類	（自）　年　月	㊽ 年金証書の年金コード(4桁)または記号番号等
	・老齢または退職 ・障害 ・遺族	昭和 平成　年　月 令和	
	・老齢または退職 ・障害 ・遺族	昭和 平成　年　月 令和	
	・老齢または退職 ・障害 ・遺族	昭和 平成　年　月 令和	

②「3．請求中」を○で囲んだ方

公的年金制度名（表1より記号を選択）	年金の種類
	・老齢または退職 ・障害 ・遺族

↓加入した年金制度が国民年金のみの方は、次の(2)、(3)の記入は不要です。

(2)雇用保険に加入したことがありますか。「はい」または「いいえ」を○で囲んでください。

(はい)　・　いいえ

①「はい」を○で囲んだ方

雇用保険被保険者番号(10桁または11桁)を**左詰めでご記入**ください。
最後に雇用保険の被保険者でなくなった日から 7年以上経過している方は
下の「事由書」の「ウ」を○で囲み、氏名をご記入ください。

㉒ 雇用保険被保険者番号	1	2	3	4	0	1	2	3	4	5	6

②「いいえ」を○で囲んだ方

下の「事由書」の「ア」または「イ」を○で囲み、氏名をご記入ください。

事由書

私は以下の理由により、雇用保険被保険者証等を添付できません。
(該当する項目を○で囲んでください。)

ア．雇用保険の加入事業所に勤めていたが、雇用保険の被保険者から除外されていたため。
雇用保険法による適用事業所に雇用される者であるが、雇用保険被保険者の適用除外であり、雇用保険被保険者証の交付を受けたことがない。(例　事業主、事業主の妻等)

イ．雇用保険に加入していない事業所に勤めていたため。
雇用保険法による適用事業所に雇用されたことがないため、雇用保険被保険者証の交付を受けたことがない。

ウ．最後に雇用保険の被保険者でなくなった日から 7年以上経過しているため。
過去に雇用保険被保険者証の交付を受けたが、老齢厚生年金の年金請求書受付日において、最後に雇用保険被保険者の資格を喪失してから 7年以上経過している。

氏名＿＿＿＿＿＿＿＿＿＿

(3)60歳から65歳になるまでの間に、雇用保険の基本手当(船員保険の場合は失業保険金)または高年齢雇用継続給付を受けていますか(または受けたことがありますか)。「はい」または「いいえ」を○で囲んでください。

(はい)　・　いいえ

＊これから受ける予定のある方は、年金事務所等にお問い合わせください。

7

右の９ページを記入する際の注意事項

(配偶者または子がいる方は、以下の点に留意してご記入ください。)

配偶者と子について

●配偶者とは、夫または妻のことをいいます。また、婚姻の届け出はしていなくても、事実上ご本人(年金を受ける方)と「婚姻関係と同様の状態にある方」を含みます。

●子の年齢要件は、次のいずれかとなります。
a：18歳になった後の最初の3月31日まで
b：国民年金法施行令別表に定める障害等級１級・２級の障害の状態にある場合は20歳未満

(例) a の場合

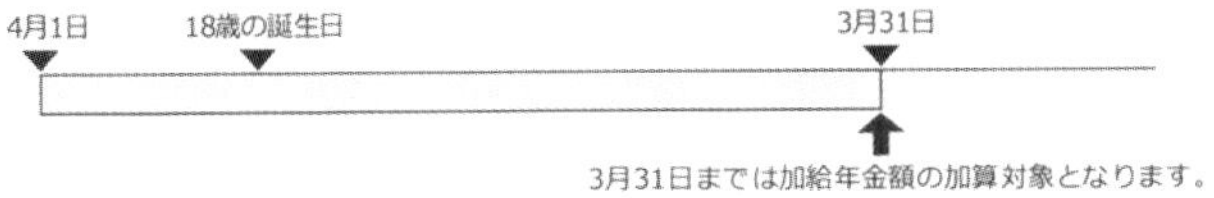

＊ご本人(年金を受ける方)によって、生計を維持されている配偶者または子がいる場合
⇒**加給年金額が加算されることがあります**(詳しくは、10ページをご確認ください)。

＊ご本人(年金を受ける方)が配偶者によって生計を維持されている場合
⇒**振替加算が加算されることがあります**(詳しくは、16ページをご確認ください)。

③について、以下の点に留意してご記入ください。

・「公的年金制度名」… 次(表１)に該当する公的年金制度等の記号を選択し、ご記入ください。
・「年金の種類」……… 該当するものを○で囲んでください。
・「(自) 年 月」……… 年金を受けることとなった年月をご記入ください。

＊「年金」とは、老齢または退職年金、障害年金をいいます。
＊「受けている」には、全額支給停止になっている年金がある場合も含みます。

→ ③

表１ 公的年金制度等

ア．国民年金法
イ．厚生年金保険法
ウ．船員保険法(昭和61年4月以後を除く)
エ．国家公務員共済組合法
(JT、JR、NTTの三制度を含む)
(昭和61年4月前の長期給付に関する施行法を含む)
オ．地方公務員等共済組合法
(昭和61年4月前の長期給付に関する施行法を含む)
カ．私立学校教職員共済法
キ．廃止前の農林漁業団体職員共済組合法
ク．恩給法
ケ．地方公務員の退職年金に関する条例
コ．日本製鉄八幡共済組合
サ．改正前の執行官法附則第13条
シ．旧令による共済組合等からの年金受給者のための特別措置法
ス．戦傷病者戦没者遺族等援護法

8

年金請求書（国民年金・厚生年金保険老齢給付）（9、11面）

5．配偶者・子についてご記入ください。

配偶者はいますか	(はい)・いいえ

「はい」または「いいえ」を○で囲んでください。
「はい」の場合は(1)をご記入ください。

(1)配偶者についてご記入ください。

①配偶者の氏名、生年月日、個人番号または基礎年金番号、性別についてご記入ください。

31 氏名	(フリガナ) ネンキン　ハナコ (氏) 年金　(名) 花子	4 生年月日	大正・(昭和)・平成	00年 2月 15日
3 個人番号※（または基礎年金番号）	2 0 1 2 3 4 5 6 7 8 9 0	性別	1．男　(2．女)	

※個人番号(マイナンバー)については、14ページをご確認ください。
※基礎年金番号(10桁)で届出する場合は左詰めでご記入ください。

②配偶者の住所がご本人(年金を受ける方)の住所と異なる場合は、配偶者の住所をご記入ください。

郵便番号	－
住所	(フリガナ) 市 区 町 村　建物名

③配偶者は現在、左の8ページの表1に記載されている年金を受けていますか。該当するものを○で囲んでください。

1．老齢・退職の年金を受けている　3．請求中
2．障害の年金を受けている　(4)．いずれも受けていない

3．を○で囲んだ方

請求中の公的年金制度名（8ページ表1より記号を選択）	年金の種類
	・老齢または退職 ・障害

1．または2．を○で囲んだ方

4．を○で囲んだ方

下の(2)へお進みください。

公的年金制度名（8ページ表1より記号を選択）	年金の種類	(自)　年　月	47 年金証書の年金コード(4桁)または記号番号等
	・老齢または退職 ・障害	昭和・平成・令和　年　月	
	・老齢または退職 ・障害	昭和・平成・令和　年　月	
	・老齢または退職 ・障害	昭和・平成・令和　年　月	

(2)左の8ページ「子の年齢要件aまたはb」に該当する子がいる場合には、氏名、生年月日、個人番号および障害の状態についてご記入ください。
（3人目以降は余白にご記入ください。）

32 子の氏名	(フリガナ) ネンキン　カズオ (氏) 年金　(名) 一夫	32 生年月日	(平成)・令和　00年 4月 7日	32 診
		障害の状態	ある・(ない)	
個人番号	0 9 8 7 6 5 4 3 2 1 0 9			
33 子の氏名	(フリガナ) (氏)　(名)	33 生年月日	平成・令和　年　月　日	33 診
		障害の状態	ある・ない	
個人番号				

9

6．加給年金額に関する生計維持の申し立てについてご記入ください。

9ページで記入した配偶者または子と生計を同じくしていることを申し立てる。

請求者 氏名	年金 太郎

【生計維持とは】
以下の2つの要件を満たしているとき、「生計維持されている」といいます。

①生計同一関係があること
例）・住民票上、同一世帯である。
・単身赴任、就学、病気療養等で、住所が住民票上は異なっているが、生活費を共にしている。

②配偶者または子が収入要件を満たしていること
年収850万円(所得655.5万円)を将来にわたって有しないことが認められる。

ご本人(年金を受ける方)によって、生計維持されている配偶者または子がいる場合

(1)該当するものを○で囲んでください(3人目以降の子については、余白を使用してご記入ください)。

配偶者または子の年収は、850万円（所得655.5万円）未満ですか。		機構確認欄
配偶者について	(はい)・いいえ	（　）印
子(名：一夫)について	(はい)・いいえ	（　）印
子(名：　)について	はい・いいえ	（　）印

(2)（1）で配偶者または子の年収について「いいえ」と答えた方は、配偶者または子の年収がこの年金の受給権(年金を受け取る権利)が発生したときから、おおむね5年以内に850万円(所得655.5万円)未満となる見込みがありますか。
該当するものを○で囲んでください。

はい・いいえ	機構確認欄	（　）印

「はい」を○で囲んだ方は、添付書類が必要です。

令和　○　年　○　月　○　日　　提出

11

年金請求書（国民年金・厚生年金保険老齢給付）（14～15面）

右の15ページを記入する際の注意事項

「沖縄特例措置」について

●昭和25年4月1日以前生まれの方はご記入ください。なお、沖縄特例措置の手続きがお済みの場合や、生年月日によって添付の必要がない場合があります。
詳しくはお近くの年金事務所にお問い合わせください。

●該当の年金または恩給を受けることができる方については、その年金証書、恩給証書またはこれらに準ずる書類のコピーが必要となります。
詳しくはお近くの年金事務所にお問い合わせください。

→ (2)2

「個人番号(マイナンバー)」について

●1 ページにマイナンバーを記入することにより、生年月日に関する書類(住民票等)の添付が不要になる場合があります。また年１回の現況の確認(現況届)や住所変更等の提出が不要となります。ただし、住民票の住所以外にお住まいの方などは、住所変更の届出が必要となる場合があります。

●1 ページに記入された請求者本人のマイナンバーについては、マイナンバーが正しい番号であることの確認(番号確認)および提出する方が番号の正しい持ち主であることの確認(身元(実存)確認) が必要です。以下の(1)または(2)をご準備ください。
＊配偶者、子および扶養親族の番号確認・身元(実存)確認書類の提出は必要ありません。

(1)マイナンバーカード(個人番号カード)
番号確認と身元(実存)確認できる情報の両方が記載されているため、１種類で確認が可能です。
(2)以下の２種類(㋐と㋑１種類ずつ)をご準備ください。
㋐マイナンバーが記載されている書類から１種類
住民票(マイナンバー記載のもの)または通知カード(氏名、住所等が住民票の記載と一致する場合に限る)
㋑身元(実存)確認のできる書類から１種類
運転免許証、旅券、身体障害者手帳、精神障害者保健福祉手帳、療育手帳、在留カード等
※身元(実存)確認のできる書類については、上記㋑以外にも提出可能な書類があります。ご不明な点等は年金事務所にお問い合わせください。
【窓口で提出される場合】
上記(1)マイナンバーカードまたは(2)の㋐と㋑１種類ずつの原本をご提示ください。
【郵送で提出される場合】
マイナンバーカードは、両面のコピーまたは(2)の㋐と㋑１種類ずつのコピーをご提出ください。

●ご記入いただいていない場合であっても、ご提出いただいた住民票情報等を基に、マイナンバー法に基づき、マイナンバーを登録させていただきます。マイナンバーの登録後は、年１回の現況の確認(現況届)や住所変更等の届出が原則不要になります。

→ (2)

14

機構独自項目

入力処理コード	年金コード	作成原因	❼ 進達番号
4 3 0 0 0 1	1 1 5 0	❻ 01	

●ご本人(年金を受ける方)が記入する箇所は □ (黄色)の部分です。

1．ご本人(年金を受ける方)について、ご記入ください。

(1)基礎年金番号と異なる記号番号の年金手帳等をお持ちの場合は、その年金手帳等の記号番号をすべてご記入ください。

厚生年金保険 国民年金 船員保険 の 手帳記号番号	–	–
	–	–

(2)以下の項目に該当しますか。「はい」または「いいえ」を○で囲んでください。

1	国民年金、厚生年金保険、または共済組合等の障害給付の受給権者で国民年金の任意加入をした方は、その期間について特別一時金を受けたことがありますか。	はい ・(いいえ)
2	昭和36年4月1日から昭和47年5月14日までに沖縄に住んでいたことがありますか。	はい ・(いいえ)

2．配偶者についてご記入ください。

配偶者について、基礎年金番号と異なる記号番号の年金手帳等をお持ちの場合は、その年金手帳等の記号番号をすべてご記入ください。

厚生年金保険 国民年金 船員保険 の 手帳記号番号	–	–
	–	–

3．その他の年金加入情報等についてご記入ください。

(1)個人で保険料を納める第四種被保険者、船員保険の年金任意継続被保険者となったことがありますか。　はい ・(いいえ)

①「はい」と答えたときは、その保険料を納めた年金事務所(社会保険事務所)の名称をご記入ください。

②その保険料を納めた期間をご記入ください。　昭和/平成　年　月　日 から 昭和/平成　年　月　日

③第四種被保険者(船員年金任意継続被保険者)の整理記号番号をご記入ください。　記号　　番号

(2)現在、次の年金または恩給のいずれかを受けることができる方は、その番号を○で囲んでください。

1 地方公務員の恩給　2 恩給法(改正前の執行官法附則第13条において、その例による場合を含む)による普通恩給
3 日本製鉄八幡共済組合の老齢年金または養老年金　4 旧外地関係または旧陸海軍関係共済組合の退職年金給付

15

年金請求書（国民年金・厚生年金保険老齢給付）（17〜18面）

4．振替加算に関する生計維持の申し立てについてご記入ください。

9ページで記入した配偶者と生計を同じくしていることを申し立てる。

請求者氏名	年金　太郎

【生計維持とは】
以下の２つの要件を満たしているとき、「生計維持されている」といいます。

①生計同一関係があること
例)・住民票上、同一世帯である。
・単身赴任、就学、病気療養等で、住所が住民票上は異なっているが、生活費を共にしている。

②ご本人(年金を受ける方)が収入要件を満たしていること
年収850万円(所得655.5万円)を将来にわたって有しないことが認められる。

ご本人(年金を受ける方)が配偶者によって生計維持されている場合

該当するものを○で囲んでください。

（1）ご本人(年金を受ける方)の年収は 850万円(所得655.5万円)未満ですか。

はい　・　いいえ	機構確認欄	(　　)印

（2）（1）で「いいえ」を○で囲んだ方は、ご本人の年収がこの年金の受給権(年金を受け取る権利)が発生したときから、おおむね 5年以内に 850万円(所得655.5万円)未満となる見込みがありますか。

はい　・　いいえ	機構確認欄	(　　)印

「はい」を○で囲んだ方は、添付書類が必要です。

年金事務所等の確認事項	
ア．健保等被扶養者(第3号被保険者)	エ．義務教育終了前
イ．加算額または加給年金額対象者	オ．高等学校等在学中
ウ．国民年金保険料免除世帯	カ．源泉徴収票・所得証明等

令和　○年　○月　○日　提出

17

「公的年金等の受給者の扶養親族等申告書」の記入方法

- 老齢年金は、所得税法の規定により、その支払いを受ける際に源泉徴収が行われます。
  そのため、配偶者控除等各種控除を受けるためには、原則として19ページの「公的年金等の受給者の扶養親族等申告書」（以下「申告書」という）を提出する必要があります。氏名、生年月日、住所、基礎年金番号をご記入いただき、下の「記入上の注意事項」をお読みいただいてから、必要事項をご記入ください。
- この申告書に記入した扶養親族等の状況に応じて所得控除を行い、源泉徴収税額の計算を行うことになります。
  また、所得税法の規定により、**扶養親族等の個人番号（マイナンバー）をご記入ください。**
  なお、**国民年金の老齢基礎年金のみの請求をする方は、源泉徴収等が不要な年金額のため記入する必要はありません。**
- 老齢年金から源泉徴収される所得税は、給与所得のように年末調整が行われないことから、その年に納付すべき税額との差額は確定申告により精算する必要があります（その年中の公的年金等の収入金額が400万円以下であり、かつ、その公的年金等の全部（源泉徴収を要しない公的年金等を除きます。）が源泉徴収の対象となる場合において、その年分の公的年金等に係る雑所得以外の所得金額が20万円以下であるときは、その年分の所得税について確定申告は要しません。）。
- 給与等の所得のある方が、その給与等の支払者に提出した「給与所得者の扶養控除等（異動）申告書」に記入した扶養親族等と同じ扶養親族等をこの申告書に記入した場合には、双方の所得について重複して所得控除が行われることになるため、確定申告により所得税額を納付することになる場合があります。

記入上の注意事項

あ 『源泉控除対象配偶者または障害者に該当する同一生計配偶者』欄は、下記（注）を参照し、該当する場合のみ、配偶者の氏名等を記入してください。
配偶者が「配偶者の区分」に記載されている年金収入に該当する場合は、「配偶者の区分」に○をつけてください。
12月31日現在で70歳以上の方については、『老人』を○で囲んでください。

（注）この欄に記入する配偶者は、請求者本人と生計を一にする配偶者で、配偶者の収入が「配偶者の区分」の記載に該当するか、合計所得金額が95万円以下となる方です。婚姻届を提出していない方は対象にはなりませんのでご注意ください。
また、配偶者の収入が「配偶者の区分」の記載を超えるか、合計所得金額が48万円を超える場合は、障害者控除、老人控除は受けることができません。

い 「控除対象扶養親族（16歳以上）」欄は、扶養親族のうち、年金を請求する年の12月31日現在で16歳以上の方をご記入ください。
・12月31日現在で19歳以上23歳未満の方については「特定扶養親族」に該当しますので、『特定』を○で囲んでください。
・12月31日現在で70歳以上の方については「老人扶養親族」に該当しますので、『老人』を○で囲んでください。
「扶養親族（16歳未満）」欄は、扶養親族のうち、年金を請求する年の12月31日現在で16歳未満の方をご記入ください。
・16歳未満の扶養親族については、扶養控除の対象外となりますが、障害者に該当する場合は障害者控除が適用されます。

「控除対象扶養親族（16歳以上）」欄および「扶養親族（16歳未満）」欄に記入する『扶養親族』とは、年金を受ける方と生計を同じくする配偶者以外の親族で、合計所得金額が48万円以下の方のことをいいます。

う 「障害」欄および「本人障害」欄は、普通障害者の場合は『普通障害』、特別障害者の場合は『特別障害』を○で囲んでください。
また、障害者に該当する方がいる場合は、「摘要」欄に、氏名、身体障害者手帳等の種類と交付年月日、障害の程度（等級など）をご記入ください。

『特別障害』とは、身体障害者等級が1級または2級に該当するか、重度の精神障害等をいい、『普通障害』とは、特別障害以外の障害をいいます。

え 「寡婦等」欄は、請求者本人が寡婦の場合は『寡婦』、ひとり親の場合は『ひとり親』を○で囲んでください。

・『寡婦』とは受給者ご本人で、以下の（1）または（2）のどちらかに該当する方のうち、ご本人の所得（年金を請求する年）の見積額が500万円以下である方をいいます。
（1）以下の①・②のどちらかに該当する方で、扶養親族（子以外）のある方
①夫と死別・離婚した後、婚姻していない方
②夫の生死が明らかでない方
（2）以下の①・②のどちらかに該当する方で、扶養親族のいない方
①夫と死別した後、婚姻していない方
②夫の生死が明らかでない方

・『ひとり親』とは、受給者ご本人で、以下のいずれかに該当する方のうち、生計を一にする子がいて、かつ、ご本人の所得（年金を請求する年）の見積額が500万円以下である方をいいます。
①配偶者と死別・離婚した後、婚姻していない方
②婚姻歴のない方
③配偶者の生死が明らかでない方

＊『生計を一にする子』とは、他の方の同一生計配偶者または扶養親族とされておらず、所得（年金を請求する年）の見積額が48万円以下の子をいいます。

＊住民票の続柄欄に「夫（未届）」、「妻（未届）」、またはこれらと同様の記載がある方は、『寡婦』および『ひとり親』には該当しません。

お 受給者本人の合計所得額が900万円を超える場合は、○をつけてください。

か 扶養親族等の対象者で別居している方がいる場合は、区分の『別居』を○で囲み、「摘要」欄に、その方の氏名と住所をご記入ください。
また、扶養親族等の対象者と同居している場合は、区分の『同居』を○で囲んでください。

き 「所得金額」欄は、年金を請求する年の所得金額（見積額）をご記入ください。
例えば、給与所得がある場合、給与の収入金額から給与所得控除額を差し引いた金額となります。

国外にお住まいの扶養親族等がいる場合の提出方法
控除対象となる配偶者または扶養親族が非居住者（※1）の場合は、その方の「1.非居住」を○で囲み、「摘要欄」にその方の氏名、住所、非居住である旨を記入し、親族関係書類（※2）を申告書と一緒に提出してください。
※1「非居住者」とは、国内に住所を有せず、かつ、現在まで引き続いて1年以上国内に居所を有しない方をいいます。
※2「親族関係書類」とは、次の①または②のいずれかの書類で、その非居住者があなたの配偶者または親族であることを証するものをいいます。
なお、これらの書類が外国語により作成されている場合には、日本語での翻訳文も必要になります。
①戸籍の附票の写しその他の国または地方公共団体が発行した書類およびその配偶者または扶養親族の旅券の写し
②外国政府または外国の地方公共団体が発行した書類（その配偶者または扶養親族の氏名、生年月日および住所または居所の記載があるものに限ります。）

「摘要」欄の記入例

う か 摘要	【障害に該当する方がいる場合の例】・○○　○○は、身体障害者手帳の１級（平成19年４月１日交付） 【別居している方がいる場合の例】・○○　○○の住所は東京都○○市△△　○丁目○番○号

18

5. 公的年金等の受給者の扶養親族等申告書についてご記入ください。

提出年	令和 0 年

1 1 5 0

（1） ご本人（年金を受ける方）の氏名、生年月日、住所、基礎年金番号を記入してください。
ご本人自身が障害者・寡婦等に該当しない場合は、下記事項を○で囲む必要はありません。

氏名	(フリガナ) ネンキン タロウ (氏) 年金 (名) 太郎	生年月日	1明 3大 5昭 00 年 5 月 27 日
住所	(フリガナ) スギナミ 000 1-2-3 杉並 市 区 町 村 000 1-2-3 建物名		
郵便番号	000-0000		
基礎年金番号	1234-123456		

提出日	令和 0 年 0 月 0 日 提出	う 本人障害	1. 普通障害 2. 特別障害
電話番号	03 − 0000 − XXXX	え 寡婦等	1. 寡婦 2. ひとり親
		お 本人所得	年間所得の見積額が 900万円を超える

（2） 上記の提出年の扶養親族等の状況についてご記入ください。
（ご本人に控除対象配偶者や扶養親族がない場合は、下記事項を記入する必要はありません）

	フリガナ 氏名 個人番号（マイナンバー）	続柄	生年月日 種別	う 障害	か 同居・別居の区分 非居住者	き 所得金額
あ 源泉控除対象配偶者または障害者に該当する同一生計配偶者	ネンキン ハナコ 年金 花子 2012 3456 7890	1. 夫 2. 妻	1明 3大 5昭 7平 00年2月15日 2. 老人	1. 普通障害 2. 特別障害	1. 同居 2. 別居 1. 非居住	28 万円（年間）
配偶者の区分	収入が年金のみで、以下のいずれかに該当する。 1. 65歳以上の場合、年金額が158万円以下 2. 65歳未満の場合、年金額が108万円以下	機構使用欄	1 本人所得900万円以下・配偶者所得48万円以下 2 本人所得900万円以下・配偶者所得48万円超95万円以下 3 本人所得900万円超・配偶者所得48万円以下			
控除対象扶養親族（16歳以上）	ネンキン カズオ 年金 一夫 0987 6543 2109	子	1明 3大 5昭 7平 9令 00年4月7日 1. 特定 2. 老人	1. 普通障害 2. 特別障害	1. 同居 2. 別居 1. 非居住	0 万円（年間）
い			1明 3大 5昭 7平 9令 年 月 日 1. 特定 2. 老人	1. 普通障害 2. 特別障害	1. 同居 2. 別居 1. 非居住	万円（年間）
扶養親族（16歳未満）			7平成 9令和 年 月 日	1. 普通障害 2. 特別障害	1. 同居 2. 別居 1. 非居住	万円（年間）
			7平成 9令和 年 月 日	1. 普通障害 2. 特別障害	1. 同居 2. 別居 1. 非居住	万円（年間）
う か 摘要						

＊提出年より前に年金が受けられる場合は、過去の年分の扶養親族等申告書をすべて提出していただくことになります。
（申告書は年金事務所に用意してあります）
＊「扶養親族（16歳未満）」欄は、地方税法第45条の3の3および第317条の3の3の規定による「公的年金等受給者の扶養親族申告書」の記載欄を兼ねています。
＊控除対象配偶者や扶養親族の個人番号を確認する書類は提出する必要はありません。

（年金の支払者） 官署支出官 厚生労働省年金局事業企画課長 法人番号 6000012070001

19

ひとことアドバイス　年金記録が事実と異なる場合は訂正の請求ができる

「ねんきん定期便」や「ねんきんネット」などで年金の加入記録を確認する際、事実と異なっているところがある場合には、訂正の請求を行うことができます。

●年金の訂正請求ができる主なケース

・厚生年金保険の記録がない。
・厚生年金保険に加入した日が就職した日より後になっている。
・厚生年金保険の資格を喪失した日が退職した日より前になっている。
・標準報酬月額が事実と異なっている。
・賞与から厚生年金保険料が控除されているのに、その記録がない。
・国民年金保険料を納付したはずなのに「未納」となっている。

●訂正請求のしかたとその後の流れ

年金の記録が事実と異なっていると思うときは、年金事務所に「訂正請求書」を提出します。年金事務所で年金記録の確認調査を行い、記録を訂正できるものは、年金事務所で速やかに記録が訂正されます。既に年金を受け取っている人の場合は、訂正後の記録に基づいて年金額が変更されます。また、年金事務所で記録を訂正できないものについては、訂正請求書が地方厚生支局に送られ、地方厚生支局で関連資料や周辺事情の収集・調査が行われます。

※地方厚生支局の調査員が必要に応じて訂正請求をした本人や関係する法人・行政機関などに連絡する場合がある。地方年金記録訂正審議会（弁護士、社会保険労務士、税理士などの有識者による会議）において、国民の立場に立って公平かつ公正に審議することになっている。

●証拠資料等になるもの

関係資料：給与明細書、源泉徴収票、預貯金通帳、勤務先の辞令など
周辺事情：事業主・総務担当・同僚の証言、本人・配偶者の保険料納付状況など
証言者：当時の勤務状況、給与や賞与からの厚生年金保険料控除の有無、国民年金保険料の納付状況について記憶のある人など

●訂正請求にあたって注意すること

年金記録の訂正を求めようとするときは、訂正しようとする期間の年金加入状況や保険料の納付状況などがわかる関連資料を集め、できる限り思い出しておきましょう。また、年金記録について証言等ができる人を準備しておくことも重要です。

年金
10
働きながらもらう年金が在職老齢年金

60歳を過ぎても現役として働くことは、すでにあたりまえのこととなりました。働きながら年金を受け取る場合には、65歳までの特別支給の老齢厚生年金及び65歳からの老齢厚生年金が収入に応じてカットされるようになっています（ただし、老齢基礎年金はカットされずに支給されます）。
このカットされて支給される年金を「在職老齢年金」といいます。

60歳以上65歳未満の人の場合

被保険者が65歳未満で在職中の場合には、支給される老齢厚生年金の月額は総報酬月額相当額によって、次のようになっています。

①総報酬月額相当額とは、現在の標準報酬月額に過去1年間の標準賞与額を12で除して得た額を加えた額をいう。

②基本月額とは、老齢厚生年金額を12で除して得た額をいう。

総報酬月額相当額と基本月額の合計が50万円以下の人の支給額 → 基本月額＝年金額×$\frac{1}{12}$（全額支給）

総報酬月額相当額と基本月額の合計が50万円を超える人の支給額 → 基本月額－（総報酬月額相当額＋基本月額－50万円）×$\frac{1}{2}$※

※超過部分の2分の1の額の老齢厚生年金が支給停止される

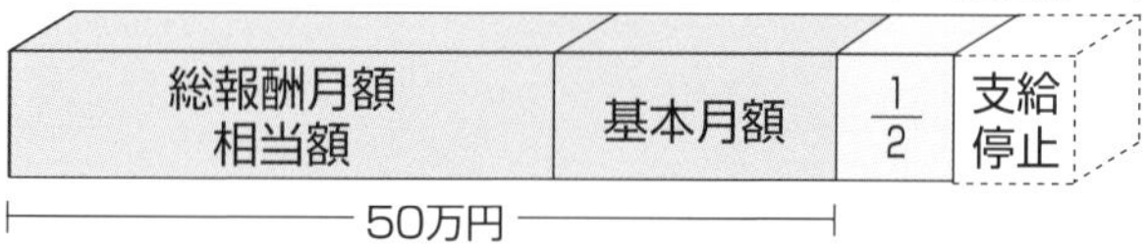

（注）令和6年度。数字がマイナスのときは0となる

65歳以上の人の場合

65歳以上の人が厚生年金保険の被保険者である場合には、総報酬月額相当額（標準報酬月額+過去1年間の標準賞与額の12分の1）と老齢厚生年金（報酬比例部分）の月額の合計額（基本月額）に応じて、老齢厚生年金の一部もしくは全部が支給停止となる場合があります。

ただし、老齢基礎年金については、総報酬月額相当額の額にかかわらず支給停止とはならず、全額が支給されます。

70歳以上75歳未満の人は、健康保険(被用者保険)の被保険者となりますが、厚生年金の被保険者にはなりません。しかし、厚生年金の被保険者でなくても、前記の総報酬月額相当額と老齢厚生年金の月額との合計額(基本月額）に応じて支給停止されることがあります。

65歳以上の人の在職老齢年金（令和6年度）

①総報酬月額相当額と老齢厚生年金（報酬比例部分）の月額（基本月額）の合計額が50万円に達するまでは、老齢基礎年金・老齢厚生年金ともに全額が支給されます。

②総報酬月額相当額と老齢厚生年金（報酬比例部分）の月額（基本月額）の合計額が50万円を超える場合は、超過部分の2分の1の額の老齢厚生年金が支給停止となります。

1か月あたりの支給停止額 ＝ （総報酬月額相当額＋基本月額－50万円）× $\frac{1}{2}$

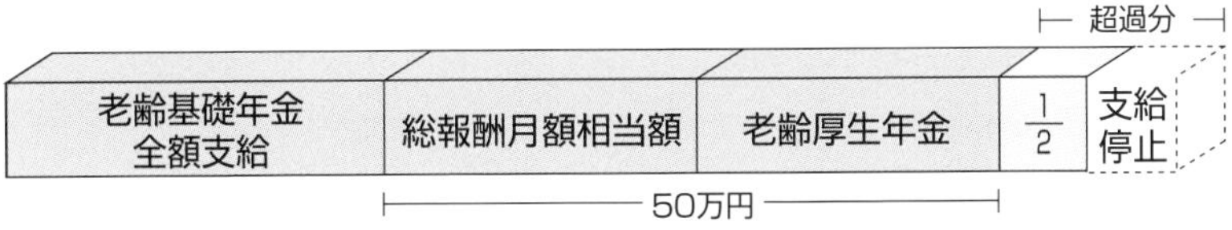

年金 11

老齢年金の繰り上げ支給と繰り下げ支給は十分考えて

老齢基礎年金・老齢厚生年金（以下、老齢年金といいます）は、本来65歳から支給されますが、本人が希望すれば60～64歳の間で早めに受けることができます。これを「繰り上げ支給」といいます。反対に、65歳からの支給を遅らせて75歳※までの間で受けることを希望する「繰り下げ支給」の制度もあります。繰り上げ支給は本来受け取る年金額より少ない額を一生受け取ることになり、反対に「繰り下げ支給」は本来受け取る年金額より増えた額を一生受け取ることができます。

※令和４年４月より75歳までに拡大された。

繰り上げ支給と繰り下げ支給の逓増減率

老齢基礎年金の繰り上げ支給の減額率と、繰り下げ支給の増額率は、次の図のようになっています。

●老齢基礎年金の減額率と増額率

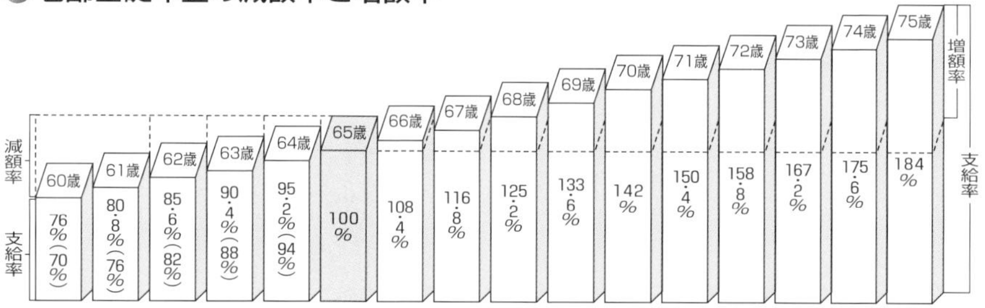

老齢年金の繰り上げ支給申請時の減額率は、令和4年度に60歳になる人から、65歳を基準として1か月早めるごとに0.4%の率が減額されることになり、60歳で支給を受ける場合の減額率は24%で、支給率は76%になります。逆に65歳を過ぎ75歳までに繰り下げて老齢基礎年金を申請する人の増額率も月単位に変更され、1か月遅く申請するごとに0.7%の率で増額され、70歳で繰り下げ支給の申請をすると42%増の老齢年金となり、75歳まで繰り下げると84%増の老齢年金を受け取ることになります。なお、年金を繰り下げることで年金額は増えますが、社会保険料や税金も通常増えるので、手取り額はそこまで増えないでしょう。

※繰り上げ減額率が１月あたり－0.4%になるのは昭和37年４月２日以降生まれの人、70歳以降75歳まで繰り下げ支給の請求ができるのは昭和27年４月２日以降生まれの人である。

繰り上げ支給・繰り下げ支給の損得表①（令和4年改正後）

□ の範囲内であれば65歳支給よりも累計額が多く(得に)なる。

	繰り下げ支給										通常	繰り上げ支給				
支給開始	75歳	74歳	73歳	72歳	71歳	70歳	69歳	68歳	67歳	66歳	65歳	64歳	63歳	62歳	61歳	60歳
年齢	累計											累計				
60歳																0.760
61歳															0.808	1.520
62歳														0.856	1.616	2.280
63歳													0.904	1.712	2.424	3.040
64歳												0.952	1.808	2.568	3.232	3.800
65歳											1.000	1.904	2.712	3.424	4.040	4.560
66歳										1.084	2.000	2.856	3.616	4.280	4.848	5.320
67歳									1.168	2.168	3.000	3.808	4.520	5.136	5.656	6.080
68歳								1.252	2.336	3.252	4.000	4.760	5.424	5.992	6.464	6.840
69歳							1.336	2.504	3.504	4.336	5.000	5.712	6.328	6.848	7.272	7.600
70歳						1.420	2.672	3.756	4.672	5.420	6.000	6.664	7.232	7.704	8.080	8.360
71歳					1.504	2.840	4.008	5.008	5.840	6.504	7.000	7.616	8.136	8.560	8.888	9.120
72歳				1.588	3.008	4.260	5.344	6.260	7.008	7.588	8.000	8.568	9.040	9.416	9.696	9.880
73歳			1.672	3.176	4.512	5.680	6.680	7.512	8.176	8.672	9.000	9.520	9.944	10.272	10.504	10.640
74歳		1.756	3.344	4.764	6.016	7.100	8.016	8.764	9.344	9.756	10.000	10.472	10.848	11.128	11.312	11.400
75歳	1.840	3.512	5.016	6.352	7.520	8.520	9.352	10.016	10.512	10.840	11.000	11.424	11.752	11.984	12.120	12.160
76歳	3.680	5.268	6.688	7.940	9.024	9.940	10.688	11.268	11.680	11.924	12.000	12.376	12.656	12.840	12.928	12.920
77歳	5.520	7.024	8.360	9.528	10.528	11.360	12.024	12.520	12.848	13.008	13.000	13.328	13.560	13.696	13.736	13.680
78歳	7.360	8.780	10.032	11.116	12.032	12.780	13.360	13.772	14.016	14.092	14.000	14.280	14.464	14.552	14.544	14.440
79歳	9.200	10.536	11.704	12.704	13.536	14.200	14.696	15.024	15.184	15.176	15.000	15.232	15.368	15.408	15.352	15.200
80歳	11.040	12.292	13.376	14.292	15.040	15.620	16.032	16.276	16.352	16.260	16.000	16.184	16.272	16.264	16.160	15.960
81歳	12.880	14.048	15.048	15.880	16.544	17.040	17.368	17.528	17.520	17.344	17.000	17.136	17.176	17.120	16.968	16.720
82歳	14.720	15.804	16.720	17.468	18.048	18.460	18.704	18.780	18.688	18.428	18.000	18.088	18.080	17.976	17.776	17.480
83歳	16.560	17.560	18.392	19.056	19.552	19.880	20.040	20.032	19.856	19.512	19.000	19.040	18.984	18.832	18.584	18.240
84歳	18.400	19.316	20.064	20.644	21.056	21.300	21.376	21.284	21.024	20.596	20.000	19.992	19.888	19.688	19.392	19.000
85歳	20.240	21.072	21.736	22.232	22.560	22.720	22.712	22.536	22.192	21.680	21.000	20.944	20.792	20.544	20.200	19.760
86歳	22.080	22.828	23.408	23.820	24.064	24.140	24.048	23.788	23.360	22.764	22.000	21.896	21.696	21.400	21.008	20.520
87歳	23.920	24.584	25.080	25.408	25.568	25.560	25.384	25.040	24.528	23.848	23.000	22.848	22.600	22.256	21.816	21.280
88歳	25.760	26.340	26.752	26.996	27.072	26.980	26.720	26.292	25.696	24.932	24.000	23.800	23.504	23.112	22.624	22.040
89歳	27.600	28.096	28.424	28.584	28.576	28.400	28.056	27.544	26.864	26.016	25.000	24.752	24.408	23.968	23.432	22.800
90歳	29.440	29.852	30.096	30.172	30.080	29.820	29.392	28.796	28.032	27.100	26.000	25.704	25.312	24.824	24.240	23.560

※係数に老齢基礎年金の額816,000円（令和６年度の満額。昭和31年４月１日以前生まれの人は813,700円）を乗じれば、およその累計額が算出される。

繰り上げ支給・繰り下げ支給の損得表②（令和4年改正前）

□ の範囲内であれば65歳支給よりも累計額が多い（得）

	繰り下げ支給					通常	繰り上げ支給				
支給開始	70歳	69歳	68歳	67歳	66歳	65歳	64歳	63歳	62歳	61歳	60歳
年齢	累計						累計				
60歳											0.700
61歳										0.760	1.400
62歳									0.820	1.520	2.100
63歳								0.880	1.640	2.280	2.800
64歳							0.940	1.760	2.460	3.040	3.500
65歳						1.000	1.880	2.640	3.280	3.800	4.200
66歳					1.084	2.000	2.820	3.520	4.100	4.560	4.900
67歳				1.168	2.168	3.000	3.760	4.400	4.920	5.320	5.600
68歳			1.252	2.336	3.252	4.000	4.700	5.280	5.740	6.080	6.300
69歳		1.336	2.504	3.504	4.336	5.000	5.640	6.160	6.560	6.840	7.000
70歳	1.420	2.672	3.756	4.672	5.420	6.000	6.580	7.040	7.380	7.600	7.700
71歳	2.840	4.008	5.008	5.840	6.504	7.000	7.520	7.920	8.200	8.360	8.400
72歳	4.260	5.344	6.260	7.008	7.588	8.000	8.460	8.800	9.020	9.120	9.100
73歳	5.680	6.680	7.512	8.176	8.672	9.000	9.400	9.680	9.840	9.880	9.800
74歳	7.100	8.016	8.764	9.344	9.756	10.000	10.340	10.560	10.660	10.640	10.500
75歳	8.520	9.352	10.016	10.512	10.840	11.000	11.280	11.440	11.480	11.400	11.200
76歳	9.940	10.688	11.268	11.680	11.924	12.000	12.220	12.320	12.300	12.160	11.900
77歳	11.360	12.024	12.520	12.848	13.008	13.000	13.160	13.200	13.120	12.920	12.600
78歳	12.780	13.360	13.772	14.016	14.092	14.000	14.100	14.080	13.940	13.680	13.300
79歳	14.200	14.696	15.024	15.184	15.176	15.000	15.040	14.960	14.760	14.400	14.000
80歳	15.620	16.032	16.276	16.352	16.260	16.000	15.980	15.840	15.580	15.200	14.700
81歳	17.040	17.368	17.528	17.520	17.344	17.000	16.920	16.720	16.400	15.960	15.400
82歳	18.460	18.704	18.780	18.688	18.428	18.000	17.860	17.600	17.220	16.720	16.100
83歳	19.880	20.040	20.032	19.856	19.512	19.000	18.800	18.480	18.040	17.480	16.800
84歳	21.300	21.376	21.284	21.024	20.569	20.000	19.740	19.360	18.860	18.240	17.500
85歳	22.720	22.712	22.536	22.192	21.680	21.000	20.680	20.240	19.680	19.000	18.200

年金 12

年金をもらい続けるには毎年現況を確認する

年金の請求手続きが済んだあと、引き続き年金を受け取るために、原則として「住基ネット」を活用した現況確認が行われるようになりました。しかし、住所や振込口座に変更があったり、加給年金対象者に異動があったりした場合等は、変更届を提出しなければなりません。年金を受けている人は、何らかの変更があった場合にはそのつど年金事務所や市区町村役場に聞いて確かめておくようにしましょう。

現況届の提出は原則不要に

これまで年金受給者の現況確認は、年１回、ハガキ形式の現況届を提出していましたが、手続きの簡素化や事務処理の効率化から、住基ネットを活用して現況確認を行うことになりました。これにより、現況届の提出が原則として不要になり、住基ネットを使用して現況確認ができた受給者には、引き続き年金が支給されます。

●引き続き、現況届を提出する場合

現況届の提出が不要となるのは、日本年金機構で住基ネットに現況確認を行うために必要となる住民票コードが確認できた年金受給者に限られます。このため、次の場合にはこれまでどおり現況届の提出が必要となります。

〔現況届の提出が必要となる主な例〕

ア．日本年金機構が管理している年金受給者の基本情報(氏名、生年月日、性別、住所)が住基ネット(住民票)に保存されている基本情報と相違している人

イ．外国籍（外国人登録）の人

ウ．外国に住んでいる人　など

現況届の提出が必要となる年金受給者には、誕生月の前月末ごろに日本年金機構から現況届が送付されます。この場合は、誕生月の末日までに日本年金機構に必ず届くように現況届を提出します。

●現況届以外の届出が必要となる場合

住基ネットで確認できるのは年金受給者本人の現況確認だけなので、加給年金額等が加算されている場合や障害の程度を確認する必要がある

場合には、日本年金機構から送付される届け書の提出が必要となります。

年金受給者にもいろいろな手続きがある

年金受給者の主な手続きとして、次のようなものが考えられます。何か変更があったときは自分で判断しないで、年金事務所または市区町村役場に確認して必ず手続きをしましょう。

すべての年金に共通する手続き

どういうときに	何を	主な添付書類	いつまでに
誕生日が来たとき（送付された場合）	年金受給権者現況届（ハガキ）	なし	誕生月の末日
氏名が変わったとき	年金受給権者氏名変更届	年金証書	10日以内（国民年金は14日以内）
住所が変わったとき	年金受給権者住所変更・居所登録届	なし	10日以内（国民年金は14日以内）
受け取り金融機関を変更したとき	年金受給権者受取機関変更届	なし	10日以内（国民年金は14日以内）
年金を受けている人が死亡したとき	年金受給権者死亡届	年金証書・死亡診断書	10日以内（国民年金は14日以内）
死亡による未払いの年金を受けるとき	未支給年金・未支払給付金請求書	年金証書、戸籍謄本、生計を共にしていたことの証明書類等	すみやかに
二つ以上の年金が受けられるようになったとき	年金受給選択申出書	なし	すみやかに
年金証書を紛失または毀損《きそん》したとき	年金証書再交付申請書	毀損のときはその年金証書	そのつど

■ 老齢給付に関する手続き

どういうときに	何を	主な添付書類	いつまでに
加算額（加給年金額）の対象者が死亡したときなど	加算額・加給年金額対象者不該当届	なし	10日以内（国民年金は14日以内）
年金受給権者が雇用保険法等による給付が受けられるとき	老齢厚生・退職共済年金受給権者支給停止事由該当届	雇用保険受給資格者証または高年齢雇用継続給付支給決定通知書	すみやかに
支給停止事由がなくなったとき	老齢・障害給付受給権者支給停止事由消滅届	年金証書等、市区町村長の証明書または戸籍抄本	すみやかに

■ 障害給付に関する手続き

どういうときに	何を	主な添付書類	いつまでに
支給停止事由がなくなったとき	老齢・障害給付受給権者支給停止事由消滅届	診断書など	すみやかに
障害給付の受給者の障害の程度が重くなったとき	障害給付額改定請求書	診断書など	すみやかに
障害給付の受給者が定められた程度の障害の状態に該当しなくなったとき	障害給付受給権者障害不該当届	なし（旧国年は国民年金証書）	すみやかに

■ 遺族給付に関する手続き

どういうときに	何を	主な添付書類	いつまでに
遺族給付の受給者が結婚したときなど	遺族年金失権届	年金証書	10日以内（国民年金は14日以内）
加算額（加給年金額）の対象者が死亡したときなど	加算額・加給年金額対象者不該当届	なし	10日以内（国民年金は14日以内）
遺族給付の支給停止事由がなくなったとき	遺族年金受給権者支給停止事由消滅届	市区町村長の証明書または戸籍抄本	すみやかに

ひとことアドバイス

離婚時の厚生年金の分割制度が導入

平成19年4月1日以降に離婚する場合、夫婦が結婚していた期間分の夫と妻それぞれの厚生年金の合計額について、2分の1を上限として2人で協議して分割できるようになりました。ただし、年金分割の効果は厚生年金や共済年金の報酬比例部分（いわゆる「2階部分」）に限られ、「1階部分」である基礎年金等や「3階部分」である厚生年金基金の上乗せ給付や確定給付企業年金等の給付は分割されません。また、原則として離婚をした日の翌日から2年以内に年金分割の請求をする必要があります。

対象：平成19年4月以後に離婚する夫婦。ただし、老齢厚生年金を受給するには、本人の年金加入期間（分割を受けた期間を除く）が、原則10年以上必要です。なお、事実上の婚姻関係にある人も対象になりますが、その場合、分割の対象になるのは、被扶養配偶者として国民年金の第3号被保険者と認定されていた期間に限られます。

手続：年金分割の請求書に戸籍謄本や分割割合を定めた必要書類を添付して年金事務所へ提出します。なお、当事者間で年金分割の合意がまとまらない場合、離婚当事者のどちらかの求めにより、裁判手続で按分割合を定めることができます。

年金 13

配偶者が亡くなったときの遺族年金はこうなる

国民年金とか厚生年金保険といえば老齢年金だけを思い浮かべがちですが、遺族年金や障害年金もあります。特に遺族年金は、被保険者や老齢年金の受給権者あるいは障害年金（1級・2級）の受給権者等が死亡したとき等に、一定の遺族に対して支給されるものです。遺族が妻※と子の場合あるいは子だけの場合に遺族基礎年金が支給され、さらに遺族厚生年金の要件を満たしていれば、厚生年金からも支給されることになります。遺族厚生年金の遺族の範囲は遺族基礎年金より広くなっています。

遺族厚生年金が受けられる遺族の範囲

遺族厚生年金は厚生年金保険に加入している人、老齢厚生年金や障害厚生年金（1級または2級）を受けられる人、または老齢厚生年金の受給資格期間を満たしている人（保険料納付済期間＋免除期間等が25年以上）、もしくは厚生年金保険加入中に初診日のある傷病で初診日から5年以内に亡くなった人に生計を維持されていた次の人に対して支給されます（優先順位あり）。

遺族厚生年金が受けられる遺族

妻

子または孫

18歳に達した年度末までか、または20歳未満で障害等級1級または2級の障害状態の人で、かつ現に婚姻していない人

夫・父母・祖父

死亡当時55歳以上であること（支給は60歳から）

＊平成8年3月31日までの死亡の場合は、平成8年4月以降も障害等級1・2級であれば、55歳未満でもよい

※子のある妻または子が遺族厚生年金を受けられるときは、同時に遺族基礎年金も受けられる。また、平成26年4月からは、死亡した妻によって生計を維持されていた「子のある夫」にも遺族基礎年金が支給される。

遺族年金はまじめに保険料を支払っていなければもらえない

遺族年金を受けるためには、加入期間中に保険料をきちんと支払っていることが重要な要件の1つです。ずっと第2号被保険者だった人はまず問題ありませんが、転職した人などで第1号被保険者の期間がある人は確認しましょう。

受給要件

死亡日の属する月の前々月までの保険料を納付すべき期間のうち、3分の2以上が保険料納付済期間または保険料免除期間であること（滞納期間が3分の1を超えていないこと）。

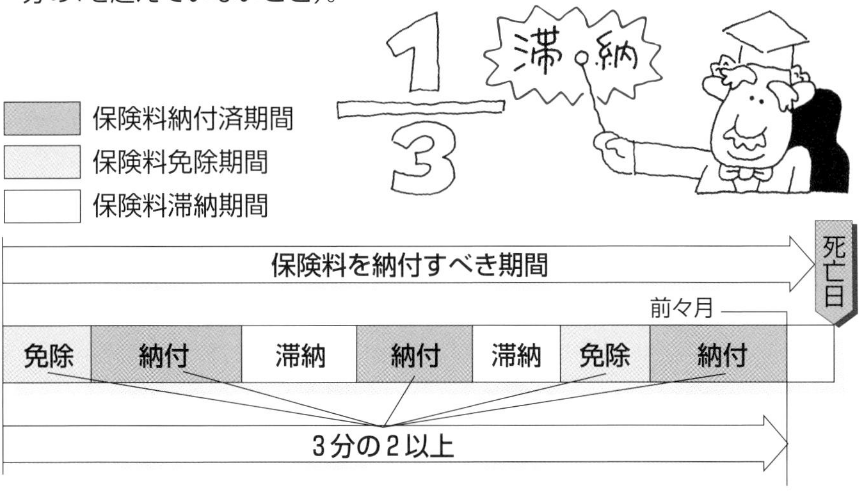

令和8年3月31日までの特例による受給要件

令和8年3月31日までに死亡した場合は、死亡日の属する月の前々月までの1年間に保険料の滞納期間がなければ、上記の本来の受給要件に該当していなくても特例として受けられる。

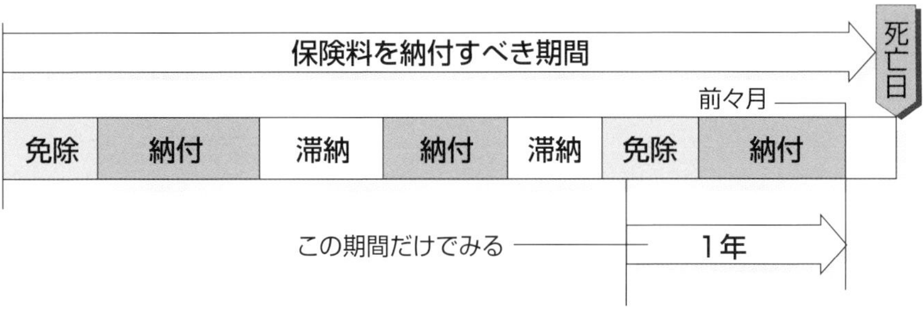

遺族年金の額は子のある妻が多くもらえる

遺族年金は、遺族が子のある妻の場合または子のみの場合には、遺族基礎年金に遺族厚生年金が上積みする形で支給されます。また、遺族が子のない妻や55歳以上の夫・父母・祖父母等の場合には遺族基礎年金は支給されませんが、遺族厚生年金が支給されます。遺族厚生年金の額は老齢厚生年金の額の4分の3が基本となっています。

遺族年金の支給

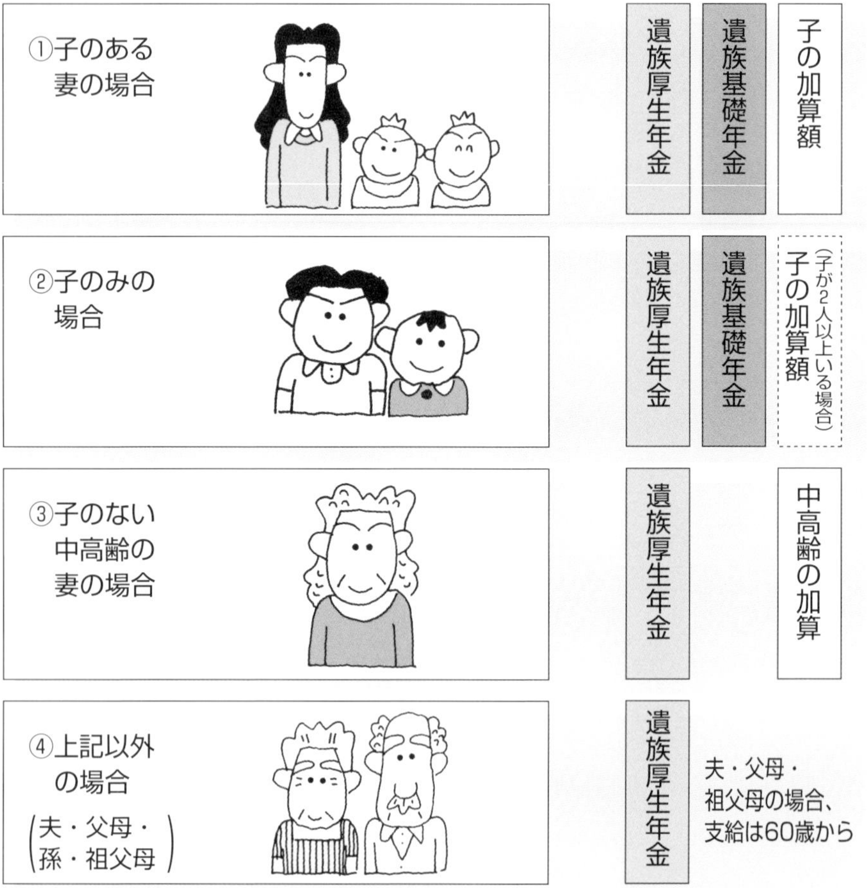

※子とは18歳未満の子（18歳に達した年度の3月までの子を含む）または障害等級1級・2級の20歳未満の子で、現に婚姻していない子をいう。平成 26 年 4 月からは、死亡した妻によって生計を維持されていた「子のある夫」にも遺族基礎年金が支給される。

在職中に死亡した場合等

①子のある妻の場合の遺族年金額

遺族厚生年金 $=(A+B)\times\frac{3}{4}$（全被保険者月数が300月ないときは（A+B）×300／全被保険者月数×$\frac{3}{4}$となる）

A※[H15.3までの期間分]：平均標準報酬月額×$\frac{9.5\sim7.125^{※1}}{1000}$×被保険者月数※2

B※[H15.4以降の期間分]：平均標準報酬額×$\frac{7.038\sim5.481^{※1}}{1000}$×被保険者月数※2

※1 乗率はP124～125の表により生年月日ごとに定められた率（従前保障計算の場合は旧乗率）
※2 被保険者月数は実際の月数

遺族基礎年金 ＝816,000円

子の加算額 ＝1人めおよび2人めは1人あたり 234,800円
3人目以降1人あたり 78,300円

子が1人いる妻	1,050,800円＋遺族厚生年金
子が2人いる妻	1,285,600円＋遺族厚生年金
子が3人いる妻	1,363,900円＋遺族厚生年金

（令和６年度価額）

②子のみの場合の遺族年金額

遺族厚生年金 $=(A+B)\times\frac{3}{4}$（全被保険者月数が300月ないときは（A+B）×300／全被保険者月数×$\frac{3}{4}$となる）

A※[H15.3までの期間分]：平均標準報酬月額×$\frac{9.5\sim7.125^{※1}}{1000}$×被保険者月数※2

B※[H15.4以降の期間分]：平均標準報酬額×$\frac{7.038\sim5.481^{※1}}{1000}$×被保険者月数※2

※1 乗率はP124～125の表により生年月日ごとに定められた率（従前保障計算の場合は旧乗率）
※2 被保険者月数は実際の月数

遺族基礎年金 ＝816,000円（子１人めの分）

子の加算額 ＝2人め234,800円
3人め以降1人あたり78,300円

子が1人の場合	816,000円＋遺族厚生年金
子が2人の場合	1,050,800円＋遺族厚生年金
子が3人の場合	1,129,100円＋遺族厚生年金

（令和６年度価額）

※従前保障計算の場合、上記A、Bの式にそれぞれ従前額改定率（令和６年度は1.041）を掛ける。

③子のない40～64歳の中高齢の妻の場合の遺族年金額

中高齢の加算 ＝ 40歳から612,000円（被保険者期間が20年以上のみ）
65歳になると生年月日に応じた経過的寡婦加算に切り替わる。

遺族厚生年金 ＝(A＋B) × $\frac{3}{4}$（全被保険者月数が300月ないときは（A＋B）×300／全被保険者月数× $\frac{3}{4}$ となる）

A※[H15.3までの期間分]：平均標準報酬月額× $\frac{9.5\sim7.125^{※1}}{1000}$ ×被保険者月数※2

B※[H15.4以降の期間分]：平均標準報酬額× $\frac{7.038\sim5.481^{※1}}{1000}$ ×被保険者月数※2

※1 乗率はP124～125の表により生年月日ごとに定められた率（従前保障計算の場合は旧乗率）
※2 被保険者月数は実際の月数

④子のない40歳未満の妻・夫・父母・祖父母または孫が受ける遺族年金

遺族厚生年金 ＝(A＋B) × $\frac{3}{4}$（全被保険者月数が300月ないときは（A＋B）×300／全被保険者月数× $\frac{3}{4}$ となる）

A※[H15.3までの期間分]：平均標準報酬月額× $\frac{9.5\sim7.125^{※1}}{1000}$ ×被保険者月数※2

B※[H15.4以降の期間分]：平均標準報酬額× $\frac{7.038\sim5.481^{※1}}{1000}$ ×被保険者月数※2

※1 乗率はP124～125の表により生年月日ごとに定められた率（従前保障計算の場合は旧乗率）
※2 被保険者月数は実際の月数
※3 平成19年4月以降は、子のいない妻で、夫の死亡時に妻が30歳以上40歳未満の場合は、遺族厚生年金のみを受けることができる。
※4 平成19年4月以降は、子のいない妻で、夫の死亡時に妻が30歳未満の場合は、遺族厚生年金のみを5年間だけ受けることができる（有期年金）。

※従前保障計算の場合、上記A、Bの式にそれぞれ従前額改定率（令和６年度は1.041）を掛ける。

65歳以上の配偶者に支給される遺族厚生年金

夫（妻が夫を扶養していた場合には妻）が死亡したときに受けられる遺族厚生年金については、勤務して社会保険料を支払っている人と専業主婦のように保険料を支払っていない人とで同じ年金額しかもらえないという不満の声が以前からありました。そこで、年金法の改正により、平成19年4月からはまず妻自身の老齢基礎年金に加えて、妻自身の老齢厚生年金は全額支給することを基本として、従来遺族となった場合に受給できる遺族厚生年金の額と妻自身の老齢厚生年金の額との差額を遺族厚生年金として支給するしくみとなりました。

妻も働いていた場合の遺族年金

65歳以降で遺族年金の受給権のある妻（配偶者）が、自分自身の老齢厚生年金も受けられる場合は、自分が納めてきた保険料を年金額に反映させるため、まず自分の老齢厚生年金を全額受給し、遺族厚生年金は自分の老齢厚生年金を上回る場合に差額が支給されるようになりました。

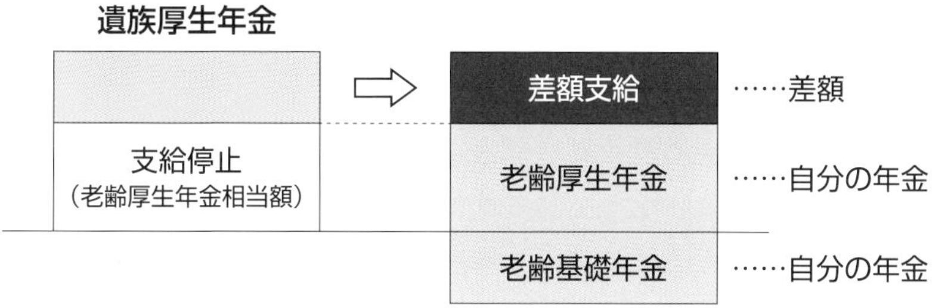

遺族厚生年金の算出方法と老齢厚生年金との関係

夫（配偶者）の死亡による遺族厚生年金の算出方法

平成19年4月1日以降に受給権が発生した夫（配偶者）の死亡による遺族厚生年金の額は、次のA・Bのうちいずれか高い方の額となります。

A　夫（配偶者）の死亡による遺族厚生年金の額
　＝｛夫（配偶者）の老齢厚生年金の報酬比例部分の4分の3の額｝

B　夫（配偶者）の死亡による遺族厚生年金の額
　＝｛夫（配偶者）の老齢厚生年金の報酬比例部分の4分の3｝の3分の2の額

＋

妻（残された人）の老齢厚生年金の額の2分の1の額

遺族厚生年金と老齢厚生年金の受給方法

1．妻（残された人）の老齢厚生年金は全額受給

2．上記AとBのいずれか高い額と妻（残された人）自身の老齢厚生年金の額を比較し、自分の老齢厚生年金の額の方が少ない場合はその差額を受給（遺族厚生年金のうち、老齢厚生年金に相当する額は支給停止）

年金 14

障害状態になったときは障害年金がもらえる

被保険者が病気、ケガによって一定の障害状態になれば障害給付の対象となります。障害の状態が1級または2級の場合で、要件を満たしていれば障害基礎年金が支給され、厚生年金保険の加入者には障害厚生年金も支給されます。3級の障害者には障害厚生年金が、また3級より軽い障害者には障害手当金がそれぞれ厚生年金独自の給付として支給対象となります。ただし、誰でももらえるというのではなく、①初診日に年金に加入していたこと、②障害認定日において障害の状態にあること、③保険料納付済期間が加入期間の3分の2以上あること等の要件を満たしていなければなりません。

障害厚生年金の等級は1級から3級まである

障害厚生年金の等級は「障害等級表」により、重いほうから1級、2級、3級と細かく定められています。なお平成18年4月から、65歳以上の人については、障害基礎年金と老齢厚生年金、障害基礎年金と遺族厚生年金の組み合わせについては、併給することが可能になりました。

●障害等級

1級障害	2級障害	3級障害
日常生活にも他人の介護を必要とする程度のもの 	必ずしも他人の介護は必要ではないが、日常生活が困難で、労働して収入を得ることができない程度のもの 	労働するのに著しい困難があり、労働が制限される程度のもの 

障害年金は1級と2級は2階建て、3級は2階部分のみである

障害年金は1級から3級まで、次のようなしくみになっています。厚生年金保険の加入者の場合には、2階部分があります。

障害年金の2階建て構造

2階部分	障害厚生年金 1級	加給年金	障害厚生年金 2級	加給年金	障害厚生年金 3級
1階部分	障害基礎年金 1級	子の加算	障害基礎年金 2級	子の加算	
	↑ 1級障害		↑ 2級障害		↑ 3級障害

障害年金はまじめに保険料を支払っていないともらえない

障害年金を受けるためには、加入期間中に保険料をきちんと支払っていること等のほか、次の要件が必要です。第2号被保険者のみの人はまず問題ありませんが、転職をした人等で第1号被保険者の期間がある人は確認しましょう。

> ①初診日の前日において、初診日の属する月の前々月までの加入すべき期間のうち、3分の2以上が保険料納付済期間または保険料免除期間であること（滞納期間が3分の1を超えていないこと）

受給の要件

保険料納付済期間
保険料免除期間
保険料滞納期間

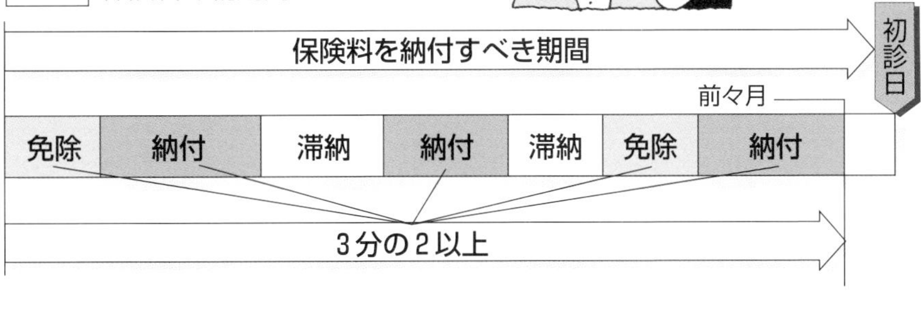

特例による受給要件（令和8年3月31日までの特例）

令和8年3月31日までに初診日がある場合は、初診日の属する月の前々月までの1年間に保険料の滞納期間がなければ、上記の原則的受給要件に該当していなくても特例として受けられる。

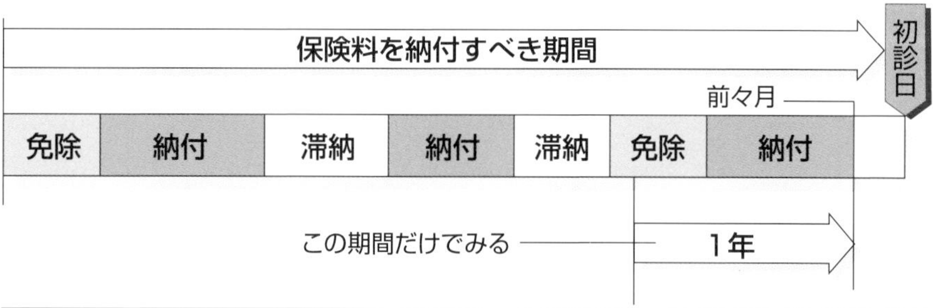

②初診日から1年6か月経過した日（障害認定日）またはその日までに傷病が治り、1級から3級までの障害等級に該当すること

③初診日が年金加入中にあるか、または20歳前にあること

障害年金1級から3級の年金額の計算方法

障害年金の額の計算方法は次の通りです（厚生年金保険に加入している人の場合）。

障害等級1級の場合

障害厚生年金 1級 (A＋B)×1.25 (全被保険者月数が300月ないときは(A+B)×300／全被保険者月数×1.25)	加給年金

A[※][H15.3までの期間分]
平均標準報酬月額×1000分の7.125[※1]×被保険者月数
B[※][H15.4以降の期間分]
平均標準報酬月額×1000分の5.481[※1]×被保険者月数
加給年金額（配偶者）――234,800円

＋

障害基礎年金 1級	子の加算

障害基礎年金1級（定額）――1,020,000円
子の加算　2人めまで1人につき　234,800円
　　　　　3人めから1人につき　78,300円

（令和6年度価額）

障害等級2級の場合

障害厚生年金 2級 A＋B (全被保険者月数が300月ないときは (A+B)×300／全被保険者月数)	加給 年金	A※[H15.3までの期間分] 平均標準報酬月額×1000分の7.125※1×被保険者月数 B※[H15.4以降の期間分] 平均標準報酬月額×1000分の5.481※1×被保険者月数 加給年金額（配偶者）――――234,800円

＋

障害基礎年金 2級	子の 加算	障害基礎年金の額（定額）――――816,000円 子の加算　2人めまで1人につき　234,800円 3人めから1人につき　78,300円

（令和 6 年度価額）

※障害厚生年金1級または2級の場合で、障害基礎年金が支給されない場合には、障害厚生年金3級の最低保障額の規定が適用される。

障害等級3級の場合

障害厚生年金 3級 A＋B (全被保険者月数が300月ないときは (A+B)×300／全被保険者月数)	A※[H15.3までの期間分] 平均標準報酬月額×1000分の7.125※1×被保険者月数 B※[H15.4以降の期間分] 平均標準報酬月額×1000分の5.481※1×被保険者月数

最低保障額は、612,000円（昭和31年4月2日以降生まれの人の令和 6 年度価額）

※1　従前保障計算の場合は旧乗率（P123参照）

※従前保障計算の場合、上記A、Bの式にそれぞれ従前額改定率（令和 6 年度は1.041）を掛ける。

3級より軽い障害の場合には障害手当金が受けられる

障害手当金を受けられる人は初診日から5年以内に傷病が治り、障害等級の3級より軽い障害手当金障害状態に該当する人で、国民年金や厚生年金保険の給付または労働者災害補償保険の障害補償給付を受けていない人となっています（厚生年金に加入している人の場合）。

障害手当金の額

障害手当金	平均標準報酬額×1000分の5.481※1×被保険者期間の月数*×2

最低保障額は、1,224,000円（昭和31年4月2日以降生まれの人の令和 6 年度価額）

※被保険者期間の月数は300月に満たないときは300月として計算する。

年金 15

厚生年金基金に入っていた人にはプラスαの支給がある

厚生年金基金とは、老後の生活をより安定したものにするために一定の条件を満たした団体が設立した基金をいいます。政府が行う厚生年金保険の給付の一部を代行し、さらにプラスαの給付を行うことを目的としているものです。基金に加入していた人には2階建ての上に、さらに3階部分があるようなものです。具体的には、代行部分の3割程度以上の上乗せをしなければならないとされています。現在、ほとんどの厚生年金基金が企業年金に移行していますが、自分の勤めていた会社に基金があったかどうか確認してみましょう。

厚生年金基金のしくみ

厚生年金基金がある場合とない場合の比較を図で説明します。

●厚生年金基金がある場合とない場合

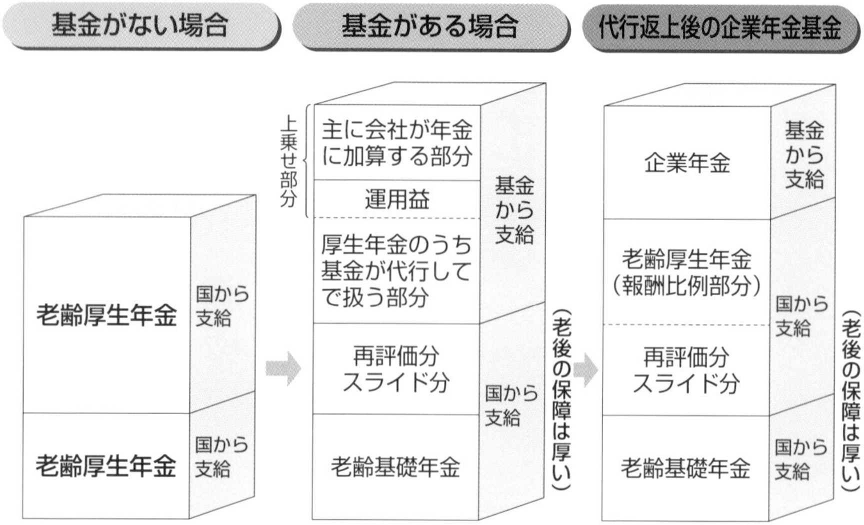

※再評価分とは、標準報酬月額を支給時に合わせて再評価したときの差額のこと。
※スライド分とは、賃金・物価の変動による増額分のこと。

厚生年金基金の請求は基金または企業年金連合会へ

厚生年金基金のある会社に長い間ずっと勤務していた人もいれば、厚生年金基金のある会社とない会社を渡り歩いた人もいます。それぞれ、年金請求は次のようになります。

厚生年金基金の請求の方法

① 厚生年金基金のある会社に長く勤めた人（一般的に10年以上） → 請求は厚生年金基金に対して行う

② 厚生年金基金のある会社とない会社を渡り歩いた場合等で、一つの基金の加入期間が短く、単独で基金に請求できない人（中途脱退者という） → 加入期間に対する退職年金（基本部分）は、通算して企業年金連合会から受けることになるので、請求は企業年金連合会に対して行う

厚生年金基金からの年金をもらうための手続き

厚生年金基金の年金をもらうための手続きには、次の書類が必要です。

退職年金の場合

①退職年金請求書（金融機関の証明印または通帳・銀行カードのコピー等が必要）
②加入員証　③住民票（または戸籍抄本）
④年金証書のコピー

脱退一時金および選択一時金の場合

上記①～③と退職所得の受給に関する申告書

遺族一時金の場合

上記①～③と死亡に関する書類（死亡証明、遺族生計維持証明等）

基金からの年金の支払い回数

年金額	支払い回数
27万円以上	年6回
15万円以上27万円未満	年3回
6万円以上15万円未満	年2回
6万円未満	年1回

厚生年金保険・国民年金・船員保険の年金相談先（抜粋）

全国の年金事務所　ねんきんダイヤル　Tel. 0570-05-1165

都道府県	名　称	郵便番号	所　在　地	予約用電話番号
北海道	街角の年金相談センター 札幌駅前	060-0001	札幌市中央区北1条西2-1 札幌時計台ビル4階	011-221-2250
	街角の年金相談センター 麻生	001-0038	札幌市北区北38条西4-1-8	011-708-7087
青　森	街角の年金相談センター 青森（オフィス）	030-0802	青森市本町1-3-9　ニッセイ青森本町ビル10階	017-735-5228
岩　手	街角の年金相談センター 盛岡（オフィス）	020-0022	盛岡市大通3-3-10　七十七日生盛岡ビル4階	019-626-4102
宮　城	街角の年金相談センター 仙台	980-0803	仙台市青葉区国分町3-6-1　仙台パークビル2階	022-262-5527
秋　田	街角の年金相談センター 秋田（オフィス）	010-8506	秋田市東通仲町4-1　秋田拠点センターALVE（アルヴェ）2階	018-834-5512
山　形	街角の年金相談センター 酒田	998-0044	酒田市中町1-13-8	0234-22-4554
福　島	街角の年金相談センター 福島	960-8131	福島市北五老内町7-5　i・s・M37（イズム37）2階	024-531-3838
茨　城	街角の年金相談センター 水戸	310-0021	水戸市南町3-4-10　水戸FFセンタービル1階	029-231-6541
	街角の年金相談センター 土浦	300-0037	土浦市桜町1-16-12　リーガル土浦ビル3階	029-825-2300
群　馬	街角の年金相談センター 前橋	379-2147	前橋市亀里町1310　群馬県JAビル3階	027-265-0023
埼　玉	街角の年金相談センター 大宮	330-0854	さいたま市大宮区桜木町2-287　大宮西口大栄ビル3階	048-647-6721
	街角の年金相談センター 草加	340-0022	草加市瀬崎1-9-1 谷塚コリーナ2階	048-920-7922
	街角の年金相談センター 川越（オフィス）	350-1123	川越市脇田本町16-23　川越駅前ビル8階	049-291-2820
千　葉	街角の年金相談センター 千葉	260-0027	千葉市中央区新田町4-22　サンライトビル1階	043-241-1165
	街角の年金相談センター 船橋	273-0005	船橋市本町1-3-1　フェイスビル7階	047-424-7091
	街角の年金相談センター 柏	277-0005	柏市柏4-8-1　柏東口金子ビル1階	04-7160-3111
	街角の年金相談センター 市川（オフィス）	272-0034	市川市市川1-7-6　愛愛ビル3階	047-329-3301
東　京	街角の年金相談センター 新宿	160-0023	新宿区西新宿1-7-1　松岡セントラルビル8階	03-3343-5171
	街角の年金相談センター 町田	194-0021	町田市中町1-2-4　日新町田ビル5階	042-720-2101
	街角の年金相談センター 立川	190-0012	立川市曙町2-7-16　鈴春ビル6階	042-521-1652
	街角の年金相談センター 国分寺	185-0021	国分寺市南町2-1-31　青木ビル2階	042-359-8451
	街角の年金相談センター 大森	143-0023	大田区山王2-8-26　東辰ビル5階	03-3771-6621
	街角の年金相談センター 八王子（オフィス）	192-0081	八王子市横山町22-1　エフ・ティービル八王子3階	042-631-5370
	街角の年金相談センター 足立（オフィス）	120-0005	足立区綾瀬2-24-1　ロイヤルアヤセ2階	03-5650-5200
	街角の年金相談センター 江戸川（オフィス）	132-0024	江戸川区一之江8-14-1　交通会館一之江ビル3階	03-5663-7527
	街角の年金相談センター 練馬（オフィス）	178-0063	練馬区東大泉6-52-1　WICSビル1階	03-5947-5670
	街角の年金相談センター 武蔵野（オフィス）	180-0006	武蔵野市中町1-6-4　三鷹山田ビル3階	0422-50-0475
	街角の年金相談センター 江東（オフィス）	136-0071	江東区亀戸2-22-17　日本生命亀戸ビル5階	03-5628-3681
神奈川	街角の年金相談センター 横浜	220-0011	横浜市西区高島2-19-12　スカイビル18階	045-451-5712
	街角の年金相談センター 戸塚	244-0816	横浜市戸塚区上倉田町498-11　第5吉本ビル3階	045-861-7744
	街角の年金相談センター 溝ノ口	213-0001	川崎市高津区溝口1-3-1　ノクティプラザ1　10階	044-850-2133
	街角の年金相談センター 相模大野	252-0303	相模原市南区相模大野3-8-1　小田急相模大野ステーションスクエアB館1階	042-701-8515
	街角の年金相談センター 藤沢（オフィス）	251-0052	藤沢市藤沢496　藤沢森井ビル6階	0466-55-2280
	街角の年金相談センター 厚木（オフィス）	243-0018	厚木市中町3−11−18　Flos厚木6階	046-297-3481
	街角の年金相談センター 新横浜（オフィス）	222-0033	横浜市港北区新横浜2-5-10　楓第2ビル3階	045-471-5300
新　潟	街角の年金相談センター 新潟	950-0087	新潟市中央区東大通2-3-26　プレイス新潟6階	025-244-9246
富　山	街角の年金相談センター 富山	930-0010	富山市稲荷元町2-11-1　アピアショッピングセンター2階	076-444-1165
石　川	街角の年金相談センター 金沢	920-0804	金沢市鳴和1-17-30	076-253-2222
福　井	街角の年金相談センター 福井（オフィス）	910-0858	福井市手寄1-4-1　アオッサ（AOSSA）2階	0776-26-6070
長　野	街角の年金相談センター 長野	380-0935	長野市中御所45-1　山王ビル1階	026-226-8580
	街角の年金相談センター 上田（オフィス）	386-0025	上田市天神1-8-1　上田駅前ビルパレオ6階	0268-25-4425
岐　阜	街角の年金相談センター 岐阜	500-8891	岐阜市香蘭2-23　オーキッドパーク西棟3階	058-254-8555
静　岡	街角の年金相談センター 静岡	422-8067	静岡市駿河区南町18-1　サウスポット静岡2階	054-288-1611
	街角の年金相談センター 沼津	410-0801	沼津市大手町3-8-23　ニッセイスタービル4階	055-954-1321
	街角の年金相談センター 浜松（オフィス）	460-0008	浜松市東区西塚町200　サーラプラザ浜松5階	053-465-2360
愛　知	街角の年金相談センター 名古屋	453-0015	名古屋市中区栄4-2-29　JRE名古屋広小路プレイス8階	052-453-0061
	街角の年金相談センター 栄	460-0008	名古屋市東区葵3-15-31　住友生命千種ビル6階	052-242-2340
三　重	街角の年金相談センター 津（オフィス）	514-0036	津市丸之内養正町4-1　森永三重ビル1階	059-224-8612
滋　賀	街角の年金相談センター 草津	525-0026	草津市渋川1-1-50　近鉄百貨店草津店5階	077-564-4311
京　都	街角の年金相談センター 宇治	611-0031	宇治市広野町西裏54-2	0774-43-1511
	街角の年金相談センター 京都（オフィス）	615-8073	京都市西京区桂野里町17番地　ミュー阪急桂（EAST）5階	075-382-2606
大　阪	街角の年金相談センター 天王寺	543-0054	大阪市天王寺区南河堀町10-17 天王寺北NKビル2階	06-6779-0651
	街角の年金相談センター 吹田	564-0082	吹田市片山町1-3-1　メロード吹田2番館10階	06-6369-4800
	街角の年金相談センター 堺東	590-0077	堺市堺区中瓦町1-1-21　堺東八幸ビル7階	072-238-7661
	街角の年金相談センター 枚方	573-0032	枚方市岡東町5-23　アーバンエース枚方ビル2階	072-843-6646
	街角の年金相談センター 城東	536-0005	大阪市城東区中央1-8-24　東洋プラザ蒲生ビル1階	06-6930-5601
	街角の年金相談センター 東大阪	577-0809	東大阪市永和1-18-12　NTT西日本東大阪ビル1階	06-6736-6571
	街角の年金相談センター 豊中	560-0021	豊中市本町1-1-3　豊中高架下店舗南ブロック1階	06-6844-8391
	街角の年金相談センター なかもず	591-8025	堺市北区長曽根町130-23　堺商工会議所会館1階	072-258-4701
兵　庫	街角の年金相談センター 北須磨	654-0154	神戸市須磨区中落合2-2-5　名谷センタービル7階	078-795-3455
	街角の年金相談センター 尼崎	661-0012	尼崎市南塚口町2-1-2-208　塚口さんさんタウン2番館2階	06-6424-2884
	街角の年金相談センター 姫路	670-0961	姫路市南畝町2-53　ネオフィス姫路南1階	079-221-5127
	街角の年金相談センター 西宮（オフィス）	663-8035	西宮市北口町1-2　アクタ西宮東館1階	0798-69-0030
奈　良	街角の年金相談センター 奈良	630-8115	奈良市大宮町4-281　新大宮センタービル1階	0742-36-6501
和歌山	街角の年金相談センター 和歌山（オフィス）	640-8331	和歌山市美園町3丁目32-1　損保ジャパン和歌山ビル1階	073-424-5603
岡　山	街角の年金相談センター 岡山	700-0032	岡山市北区昭和町4-55	086-251-0052
広　島	街角の年金相談センター 広島	730-0015	広島市中区橋本町10-10　広島インテスビル1階	082-227-1391
	街角の年金相談センター 福山	720-0065	防府市栄町1-5-1　ルルサス防府2階	084-926-7951
山　口	街角の年金相談センター 防府	747-0035	防府市戎町1-8-25　防府広総第3ビル3階	0835-25-7830
徳　島	街角の年金相談センター 徳島（オフィス）	770-0841	徳島市八百屋町2丁目11番地　ニッセイ徳島ビル8階	088-657-3081
香　川	街角の年金相談センター 高松（オフィス）	760-0028	高松市鍛冶屋町3　香川三友ビル5階	087-811-6020
愛　媛	街角の年金相談センター 松山（オフィス）	790-0005	松山市花園町1-3　日本生命松山市駅前ビル5階	089-931-6120
福　岡	街角の年金相談センター 北九州	806-0036	北九州市八幡西区西曲里町2-1　黒崎テクノプラザⅠ 1階	093-645-6200
佐　賀	街角の年金相談センター 鳥栖（オフィス）	841-0052	鳥栖市宿町1118　鳥栖市役所南別館1階	0942-82-0222
長　崎	街角の年金センター 長崎（オフィス）	852-8135	長崎市千歳町2-6　いわさきビル5階	095-842-5121
熊　本	街角の年金相談センター 熊本	860-0806	熊本市中央区花畑町4-1　太陽生命熊本第2ビル3階	096-206-2444
大　分	街角の年金相談センター 中津（オフィス）	871-0058	中津市豊田町14-3　中津市役所別棟2階	0979-22-6311
宮　崎	街角の年金相談センター 宮崎（オフィス）	880-0902	宮崎市大淀4-6-28　宮交シティ2階	0985-63-1066
鹿児島	街角の年金相談センター 鹿児島（オフィス）	892-0825	鹿児島市大黒町2-11　南星いづろビル6階	099-225-0131

※街角の年金相談センターでは“対面による年金相談”を行っています。“電話による年金相談”は行っていません。

PART 4

退職後の健康保険

健康保険 1

退職後の健康保険は最も有利なものを選ぶ

在職中であれば，いつでも会社で加入している健康保険で医者にかかることができますが、退職後は使えなくなるので、他の健康保険に加入し直さなければなりません。退職後、他の健康保険への加入は①健康保険の任意継続被保険者となる　②国民健康保険へ加入する　③再就職して健康保険の被保険者となる　④特例退職被保険者となる　⑤健康保険加入の家族の被扶養者となる等の方法があります。この章では退職後の健康保険にスムーズに加入できるよう、いくつかの選択肢とメリット、デメリットを挙げ、説明していきます。

退職後の健康保険の選択肢はいろいろ

退職後、健康保険の加入手続きをしないで放置しておくと、急に病気になってあわてたり、無保険のため一時的に出費を強いられたりして大変面倒になることがあります。

退職後の健康保険の中には、手続きの期限が非常に短い制度もありますので、事前に知識を得ておき、退職後はすばやく手続きがとれるようにしておいてください。退職後の健康保険の入り方には一定要件のもとでいくつか選択肢があります。それぞれの内容は次のようになっています。

健康保険の加入法※

①健康保険の任意継続被保険者になる	→ 176ページ
②国民健康保険に加入する	→ 180ページ
③再就職して健康保険の被保険者となる	→ 182ページ
④特定健康保険組合の特例退職被保険者になる	→ 184ページ
⑤家族等の被扶養者になる	→ 188ページ

退職後における健康保険の加入パターン

退職後の健康保険の加入を形態別に図で表すと、次のようになります。

退職後の健康保険の選択

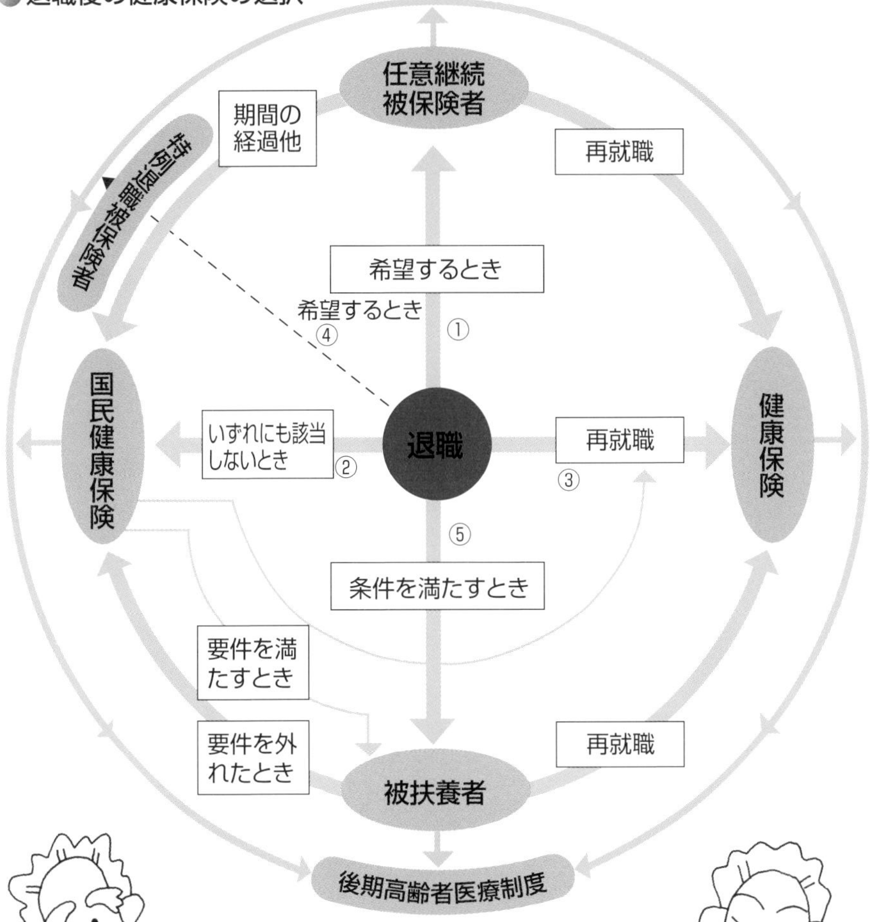

※①～⑤のいずれの選択肢を選んでも、75歳以上になると後期高齢者医療制度の対象となる（198ページ参照）。

健康保険 2

健康保険の任意継続被保険者制度を利用する

退職後は会社で加入している健康保険をやめることになりますが、健康保険の加入期間が2か月以上あった人が、退職してから20日以内に住所地の協会けんぽまたは健康保険組合（国民健康保険組合は除く。以下同様）に所定の手続きをすれば、任意継続被保険者として退職後も同じ健康保険に加入することができます（ただし被保険者証は変わります）。この制度の有効期間は原則として2年間ですが、2年後には退職直後よりも国民健康保険の保険料が安くなっていることが多いので大変重宝されている制度といえます。

任意継続被保険者は退職から20日以内に手続きをする

退職後も引き続き同じ健康保険に加入できるのが任意継続被保険者制度です。任意継続被保険者になると、保険料は全額自己負担（在職中は会社が半分負担していた）となります。しかし任意継続被保険者の保険料にはこの制度独自の上限があることで、全額自己負担となったとしても在職中に引かれていた保険料とそれほど差のない人や、国民健康保険に加入したときの保険料より安くなる人もいます。

任意継続被保険者となるためには、退職日の翌日から20日以内に「健康保険任意継続被保険者資格取得申出書」を、協会けんぽの健康保険に加入していた人は住所地の協会けんぽ、また健康保険組合に加入していた人はその健康保険組合に提出しなければなりません。

●任意継続被保険者の手続きのしかた

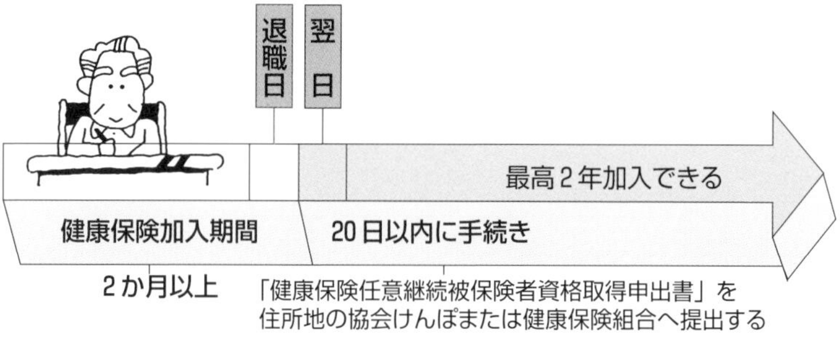

●任意継続被保険者資格取得申出書

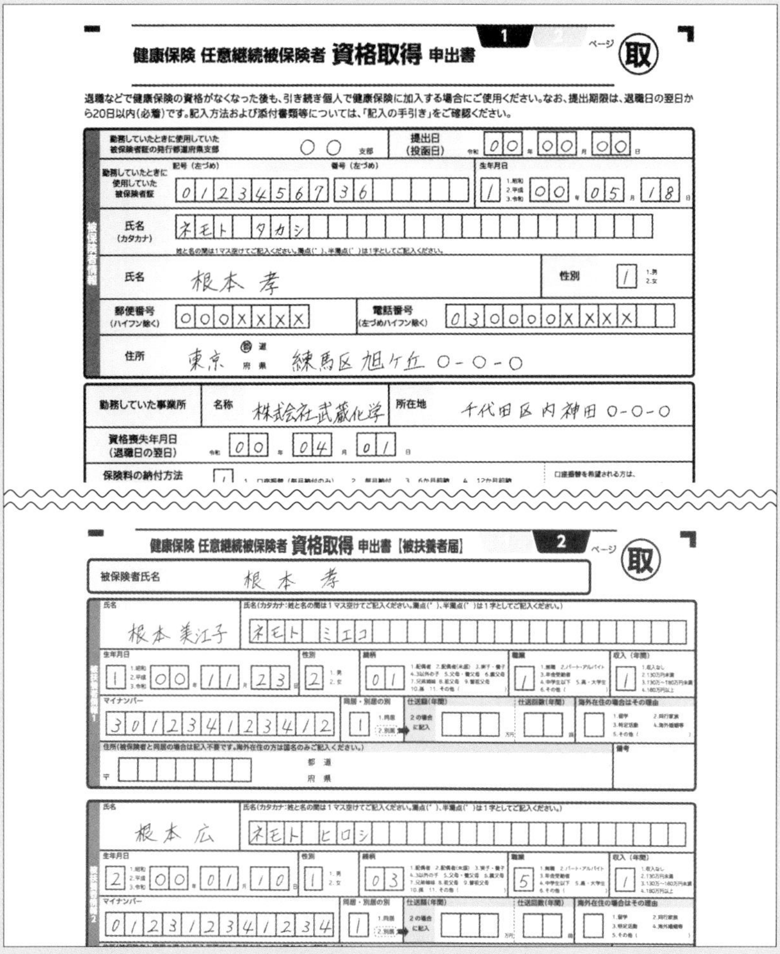

ひとことアドバイス 任意継続被保険者の保険料の前納制度

任意継続被保険者の保険料は毎月10日までに1か月分ずつ納めるのが通常ですが、申し出をすれば、原則として6か月間または1年間を単位として前納することができます。6か月間の単位は、4月から9月までと10月から3月までの各期間で、1年間の単位は4月から3月までの期間です。なおこれらの前納期間の途中で任意継続被保険者になった人は、その翌月分から各期間の最後の月までを単位として前納できます。保険料を前納する場合は所定の割引が適用されますので、余裕のある人は利用したほうがよいでしょう。

任意継続被保険者の保険料は一般的に在職中の倍額

健康保険の保険料は、会社に在職中であれば本人と会社が原則として半額ずつ負担していましたが、退職したあと任意継続被保険者になると会社負担がなくなり、全額自分で負担することになります。

●健康保険の保険料の負担額

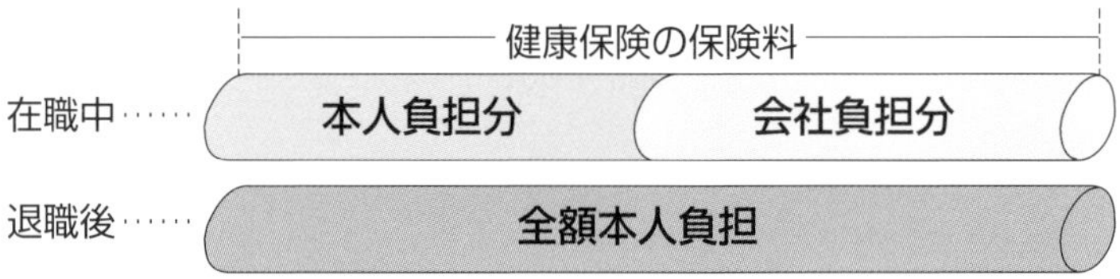

任意継続被保険者の保険料は在職中の本人負担より安くなる場合も

任意継続被保険者の保険料は原則として退職時の自己負担分の倍額ですが、退職時の標準報酬月額が高い場合は上限額が設定されています。全国健康保険協会管掌健康保険（協会けんぽ）の上限額は、標準報酬月額を30万円（健康保険組合は各組合ごとに定められた標準報酬月額）として計算された額になります。

任意継続被保険者となった場合の保険料を次の例で計算すると…。

1. 退職時の標準報酬月額620,000円
2. 加入していた健康保険は全国健康保険協会管掌の健康保険（協会けんぽ）

●任意継続被保険者の保険料（協会けんぽ〈東京都〉の例）

	会社負担	本人負担
在職中の健康保険料	35,898 円 (620,000 円×1000 分の 115.8 ×2分の1)	35,898 円 (620,000 円×1000 分の 115.8 ×2分の1)
任意継続被保険者になった場合の保険料(上限)	なし	34,740 円 (300,000 円×1000分の 115.8)

（令和6年度。介護保険料 1000 分の 16.0 を含む）

保険料は毎月10日までに納付しないと資格がなくなる

任意継続被保険者の保険料は、毎月10日までに納めることになっています。もしも10日までに保険料が納められなかったときは、その翌日に任意継続被保険者としての資格が自動的に喪失してしまいます。

保険料の納付日

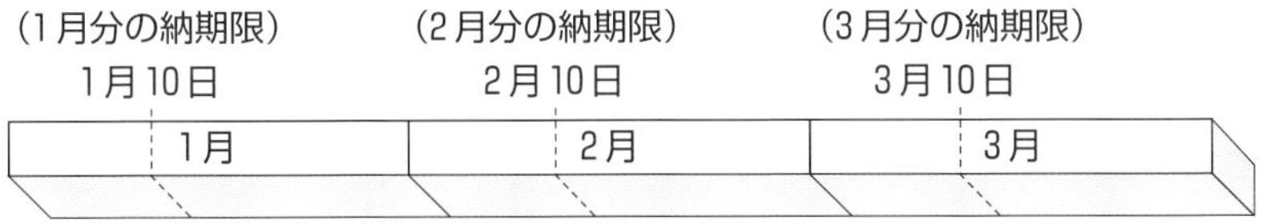

（注）納期限までに保険料を納付しなかったときは、11日に資格喪失となる。

国民健康保険との大きな違いは保険料と所得保障である

任意継続被保険者制度と国民健康保険との違い

	任意継続被保険者	国民健康保険
加入要件	退職日までの健康保険加入期間が継続2か月以上あった人	会社に勤務しない人、または任意継続被保険者・特例退職被保険者にならない人
加入手続き	退職日の翌日から20日以内に住所地の協会けんぽまたは健康保険組合に申請書を提出	住民となった日または退職日の翌日から14日以内に、市区町村役場に資格取得届を提出
自己負担	本人・家族とも3割（3歳未満は2割、70歳以上は原則2割※で、一定以上所得者は3割）	本人・家族とも3割（3歳未満は2割、70歳以上は原則2割※で、一定以上所得者は3割）
保険料（介護保険料を含む）	退職時の標準報酬月額に定められた率を乗じて得た額（一般的に、在職中に負担していた額の2倍相当額） ただし、上限は協会けんぽの場合は月額34,740円（東京都の場合）、健康保険組合の場合は各健康保険組合で定められた額	市区町村の実状に応じて保険料の賦課方式を所得割、資産割、被保険者均等割世帯別平等割の4方式で行う市区町村がほとんど。大都市部では、そのうち資産割のない3方式か世帯別平等割もない2方式で計算した額
保険給付	高額療養費 出産育児一時金等	高額療養費 出産育児一時金等
加入期間	原則2年間 再就職して会社の健康保険に加入するまでの間、その他	その市区町村に住んでいる間または再就職して会社の健康保険に加入するまでの間

178、179ページの保険料は、令和6年5月現在の額である

健康保険 3

国民健康保険に加入するのはこんなとき

退職後、すぐに再就職しない人や健康保険の任意継続被保険者とならない人は、国民健康保険に加入することになります。ただし、在職中の病気・ケガの治療を退職後も継続して受けられるいわゆる継続療養制度は廃止されていますので、退職後は新たな健康保険制度で治療を受ける必要があります。
また、家族のある人はまとめて国民健康保険への加入手続きをしてください。

国民健康保険は最後の砦

現在、すべての人が何らかの公的医療保険制度に加入することになっている（これを国民皆保険――コクミンカイホケン――という）ため、勤務する人が加入する健康保険等の被用者保険に加入していない人は、国民健康保険への加入が義務づけられています。会社を退職した人およびその家族は、原則として自営業者と同じように国民健康保険に加入しなければなりません。

●国民皆保険

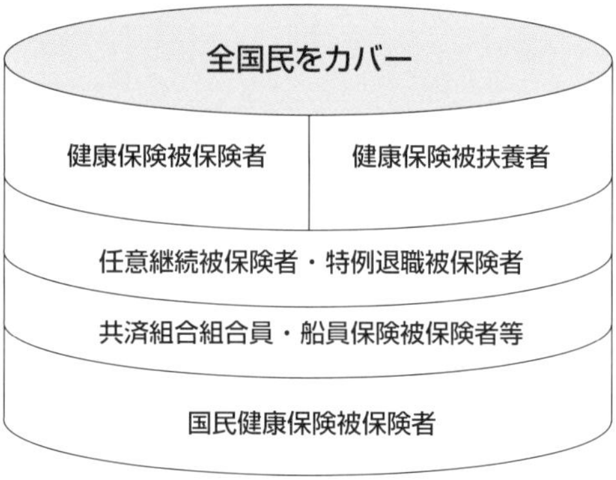

国民健康保険の保険料は市区町村によって異なる

国民健康保険の保険料は、その人の収入等が同じでも、住んでいる市区町村によって異なります。

国民健康保険は各市区町村によって運営され、その財政状況に応じた保険料の賦課方式がとられているためです。保険料の賦課方式は所得割、資産割、被保険者均等割、世帯別平等割の4方式で行っている市区町村がほとんどですが、大都市部では資産割を課さない3方式をとっているところや、東京都の場合などは世帯別平等割も課さず所得割と被保険者均等割の2方式だけのところもあります。

国民健康保険の保険料の徴収方法は、国民健康保険法による保険料方式と地方税法による保険税方式の2通りあり、各市区町村により異なります。

国民健康保険への加入手続きは14日以内に行う

国民健康保険への加入手続きは、退職日の翌日から14日以内に住所地の市区町村役場に行き、国民健康保険に加入する手続きをします。このときに、会社の健康保険から抜けた証明となるもの（会社が発行する資格喪失証明書等）が必要となります。

●会社の健康保険から抜けた証明となるものの例

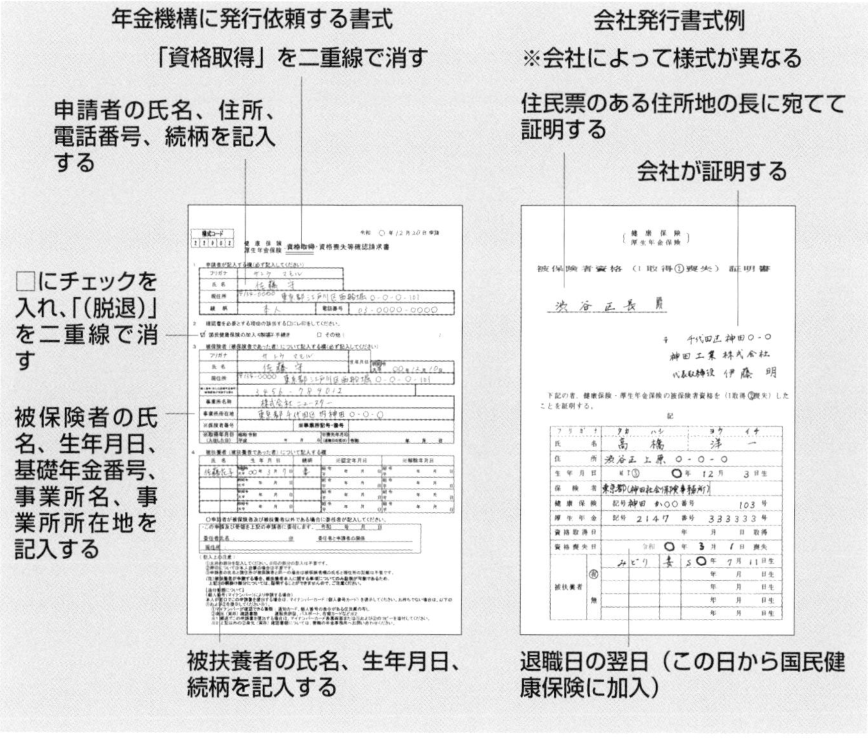

健康保険 4

再就職をして健康保険に加入する

定年退職後に再就職をする人も多くいます。そのような人の場合には、再就職して健康保険にふたたび加入することになります。定年前と比べて働き方が変わり、パートなどで少ない時間働く場合でも、要件を満たせば健康保険に加入することができます。なお、健康保険に加入するときには、厚生年金保険にも同時に加入することになります。

再就職して健康保険に加入する

最近は定年を迎えた時点で完全にリタイアする人ばかりとは限りません。働けるうちは働こうという考えで再就職して、会社の健康保険に加入する人も増えています。

しかし再就職先の会社が健康保険の適用事業所でない場合や、働き方が通常の従業員と比べて日数・時間が常用的でない短い場合は、健康保険の加入要件を満たさないこともあります。

パートでも加入しなければならないケースがある

定年後にパートで働く場合、通常の従業員に比べて少ない労働日数や労働時間の雇用契約を締結しても、通常の従業員の4分の3以上（通常の従業員の労働時間が1週間40時間なら30時間以上）労働する契約をしたときは、本人の意思・会社の意向に関係なく健康保険に加入することになります。

大企業に勤務するパートは1週間20時間以上で加入

平成28年10月より「短時間労働者への適用拡大」が図られ、現在、次の要件を満たす労働者は健康保険・厚生年金保険に加入することになりました。

①1週間の所定労働時間が20時間以上

②月額賃金8.8万円※以上（年収106万円以上）

③勤務期間2か月超の見込み

④学生は適用除外

⑤従業員101名以上の企業（適用となる被保険者数が101人以上の企業）

※令和6年10月からは、⑤従業員51名以上の企業となる。

健康保険・厚生年金保険に加入した場合の保険料

被保険者の種別			健康保険料率
健康保険	協会けんぽ（東京都）	40歳未満・介護保険料なし	1000分の99.8
		40歳以上・介護保険料あり	1000分の115.8
	組合健保	40歳未満・介護保険料なし	1000分の30〜1000分の130の間。各健康保険組合によって異なる
		40歳以上・介護保険料あり	

※協会けんぽの健康保険料率は都道府県ごとに決定される。保険料率は、40歳以上（介護保険料あり）は1000分の109.5（新潟県）〜120.2（佐賀県）で、全国平均は1000分の100.0となっている。健康保険料＝標準報酬月額×保険料率となる。

健康保険・厚生年金保険加入のメリットは大きい

働く人の中には、社会保険に加入すると手取り額が減るので、入りたくないと思っている人が多くいます。また、雇用する側は会社負担が増えるので、加入を消極的に考えがちになります。

ところが、社会保険は要件に該当する限り強制的に加入するものですから、加入するかしないかの選択権は、働く人にも雇用する会社のどちらにもありません。

社会保険に加入するメリットの例をあげると、以下のようになります。

働く人の社会保険加入メリット

①傷病で労務不能となったとき、所得保障として最大1年6か月分の傷病手当金があること（基準月額の約67%）。
②扶養家族が何人いても扶養認定要件に該当する限り保険料が増えることなく保険証がもらえること。
③60歳未満の扶養されている配偶者（例、妻）は、夫が退職すると国民年金の強制加入者となり、保険料を納付しなければならなくなる。しかし夫が社会保険（厚生年金保険）に再加入することで国民年金の第3号被保険者となり、妻は保険料を払わなくても納付したことになる特典があること（この例だと夫が65歳になるまでの間）。
④65歳以降の報酬比例年金額が増えること。

雇用する側のメリット

求人において社会保険加入が有利に働くことがある。人手不足の現在では、社会保険加入が良い人材確保の条件とも言える。

健康保険
5

特例退職被保険者制度を利用する

特例退職被保険者制度は、特定健康保険組合が運営する退職者医療制度です。この制度を利用する人は国民健康保険の被保険者にはなれません。加入の要件・内容は国民健康保険加入者の退職者医療制度とほぼ同じですが、通常の退職者医療制度とは保険料の算出方法や給付の面で違いがあります。加入期間は一般的に後期高齢者医療制度が適用されるまでですが、希望して申し出れば、中途脱退することもできるようになっています。

特例退職被保険者制度は健康保険組合が独自に行う

特例退職被保険者制度は、厚生大臣から認可を受けた特定の健康保険組合が市区町村の代わりに退職者医療を独自に行う制度です。よってこの特例退職被保険者になるための要件は、退職時に特定健康保険組合の被保険者であったことのほかは市区町村の国民健康保険の退職被保険者の要件と同じです。

●特例退職被保険者になれるのは特定健康保険組合の被保険者だけ

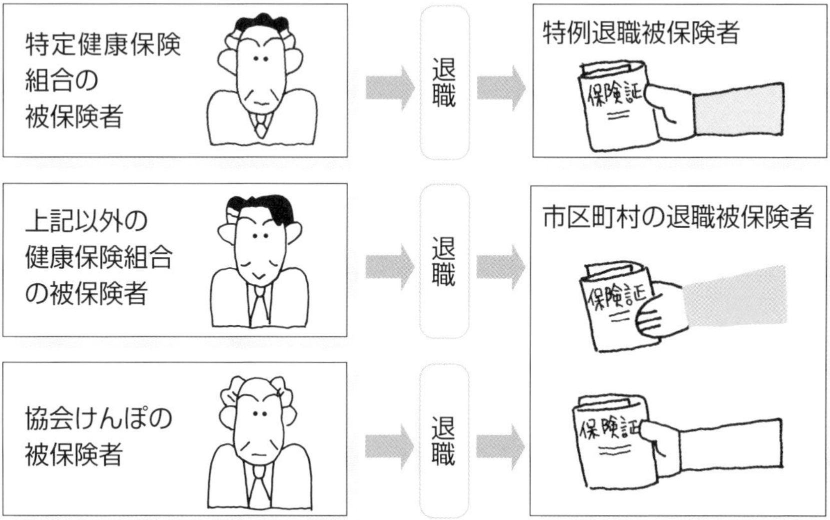

特例退職被保険者のメリットとデメリット

特例退職被保険者制度は、健康保険組合が独自に運営しています。そのため、医療機関に支払う自己負担額が一定額を超えると後で戻ってくる一部負担還元金等の付加給付がある場合もあります。また保険料は組合が独自に安めに設定していますので、退職直後の国民健康保険料に比べれば一般的に安くなるといえます。

しかし退職後2～3年後には本人の収入が減るために国民健康保険料のほうが安くなることもあります。

したがって、それらのことを十分知った上で特例退職被保険者制度を活用しましょう。

特例退職被保険者制度のメリット・デメリット

保険料は任意継続被保険に比べると割安になるが、年々高くなるので、国民健康保険の保険料との比較については一概にいえない

医療費の自己負担率は3割※で、任意継続被保険者や国民健康保険被保険者と同じ。傷病手当金の制度はない

※70歳以上75歳未満は、2割の場合がある。

医療機関に支払う自己負担額が一定額を超えると、後で戻ってくる一部負担還元金等の付加給付がある

健康保険組合の保養施設が利用できる

途中で脱退することはできるが、再加入は条件を満たさなければできない

特例退職被保険者の保険料は健康保険組合で独自に決定される

市区町村の退職被保険者であれば国民健康保険に加入しているので、保険料はその人の前年の所得や均等割等で決められますが、特例退職被保険者の場合は、健康保険組合が独自に保険料を決定します。被扶養者の分は特に支払う必要がありませんから、一般的には国民健康保険より有利といえますが、退職後数年経つと国民健康保険料より安くなるとは限りません。

●特例退職被保険者の保険料の決定手順

Ⓐ $\dfrac{\text{その健康保険組合の前年9月30日現在の全加入者（特例退職被保険者を除く）の標準報酬月額と年間標準賞与額の12分の1の合計額}}{\text{全加入者}} \times \dfrac{1}{2}$

●特例退職被保険者の保険料の計算

保険料 ＝ Aの額以下で組合が定めた標準報酬月額 × その組合の保険料率

特例退職被保険者の加入は退職時の健康保険組合で行う

特例退職被保険者になるには、加入要件を満たした日から3か月以内に、退職時に加入していた健康保険組合に「特例退職被保険者資格取得申請書」を提出します。また被扶養者のいる人は被扶養者届もいっしょに提出することになります。

特例退職被保険者資格取得申請書（例）

健康保険組合によって書式が異なる

「有」とした人は「被扶養者届」も添付する

健康保険特例退職被保険者資格取得申請書

常務理事	事務局長	事務局次長	経理部	部長	次長	課長	課長補佐	係長	係

※特例退職被保険者		記号	番号
	記号・番号	9700	
	取得年月日	令和　年　月　日	

フリガナ	アライ　マサオ	性別	①1. 男　2. 女
申請者の氏名	新井　正男	生年月日	3. 大　⑤5. 昭　○年 4月 15日生　61歳
フリガナ	フジサワシ ホンマチ		
住所	〒　藤沢市本町○－○　TEL 0466（11）○○○○		
健康保険被保険者資格喪失年月日	平成・㊀令和 ○年 4月 1日	被扶養者の有無	①有・2. 無

当健康保険組合の組合員であった当時の健康保険被保険者証の記号・番号及び事業所の名称			当健康保険組合の組合員であった期間
記号	番号	事業所名	
9999	589	(株) 都産業	㊀平成・令和 ○年 4月 1日から 平成・㊀令和 ○年 3月 31日まで 25年 0カ月間
記号	番号	事業所名	
			平成・令和　年　月　日から 平成・令和　年　月　日まで　年　カ月間

年金支給者名	受給年金の種類	年金の受給権を取得した年月日
厚生年金	①老齢年金　2. 通算老齢年金　3. その他	平成・㊀令和 ○年 4月 14日

保険料の納入方法
自動引き落し
① 希望する。
2. 希望しない。
・希望する場合は別紙「健康保険料口座振替払申込書」を提出してください。
前納
1. 希望する。
イ. 当年度9月分まで
ロ. 当年度3月分まで
② 希望しない。

保険給付金振込口座
銀行名 ひので銀行
支店名 四ツ谷支店
口座種別 ㊀普通・当座
口座番号 3210987
口座名義 新井 正男

添付書類　住民票の写
提示書類
1. 厚生年金保険の老齢年金証書、その他当該特例退職被保険者が年金受給権を有することを証明する書類
2. 当該特例退職被保険者が通算老齢年金または通算退職年金の受給権者である場合、被保険者であった期間を記載した書類及びその期間を証明する書類
3. 既に国民健康保険の退職被保険者である場合、「国民健康保険退職被保険者証」

記入上の注意
1. 「健康保険被保険者証の記号・番号」欄には在職時の被保険者証の記号・番号を勤務した事業所別に記入してください。
2. 「資格喪失年月日」欄には最後に勤務した事業所の退職日の翌日を記入してください。
3. 「年金支給者名」欄は厚生年金保険、船員保険、恩給又は○○県退職年金条例というように記入してください。
4. 選択項目は該当文字を○印で囲んでください。
5. ※欄は記入しないでください。

受付印

5.12　2×50×50

退職日の翌日を記入する

健康保険 6

健康保険に加入している家族の被扶養者になる

退職後の健康保険の入り方の一つに、思い切って健康保険に加入している家族の被扶養者となってしまう方法があります。退職後において働くことができず、年金等の収入も少なく、家族の収入で生計を維持する場合は扶養される立場となるので、一定条件に該当すれば健康保険の被扶養者になることができます。

被扶養者認定時の必要書類は、扶養する人の加入している健康保険によって異なる場合がありますので、事前に協会けんぽまたは健康保険組合に確かめてそろえておきましょう。

こんな人は被扶養者になれる

家族の健康保険等の被扶養者になれるのは、75歳未満の3親等以内の親族で、主としてその人によって生計を維持されている人のうち年収が130万円（60歳以上の人または障害者は180万円）未満の人です。また、同一世帯にあることが条件になる場合もあります。

3親等以内の親族

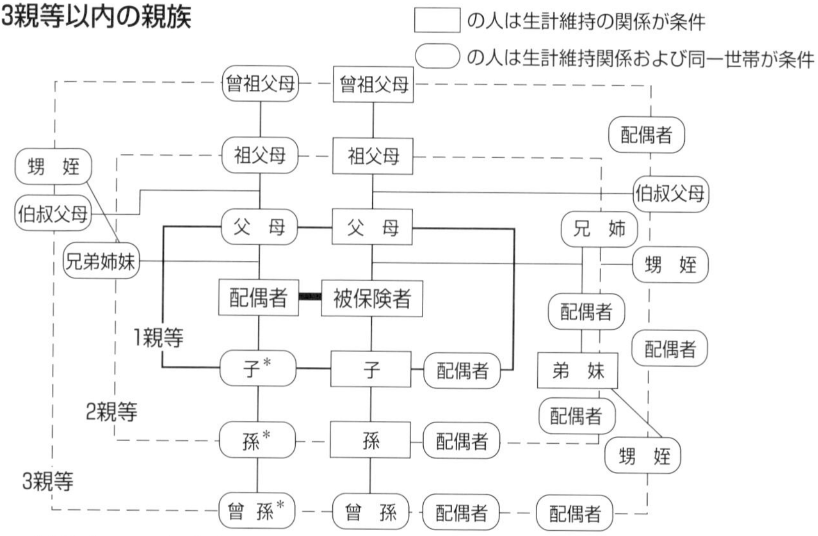

＊被保険者の子・孫・曽孫ではないが、配偶者の子・孫・曽孫であるとき

被扶養者となれる収入の基準

	収入の額
同居の場合	認定される人の年収が130万円未満（60歳以上または障害者の場合は180万円未満）で、その家族の年収の2分の1未満であること。
別居の場合	認定される人の年収が130万円未満（60歳以上または障害者の場合は180万円未満）で、その家族からの仕送り額より低いこと。

被扶養者になるための手続きの方法

被扶養者となるためには、被扶養者届を協会けんぽまたは健康保険組合に提出し、認定を受けなければなりません。手続きは扶養する人の勤務する会社が行います。被扶養者届の書き方は次のようになります。

健康保険被扶養者届

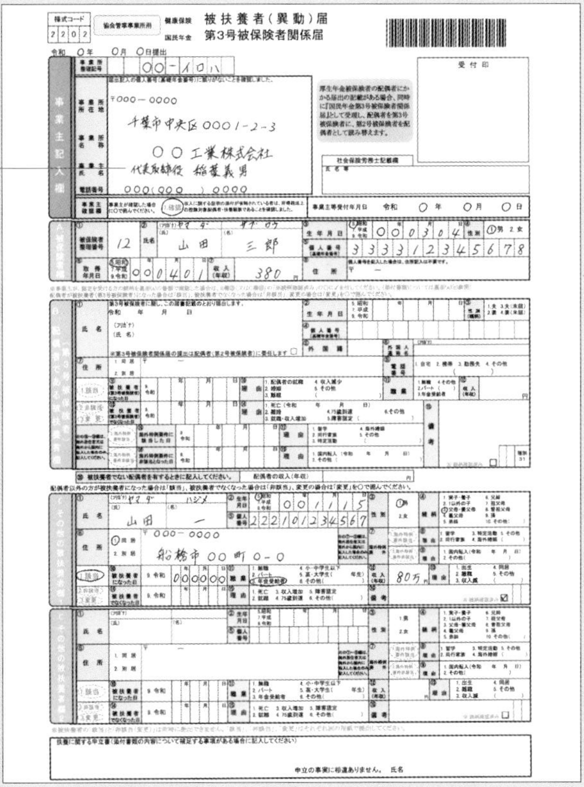

家族の勤務する会社が記入する

健康保険 7

退職時に傷病手当金を受けていた人は継続して制度を利用できる

退職時に病気やケガなどで会社を休業して傷病手当金を受けていた人の場合は、退職後にも継続して傷病手当金を受けることができます。傷病手当金を受けるには、一定の要件を満たしていることが必要です。

退職時に傷病手当金を受けていた人は退職後も続けて受けられる

退職時に病気・ケガのため会社を休業し、傷病手当金が受けられる人は、退職後も引き続いて受けることができます。その要件は退職日までに健康保険の加入期間が継続1年以上あり、在職中に継続3日の待期（3日間就労不能で休業する）が完成しかつ退職日に傷病手当金が受けられた人です。引き続き受けられるのは1年6か月分までです。

退職後の傷病手当金の受給

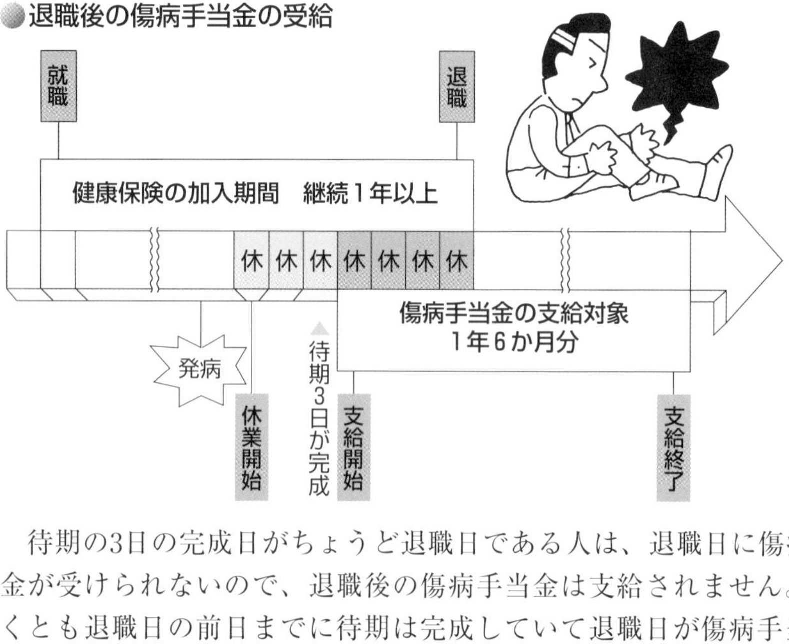

待期の3日の完成日がちょうど退職日である人は、退職日に傷病手当金が受けられないので、退職後の傷病手当金は支給されません。少なくとも退職日の前日までに待期は完成していて退職日が傷病手当金の支給対象となっている必要があります。退職後の給付は、一度中断すると、残りの日数があったとしても支給は再開されません。

傷病手当金が支給される場合

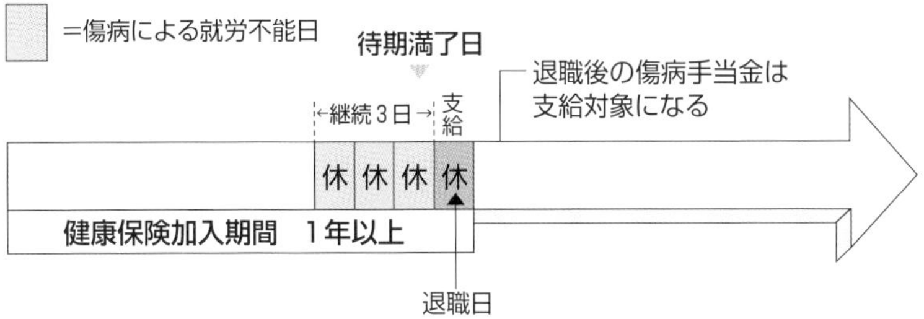

傷病手当金が支給されない場合

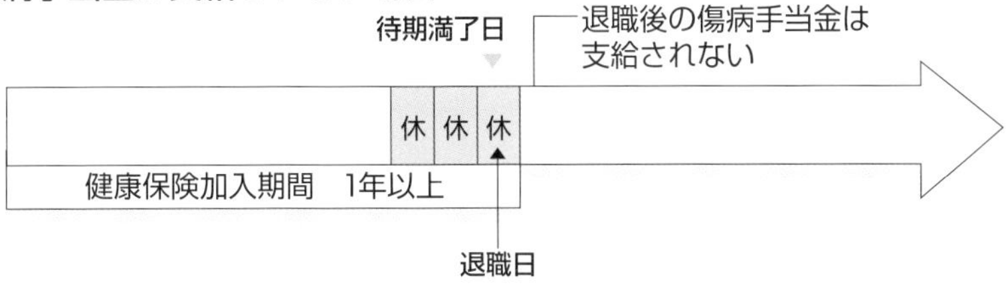

退職時までの加入期間が1年以上とは

退職後も傷病手当金を受ける場合の要件である退職日までの継続1年以上の加入期間というのは、必ずしも同一の会社での期間である必要はありません。

継続扱いできる場合

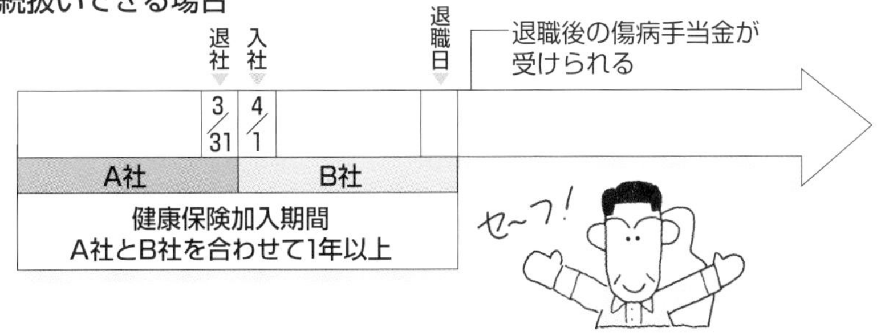

継続扱いできない場合

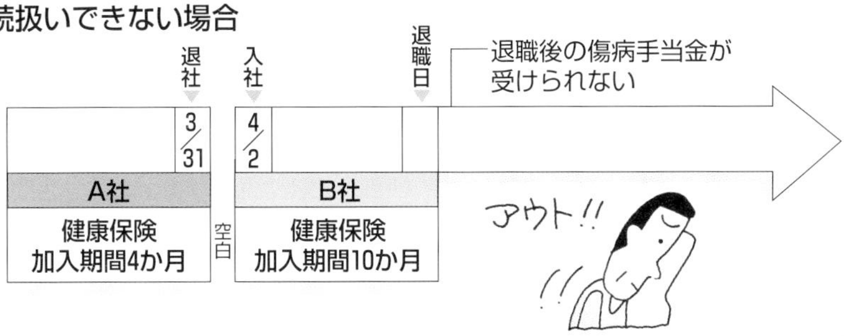

健康保険 8

高額な医療費がかかりそうなときは

手術や入院が必要な場合、相当高額な医療費がかかり、窓口での支払いも高額になることが考えられます。
医療機関での窓口負担額については、１か月に一定額を超えて支払った人にその額を超えた金額をあとから戻す高額療養費制度があります。けれども、一時的にせよ、高額な窓口での負担を強いられないように、現在では「健康保険限度額適用認定申請書」を事前に提出して「限度額適用認定証」を交付してもらい医療機関に提出することにより、支払いを一定額（限度額）までに抑えるのが主流になっています。

高額療養費制度は医療費がかさんだときの助っ人

被保険者や被扶養者が病気にかかったり長期入院したりして、高額な自己負担を余儀なくされた場合、負担を軽減するために一定の要件のもとで被保険者に高額療養費が支給されます。この高額療養費は、同一の保険医療機関で1か月に支払った自己負担の額が限度額を超えたときに支給されます。

令和5年5月現在、5つに区分され、おのおのそれらの自己負担限度額を超えた額が支給されています。

70歳未満の医療費の自己負担限度額

所得区分	自己負担限度額
標準報酬月額83万円以上	252,600円＋(医療費−842,000円)×1%【140,100円】
標準報酬月額53万円〜79万円	167,400円＋(医療費−558,000円)×1%【93,000円】
標準報酬月額28万円〜50万円	80,100円＋(医療費−267,000円)×1%【44,400円】
標準報酬月額26万円以下	57,600円【44,400円】
低所得者(住民税非課税)	35,400円【24,600円】

※【　】内の金額は「多数該当」の場合の自己負担限度額。「多数該当」は療養月以前の１年間で３か月以上、高額療養費の支給を受けたり限度額適用認定証を使用して自己負担限度額を負担した場合に４か月目から該当する。

（注）
1）自己負担額は、受診者別、医療機関別、医科・歯科別、入院・通院（通院の場合は調剤分との合算）別にそれぞれ算出される。それぞれ算出されたもので21,000円以上のもの（70歳以上では受診者別、入院・通院別にすべての自己負担額）が合算の対象となる。
2）差額ベッド代など、保険のきかないものは計算の対象外となる。
3）入院時食事療養費にかかる自己負担額は計算の対象外となる。
4）医療費とは、窓口負担額のことではなく医療機関の収入となる保険診療の総額のことである。

入院時の高額療養費の支払いの特例（現物給付化）

高額療養費制度は、医療費の自己負担額を被保険者が医療機関の窓口でいったん全額を支払い、その後、申請によって自己負担限度額を超えた分が払い戻されるものです。

あとで払い戻されるとはいえ、入院時や、回数の多い外来時の支払いは経済的にも大きな負担となります。

そこで、こうした医療機関での窓口負担を軽減するために、事前に加入している健康保険の保険者（協会けんぽや市区町村など）の認定を受けることによって、同一の月にそれぞれ一つの医療機関での入院療養等を受けた場合、所得区分に応じて窓口での一部負担金等の支払いを高額療養費の自己負担限度額までとすることができます。

この認定を受けるためには、所得区分が「低所得者」以外の場合は「健康保険限度額適用認定申請書」を、所得区分が「低所得者」に該当する場合は「健康保険限度額適用・標準負担額減額認定申請書」を管轄の協会けんぽや市区町村などの加入している健康保険の保険者に提出します。

70歳未満の場合は、入院等で医療機関等を受診する際に、「限度額適用認定証」と保険証をあわせて窓口で提示することにより、月ごと（1日から月末まで）の窓口の支払いが自己負担限度額までで済み、原則として高額療養費の申請が不要となります。

なお、70歳以上の場合は、「高齢受給者証」と保険証をあわせて提示することで、窓口での支払いが自己負担限度額までとなります。

●限度額適用認定証を受ける際の手続き

提出書類：健康保険限度額適用認定申請書

※自己負担限度額の区分が「低所得者」に該当する場合は別の申請となり、非課税証明書等の添付書類が必要です。限度額適用認定証の有効期限は、発行日の属する月から原則として最長1年以内の月の月末となります。

自己負担額が高く支払いに困ったら貸付制度を利用する

通常、高額療養費は請求してから実際に支払われるまで、2～3か月程度かかります。一時的には、医療機関に高額の自己負担額を支払わなければなりません。その間支払いに困ったら、高額医療費貸付制度の利用を考えましょう。この制度は高額療養費が支払われる見込みの人に対し、資金を貸し付けるものです。

高額医療費貸付制度の申込みの方法

協会けんぽの場合は「高額医療費貸付金貸付申込書」に必要事項を記入し、下記の添付書類を添えて全国健康保険協会各支部に提出します。

●高額医療融資の添付書類

- 医療費請求書（保険点数のわかるもの）
- 被保険者証、または受給資格者票
- 高額医療費貸付金借用書
- 高額療養費支給申請書

高額医療費貸付金限度額は8割…利子はない

貸付限度額	高額療養費支給見込額の8割相当額
利　　子	無利子
返済方法	被保険者の委任に基づき高額療養費から直接返済される

高額療養費支給申請書（健康保険の場合）

健康保険被保険者証を見て記入する

健康保険 被保険者 被扶養者 世帯合算 **高額療養費** 支給申請書　1 2 ページ　(高)

※給付金のお支払いまで、診療月後3か月以上かかります。

医療機関に支払った１か月分の自己負担額が高額になり、自己負担額を超えた額の払い戻しを受ける場合にご使用ください。なお、記入方法および添付書類等については「記入の手引き」をご確認ください。

被保険者（申請者）情報

被保険者証	記号（左づめ） 98765432　番号（左づめ） 108　生年月日 1（1.昭和 2.平成 3.令和） 00年 07月 11日
氏名（カタカナ）	シンセイ タロウ 姓と名の間は1マス空けてご記入ください。濁点(゛)、半濁点(゜)は1字としてご記入ください。
氏名	新星 太郎 ※申請者はお勤めされている（いた）被保険者です。被保険者がお亡くなりになっている場合は、相続人よりご申請ください。
郵便番号（ハイフン除く）	1430000　電話番号（左づめハイフン除く） 030000XXXX
住所	東京 (都) 道 府 県 大田区 大森北0-0

振込先指定口座

振込先指定口座は、上記申請者氏名と同じ名義の口座をご指定ください。

金融機関名称	ひので　(銀行) 金庫 信組 農協 漁協 その他（　）	支店名	大森　本店 (支店) 代理店 出張所 本店営業部 本所 支所
預金種別	1 普通預金	口座番号（左づめ）	1234567

ゆうちょ銀行の口座へお振り込みを希望される場合、支店名は３桁の漢数字を、口座番号は振込専用の口座番号（７桁）をご記入ください。
ゆうちょ銀行口座番号（記号・番号）ではお振込できません。

2ページ目に続きます。 ≫

被保険者証の記号番号が不明の場合は、被保険者のマイナンバーをご記入ください。
（記入した場合は、本人確認書類等の添付が必要となります。） ▶

社会保険労務士の
提出代行者名記入欄

以下は、協会使用欄のため、記入しないでください。

MN確認（被保険者）	1. 記入有（添付あり） 2. 記入有（添付なし） 3. 記入無（添付あり）		
添付書類	所得証明 1. 添付 2. 不備	戸籍（法定代理） 1. 添付	口座証明 1. 添付
		その他 1. その他	（理由）　枚数

受付日付印

6 4 1 1 1 1 0 1

(2022.12)

全国健康保険協会
協会けんぽ

(1/2)

これは全国健康保険協会管掌健康保険の場合の書式である。国民健康保険や組合管掌の健康保険は手続きおよび書式が異なるので確認すること

高額療養費支給申請書（続き）

健康保険 被保険者 被扶養者 世帯合算 **高額療養費** 支給申請書

※給付金のお支払いまで、診療月後3か月以上かかります。

1 2 ページ

被保険者氏名　新星 太郎

医療機関等から協会へ請求のあった診療報酬明細書（レセプト）により確認できた、本申請の支給（合算）対象となる診療等の自己負担額を全て合算して、支給額を算出します。

① 診療年月　令和 00 年 09 月 → 高額療養費は月単位でご申請ください。左記年月に診療を受けたものについて、下記項目をご記入ください。

申請内容

② 受診者氏名	新星 あおい		
② 受診者生年月日	2（1. 昭和 2. 平成 3. 令和）00年09月03日	1. 昭和 2. 平成 3. 令和　年　月　日	1. 昭和 2. 平成 3. 令和　年　月　日
③ 医療機関（薬局）の名称	○○ 外科		
③ 医療機関（薬局）の所在地	大田区大森西0-0		
④ 病気・ケガの別	1（1. 病気 2. ケガ）	1. 病気 2. ケガ	1. 病気 2. ケガ
⑤ 療養を受けた期間	10日 から 18日	日 から 日	日 から 日
⑥ 支払額（右づめ）	87500円	円	円

「①診療年月」以前1年間に、高額療養費に該当する月が3か月以上ある場合、「①診療年月」以外の直近3か月分の診療年月をご記入ください。

⑦ 診療年月　1 令和　年　月　2 令和　年　月　3 令和　年　月

情報照会

⑧ 非課税等 □ 被保険者が非課税である等、自己負担限度額の所得区分が「低所得」となる場合（記入の手引き参照）には、左記に ☑ を入れてください。

「⑧非課税等」に☑された方は、高額療養費算出のため、マイナンバーを利用した情報照会を行いますので、以下に当てはまる郵便番号をご記入ください。
診療月が1月～ 7月の場合：前年1月1日時点の被保険者の住民票住所の郵便番号
診療月が8月～12月の場合：本年1月1日時点の被保険者の住民票住所の郵便番号
詳しくは「記入の手引き」をご確認ください。

⑨ 被保険者郵便番号（ハイフン除く）

⑩ 希望しない □ マイナンバーを利用した情報照会を希望しない場合は、左記に ☑ を入れてください。希望しない場合には、非課税証明書等の必要な証明書類を添付してください。

6 4 1 2 1 1 0 1

全国健康保険協会
協会けんぽ

（2/2）

●健康保険限度額適用認定申請書

健康保険被保険者証を見て記入する

健康保険 限度額適用認定 申請書

（被保険者記入用）　(限)

記入方法等については、「健康保険 限度額適用認定 申請書 記入の手引き」をご確認ください。
申請書は、楷書で枠内に丁寧にご記入ください。　記入見本 0 1 2 3 4 5 6 7 8 9 ア イ ウ

被保険者情報

被保険者証の（左づめ）	記号 00000000	番号 000	生年月日 ☑昭和 □平成 □令和　00年06月07日
氏名・印	（フリガナ）オオハシ タケオ 大橋 武夫		自署の場合は押印を省略できます。
住所	（〒136－0000）東京 ㊓道府県 江東区亀戸0-0-0		
電話番号（日中の連絡先）	TEL 090（0000）0000		

認定対象者欄

療養を受ける方（被保険者の場合は記入の必要がありません。）	氏名	生年月日 □昭和 □平成 □令和　年　月　日	
療養予定期間（申請期間）	令和　年　月 ～ 令和　年　月		申請月の初日から最長で1年間となります。

送付希望先

上記被保険者情報に記入した住所と別のところに送付を希望する場合にご記入ください。

住所	（〒　－　）　都道府県
電話番号（日中の連絡先）	TEL　（　）
宛名	

申請代行者欄

被保険者以外の方が申請する場合にご記入ください。

氏名・印		被保険者との関係	
電話番号（日中の連絡先）	TEL　（　）	申請代行の理由	□ 被保険者本人が入院中で外出できないため。 □ その他 （　）

※限度額適用認定証の送付先または、申請書を返戻する場合の送付先は、被保険者住所または送付を希望する住所となりますので十分ご注意ください。
※申請書受付月より前の月の限度額適用認定証の交付はできません。日程に余裕を持ってご提出ください。

被保険者のマイナンバー記載欄
（被保険者証の記号番号を記入した場合は記入不要です）
マイナンバーを記入した場合は、必ず本人確認書類を添付してください。 ▶ □□□□□□□□□□□□

(2019.5)

受付日付印

社会保険労務士の
提出代行者名記載欄

様式番号
2 3 0 1 1 7

協会使用欄
1 □ □□ □

全国健康保険協会
協会けんぽ

(1/1)

健康保険 9

70歳以降の医療保険制度

医療機関で支払う窓口負担は、70歳になるまでは3割ですが、70歳になると窓口負担が変わる人がいます。また、75歳からはすべての人が後期高齢者医療制度の対象者となります。70歳以降の医療保険を確認しましょう。

70歳以上の高齢者の窓口負担

70歳以上75歳未満の人が医療機関で支払う窓口負担は原則2割（現役並みの所得者は3割）です。また、外来・入院それぞれに自己負担限度額が設けられており、外来で自己負担限度額を超えた場合、払い戻しの対象となります。入院等で自己負担限度額を超えた場合、限度額適用認定証を提出してあれば、超過分を窓口で支払う必要はありません。

●70歳以上74歳までの高齢者の窓口負担

区　分	自己負担割合
現役並みの所得者（標準報酬月額28万円以上）	3　割
一般	2　割
低所得者Ⅱ	
低所得者Ⅰ	

低所得者Ⅱ＝低所得者Ⅰ以外の住民税非課税世帯。
低所得者Ⅰ＝世帯全員が住民税非課税であって、収入が一定基準以下の方。
※所得の区分の詳細については、各保険者（協会けんぽ、健保組合、市区町村）に確認してください。
なお「現役並みの所得者」とは、勤務している人は標準報酬月額28万円以上の人、および課税所得145万円以上の人、および課税所得145万円以上の人と同一の世帯に属する人も対象です。ただし、同じ世帯の70歳以上の人の収入合計が次の条件に当てはまる場合は、申請により「一般」世帯となります。
①70歳以上74歳までの人が1人 → 383万円未満　②70歳以上74歳までの人が2人以上 → 520万円未満

●70歳以上の自己負担限度額

適用区分（標報＝標準報酬月額）		1か月の上限額（世帯ごと）	
		外来（個人ごと）	
現役並みの所得者	年収約1,160万円～（標報83万円以上）	252,600円＋（医療費－842,000）×1%	
	年収約770万円～約1,160万円（標報53万円以上）	167,400円＋（医療費－558,000）×1%	
	年収約370万円～約770万円（標報28万円以上）	80,100円＋（医療費－267,000）×1%	
一般所得者	年収約156万円～約370万円（標報26万円以下）	18,000円（年間上限144,000円）	57,600円
住民税非課税等	Ⅱ 住民税非課税世帯	8,000円	24,600円
	Ⅰ 住民税非課税世帯（年金収入80万円以下など）		15,000円

（注1）1つの医療機関等での自己負担（院外処方代を含む）では上限額を超えないときでも、同じ月の別の医療機関等での自己負担を合算することができる。この合算額が上限額を超えれば、高額療養費の支給対象となる。

平成20年4月からは、療養の給付に係る一部負担金等の額および介護保険の利用者負担額（それぞれ高額療養型または高額介護サービス費もしくは高額介護予防サービス費が支給される場合には当該支給額を控除して得た額）の合計額が著しく高額である場合の負担の軽減を図るという観点から、高額介護合算療養費が支給されています。

詳細は、各都道府県の広域連合または市町村の窓口にお問い合わせください。

75歳からは後期高齢者医療制度へ

国の医療制度改革により、平成20年4月1日から、75歳以上のすべての人（一定の障害者で65歳以上の人を含む）を対象とする独立した高齢者医療制度として、新たに「後期高齢者医療制度」が施行されました。医療機関での窓口負担は原則1割（現役並みの所得者は3割。一定以上の所得のある人は2割）となっています。

75歳からは現在加入している国民健康保険または被用者保険（被扶養者含む）から脱退し、すべて後期高齢者医療制度に加入する（被保険者になる）ことになります。したがって保険料も別建てで徴収されることになります（年金から天引きが原則）。

75歳以上の人が医療機関で治療を受けるには、後期高齢者医療被保険者証を医療機関の窓口に提示することになります。後期高齢者医療制度の実施主体は各都道府県の後期高齢者医療広域連合で、財源は後期高齢者（被保険者）の保険料や自己負担のほか、国民健康保険や被用者保険などに加入する現役世代からの支援金と、国や都道府県、区市町村が負担する公費によって賄われます。

後期高齢者医療制度へ移行した人の被扶養者

75歳まで会社の健康保険に加入していた人の被扶養者で、保険料を支払う必要のなかった人でも、今後は保険料を支払うことになります。

ただし、65歳以上75歳未満の被扶養者であった人は、これまで保険料を負担していなかったという観点から、申請により一定期間、保険料が軽減される人がいます。

●シルバー110番（高齢者総合相談センター）

高齢者のための、保険、生活、生きがい等何でも相談にのってくれるテレフォンサービス。プッシュホン回線ならば全国どこからでも＃8080（ハレバレ）で利用できる。ダイヤル回線の場合は以下の通り。

北海道	(011) 251-2525	石　川	(076) 257-6677	岡　山	(086) 224-2525
青　森	(017) 735-1165	福　井	(0776) 25-0294	広　島	(082) 254-3434
岩　手	(019) 625-0110	山　梨	(055) 254-0110	山　口	(083) 922-1211
宮　城	(022) 223-1165	長　野	(026) 226-0110	徳　島	(0120) 308-504
秋　田	(018) 829-4165	岐　阜	(058) 262-0110	香　川	(087) 863-4165
山　形	(023) 622-6511	静　岡	(054) 253-4165	愛　媛	(089) 926-0808
福　島	(024) 524-2225	愛　知	(052) 202-0110	高　知	(088) 875-0110
茨　城	(029) 243-8822	三　重	(059) 228-5000	福　岡	(092) 584-3344
栃　木	(028) 627-1122	滋　賀	(077) 566-0110	佐　賀	(0120) 32-4165
群　馬	(027) 255-6100	京　都	(075) 221-1165	長　崎	(095) 847-0110
埼　玉	—	大　阪	(06) 6875-0110	熊　本	(096) 325-8080
千　葉	(043) 227-0110	兵　庫	(0120) 01-7830	大　分	(097) 558-7788
東　京	(03) 5215-7350	奈　良	(0744) 29-0110	宮　崎	(0985) 25-1100
神奈川	(045) 312-1121	和歌山	(073) 435-5212	鹿児島	—
新　潟	(025) 285-4165	鳥　取	(0857) 59-6337	沖　縄	(098) 887-0110
富　山	(076) 441-4110	島　根	(0852) 32-5955		

●全国健康保険協会（協会けんぽ）が行う生活習慣病予防健診の例

<table>
<tr><th></th><th colspan="4">対象者</th><th>検診の内容</th><th>受診者負担</th></tr>
<tr><td rowspan="3">一般健診</td><td rowspan="3">令和6年度において35歳以上75歳未満の被保険者</td><td>年齢</td><td>被保険者</td><td>配偶者</td><td rowspan="3">問診・触診・身体計測
視力・聴力測定
血圧測定
尿検査
便潜血反応検査
血液一般検査
血糖検査
尿酸検査
血液脂質検査
肝機能検査
心電図検査
胸部・胃部レントゲン検査　など</td><td rowspan="3">最高5,282円（消費税込）</td></tr>
<tr><td>40歳以上75歳未満</td><td>○</td><td>×</td></tr>
<tr><td>35歳以上40歳未満</td><td>○</td><td>×</td></tr>
</table>

※その他オプションとして、付加健診、乳がん検診、子宮頸がん検診、肝炎ウイルス検査もあります。

PART 5

退職後の税金

税金

1 退職金にも税金はかかる

退職時に受け取る退職金や企業（厚生）年金基金からの退職一時金等は退職所得となり、所得税や住民税がかかります。退職所得は分離課税方式がとられているので、給与所得等のように総合課税方式と違い、他の所得と区分して課税されることになります。退職金にかかる所得税は、その年の退職金等の収入金額から勤続年数に応じた退職所得控除額を差し引いた額の2分の1の額に税率を掛けて算出されます。この勤続年数に応じた退職所得控除額はかなり高く設定されていますので，退職金等にかかる税金は優遇されているといえます。

退職金の税金は源泉徴収される

退職金にかかる所得税や住民税は、会社から退職金が支払われる段階で源泉徴収されますので、一般的に確定申告の必要はありません。この退職金の税額は、原則として、退職金等の額から勤続年数に応じた退職所得控除額を差し引いた額の2分の1の額※について計算されます。

●源泉徴収される税額の算出方法

「退職所得の受給に関する申告書」を提出した人の場合

↓

$$\text{退職金の税額} = \frac{\text{退職金等の額} - \text{退職所得控除額}}{2^{※}} \times \text{税率}$$

「退職所得の受給に関する申告書」を提出しない人の場合

↓

退職金の税額 ＝ 退職金の額 ×20.42%

※平成25年から、会社の役員等で勤続年数が5年以下の場合は、2分の1とする措置が廃止された。
※勤続年数5年以下の従業員の退職金は「短期退職手当等」となり、退職金の額から退職所得控除額を差し引いた残額（退職所得金額）が300万円を超える部分については、2分の1課税が適用されない。

「退職所得の受給に関する申告書」は会社に提出する

「退職所得の受給に関する申告書」は、退職金を受け取る際に会社に直接提出します。この申告書を提出することで、退職所得控除額を差し引いた額をもとに税額を計算し源泉徴収されるので、確定申告の必要はありません。しかし、申告書の提出がない場合には退職金の額そのものに20.42%を掛けた額の所得税（復興特別所得税を含む）が源泉徴収されることになり、余分に支払った所得税を取り戻すためには確定申告が必要となります。

●退職所得の受給に関する申告書

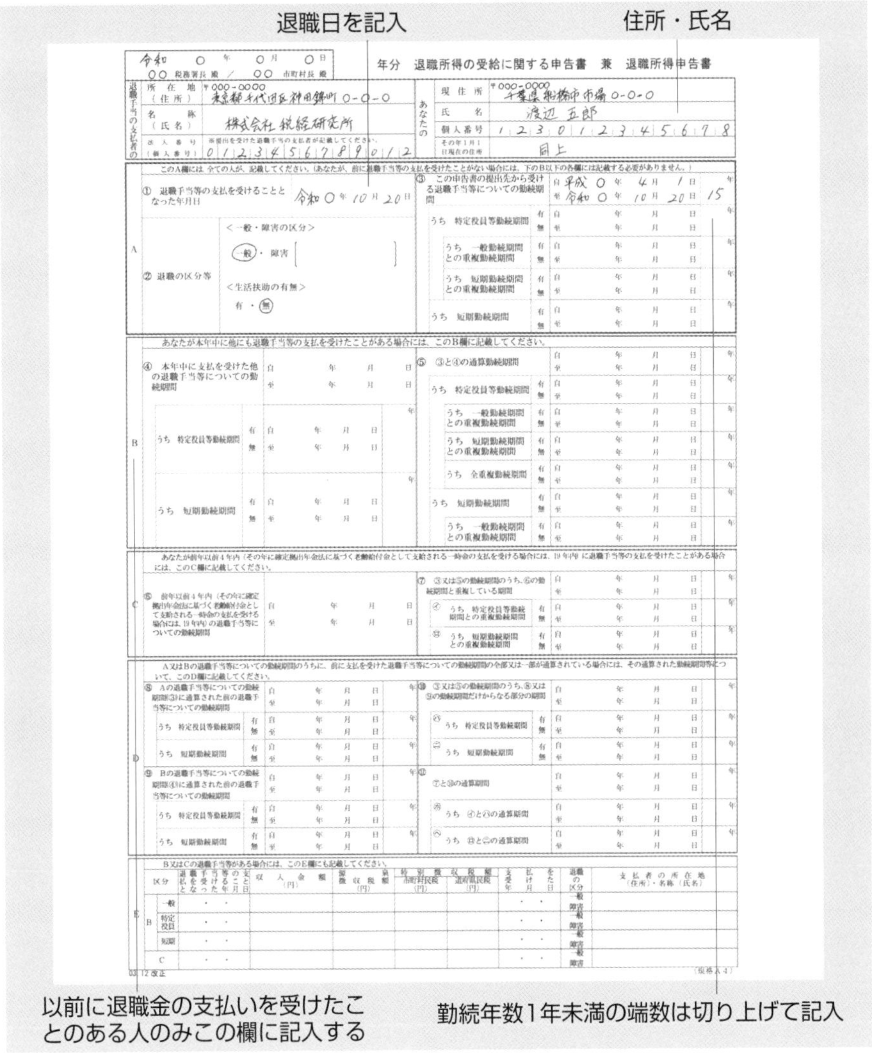

退職所得控除額は勤続年数に応じて計算される

退職所得控除額は、退職金をもらう会社での勤続年数により、下表の通り計算されます。勤続年数に1年未満の端数があるときは1年に切り上げて計算します。

●退職所得控除額

勤続年数	退職所得控除額
20年以下	勤続年数×40万円 (80万円以下の場合には80万円)
20年を超える	(勤続年数－20年)×70万円＋800万円

（注）これまでに退職金をもらったことのある人や、2か所以上から退職金をもらうときなどは控除額の計算が違ってくることがある。

（注）障害者となったことが直接の原因で退職した場合の退職所得控除額は、上記の計算額に100万円を加算した額となる。

具体例で退職金の税額を計算してみよう

退職金にかかる税金がいくらになるかを計算してみましょう。退職金の額と勤続年数によっては、税金のかからない場合もあります。例えば、勤続20年なら800万円以下、勤続30年なら1,500万円以下、勤続40年なら2,200万円以下の場合には所得税も住民税もかかりません。

●勤続30年のAさんの例

Aさんは勤続30年で退職し、退職金1,800万円であった。
「退職所得の受給に関する申告書」は会社に提出してある。

退職所得控除額（20年を超える場合）＝（勤続年数－20年）×70万円＋800万円
＝（30年－20年）×70万円＋800万円＝1,500万円

退職所得金額（課税対象額）＝（退職金－退職所得控除額）×$\frac{1}{2}$
＝（1,800万円－1,500万円）×$\frac{1}{2}$＝150万円

①所得税の計算（所得税の速算表を参照）

(150万円×5%)×102.1%＝76,575円

②住民税の計算（住民税の計算式参照）

・市区町村民税＝150万円×6%＝90,000円

・都道府県民税＝150万円×4%＝60,000円

住民税の合計＝150,000円

退職金から源泉徴収される所得税・住民税の合計

所得税①＋住民税②＝76,575円＋150,000円＝226,575円

Aさんの退職金の手取り額＝1,800万円－22万6,575円＝1,777万3,425円

所得税額の速算表

退職所得金額（A）	税率(B)	控除額（C）	税額＝((A)×(B)－(C))×102.1%
195万円以下	5%	0円	((A)×5%－0円)×102.1%
195万円超～330万円以下	10%	97,500円	((A)×10%－97,500円)×102.1%
330万円超～695万円以下	20%	427,500円	((A)×20%－427,000円)×102.1%
695万円超～900万円以下	23%	636,000円	((A)×23%－636,000円)×102.1%
900万円超～1,800万円以下	33%	1,536,000円	((A)×33%－1,536,000円)×102.1%
1,800万円超～4,000万円以下	40%	2,796,000円	((A)×40%－2,796,000円)×102.1%
4,000万円超	45%	4,796,000円	((A)×45%－4,796,000円)×102.1%

※退職所得金額は1,000円未満の端数を切り捨てる

住民税の計算式

・市区町村（特別区）民税の計算

市区町村民税額＝「退職所得金額」×6%（100円未満の端数は切り捨て）

・道府県民税の計算

都道府県民税額＝「退職所得金額」×4%（100円未満の端数は切り捨て）

税金
2 年金にも税金はかかる

年金収入にも税金はかかります。年金といっても老齢基礎年金・老齢厚生年金等の老齢および退職を支給事由とするものだけで、障害年金や遺族年金には税金はかかりません。
年金収入は雑所得として扱われ、源泉徴収されます。しかし負担する税額については「公的年金等控除額」が認められていますので、給与所得者に比べると優遇されています。また65歳以上になると、この「公的年金等控除額」が増額されるため、税負担はより軽減されます。

老齢年金は雑所得としての税金がかかる

老齢年金にも雑所得として所得税および住民税がかかります。年金収入からの源泉徴収には、以下の2つのパターンがあります。

扶養親族等申告書を提出した場合の源泉徴収税額

年金受給者が「扶養親族等申告書」を提出すると、次の計算式により算出された所得税が源泉徴収されます。

源泉所得税額 ＝ 課税対象額（年金額－社会保険料－各種控除額） ×5.105%

扶養親族等申告書を提出しなかった場合の源泉徴収税額

年金受給者が「扶養親族等申告書」を提出しない場合は、次の計算式により算出された所得税が源泉徴収されます。

源泉所得税額 ＝ 年金額－社会保険料－基礎控除 ×5.105%

（注）年金が支払われる際の源泉徴収税額が多くなるが、確定申告をすることにより正確な税額が算出される（所得税を余計に支払っていれば還付される）

65歳になると公的年金等控除額がアップするので税金は安くなる

年金収入は所得税法上、雑所得として扱われ、5.105%の税金(復興特別所得税を含む)が源泉徴収されますが、扶養親族申告書を提出した人はいきなり5.105%を掛けるのではなく、まず年金収入から公的年金等控除額を差し引き、さらに各種の所得控除をして余りが出れば、その額に5.105%を掛けることになります。公的年金等控除額は65歳未満より65歳以上のほうが高いので、65歳になると一般的に税金は安くなります。

公的年金等控除額の速算表　（※年齢は12月31日現在の満年齢）

	年金収入	公的年金等控除額
65歳以上	1,000万円を超える	195.5万円
	770万円を超え1,000万円以下	年金収入× 5%+145.5万円
	410万円を超え770万円以下	年金収入×15%+ 68.5万円
	330万円を超え410万円以下	年金収入×25%+ 27.5万円
	330万円以下	110万円
65歳未満	1,000万円を超える	195.5万円
	770万円を超え1,000万円以下	年金収入× 5%+145.5万円
	410万円を超え770万円以下	年金収入×15%+ 68.5万円
	130万円を超え410万円以下	年金収入×25%+ 27.5万円
	130万円以下	60万円

※公的年金等に係る雑所得以外の所得に係る合計所得が1,000万円以下の場合。

年金が一定額以上になると所得税が源泉徴収される

年金額が年間108万円（65歳以上の人は158万円）以上のときは、支払われるときに所得税の源泉徴収の対象となります。また「扶養親族等申告書」を提出すると、公的年金等控除や配偶者控除等の各種控除が受けられます。

各種控除相当額（月額換算）

控除の項目	65歳未満	65歳以上
公的年金等控除および基礎控除相当	年金月額×25%＋65,000円または90,000円のいずれか高い額	年金月額×25%＋65,000円または135,000円のいずれか高い額
配偶者（特別）控除相当	32,500円	32,500円
扶養控除相当	32,500円（1人）	32,500円（1人）

（注）老人控除対象配偶者であるときは月40,000円となる。
老人扶養親族は月40,000円、特定扶養親族（16歳以上～23歳未満の扶養親族）は月52,500円となる。
本人または扶養配偶者が障害者であるときは1人月22,500円、特別障害者であるときは1人月35,000円が加算される。

年金月額20万円としたときの源泉徴収税額（月額）はいくらか

年金月額が20万円の場合、年金が支払われる際の源泉徴収税額はいくらになるかを65歳未満の人の例で見てみましょう（社会保険料を2万円とした場合の例）。

パターン1）「扶養親族等申告書」を提出しなかった場合

源泉徴収税額＝［年金月額－社会保険料－（年金月額×25%＋65,000円）］×5,105%

源泉徴収税額＝［200,000円－20,000円－（200,000円×0.25＋65,000円）］×0.05105

源泉徴収税額＝3,318円

●パターン2）「扶養親族等申告書」を提出した人で単身者の場合

源泉徴収税額＝［年金月額−社会保険料−（年金月額×25%+65,000円）］×5.105%

↓

源泉徴収税額＝［200,000円−20,000円−（200,000円×0.25+65,000円）］×0.05105

↓

源泉徴収税額＝3,318円

●パターン3）「扶養親族等申告書」を提出した人で、配偶者控除が受けられる場合

源泉徴収税額＝［年金月額−社会保険料−（年金月額×25%+65,000円+32,500円）］×5.105%

↓

源泉徴収税額＝［200,000円−20,000円−（200,000円×0.25+65,000円+32,500円）］×0.05105

↓

源泉徴収税額＝1,659円

扶養親族等申告書は期日までに日本年金機構へ提出する

年金受給者が公的年金の各種控除を受けるには「扶養親族等申告書」を提出する必要があります。

最初は老齢給付の年金請求書の中にある「扶養親族等申告書」の欄に必要事項を記入します。2年目以降は毎年11月までに日本年金機構から「扶養親族等申告書」が送付されてきます。自分で記載内容に変更がないかどうかを確認し、必要事項を記入したうえで指定された期日までに日本年金機構に返送します。

厚生年金基金・企業年金連合会から支給される年金にも源泉徴収はある

厚生年金基金または企業年金連合会から支給される年金も雑所得としての所得税が源泉徴収されます。ただし源泉徴収は年金額が80万（65歳未満の人は108万円）以上の場合だけです。

源泉徴収されない場合（厚生年金基金または厚生年金基金から引き継いだ年金の場合）

基金からの年金額が80万円（65歳未満の人は108万円）未満

→ 源泉徴収もされないので「扶養親族等申告書」の提出も不要

源泉徴収される場合（厚生年金基金または厚生年金基金から引き継いだ年金の場合）

基金からの年金額が80万円（65歳未満の人は108万円）以上ある場合

→ 次の計算式により源泉徴収される

企業年金（確定給付企業年金、確定拠出企業年金）が支給される場合

源泉徴収税額 ＝（年金額－加入者拠出金相当額）×7.6575％

「扶養親族等申告書」の記載例

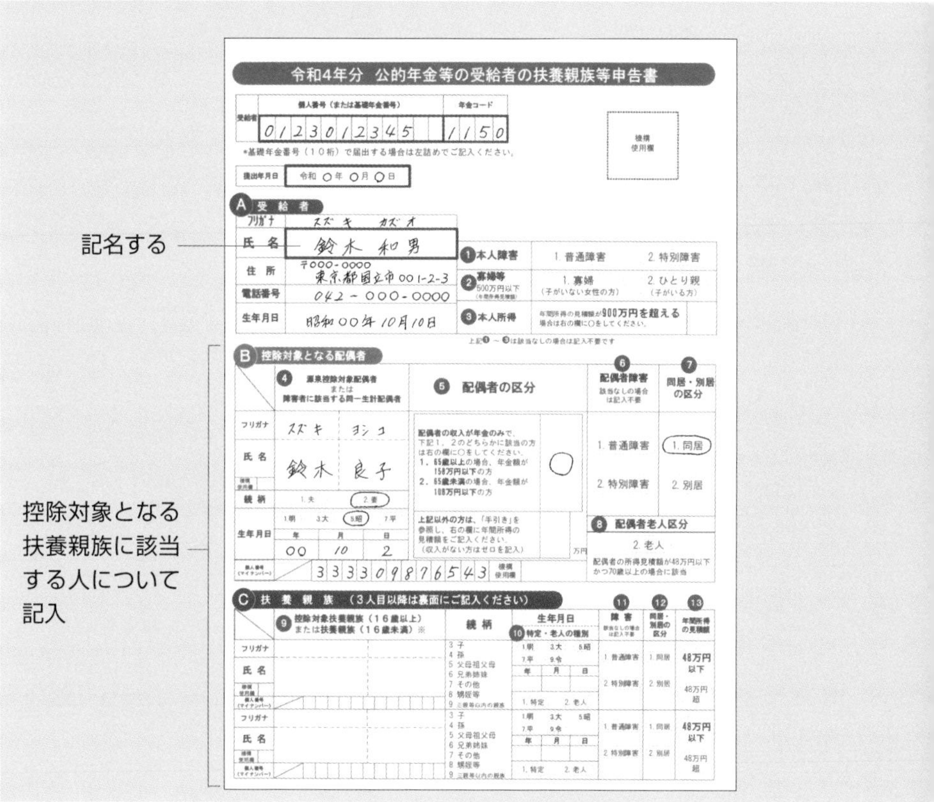

令和4年分　公的年金等の受給者の扶養親族等申告書

受給者　個人番号（または基礎年金番号）　0 1 2 3 0 1 2 3 4 5　年金コード　1 1 5 0

＊基礎年金番号（10桁）で届出する場合は左詰めでご記入ください。

機構使用欄

提出年月日　令和 ○年 ○月 ○日

A 受給者

フリガナ　スズキ　カズオ
氏名　鈴木 和男
住所　〒000-0000　東京都国立市001-2-3
電話番号　042－000-0000
生年月日　昭和00年10月10日

❶本人障害　1. 普通障害　2. 特別障害
❷寡婦等 500万円以下（年間所得見積額）　1. 寡婦（子がいない女性の方）　2. ひとり親（子がいる方）
❸本人所得　年間所得の見積額が900万円を超える場合は右の欄に○をしてください。

上記❶～❸は該当なしの場合は記入不要です

B 控除対象となる配偶者

❹源泉控除対象配偶者 または 障害者に該当する同一生計配偶者
フリガナ　スズキ　ヨシコ
氏名　鈴木 良子
続柄　1. 夫　2. 妻（○）
生年月日　1.明　3.大　5.昭（○）　7.平　年 00　月 10　日 2
個人番号（マイナンバー）　3 3 3 3 0 9 8 7 6 5 4 3　機構使用欄

❺配偶者の区分
配偶者の収入が年金のみで、下記1、2のどちらかに該当の方は右の欄に○をしてください。（○）
1. 65歳以上の場合、年金額が158万円以下の方
2. 65歳未満の場合、年金額が108万円以下の方
上記以外の方は、「手引き」を参照し、右の欄に年間所得の見積額をご記入ください。（収入がない方はゼロを記入）　万円

❻配偶者障害（該当なしの場合は記入不要）　1. 普通障害　2. 特別障害
❼同居・別居の区分　1. 同居（○）　2. 別居
❽配偶者老人区分　2. 老人　配偶者の所得見積額が48万円以下かつ70歳以上の場合に該当

C 扶養親族（3人目以降は裏面にご記入ください）

	❾控除対象扶養親族（16歳以上）または扶養親族（16歳未満）※	続柄	生年月日／❿特定・老人の種別	⓫障害（該当なしの場合は記入不要）	⓬同居・別居の区分	⓭年間所得の見積額
フリガナ／氏名／機構使用欄／個人番号（マイナンバー）		3 子　4 孫　5 父母祖父母　6 兄弟姉妹　7 その他　8 甥姪等　9 三親等以内の親族	1.明　3.大　5.昭　7.平　9.令　年　月　日　1. 特定　2. 老人	1. 普通障害　2. 特別障害	1. 同居　2. 別居	48万円以下　48万円超
フリガナ／氏名／機構使用欄／個人番号（マイナンバー）		3 子　4 孫　5 父母祖父母　6 兄弟姉妹　7 その他　8 甥姪等　9 三親等以内の親族	1.明　3.大　5.昭　7.平　9.令　年　月　日　1. 特定　2. 老人	1. 普通障害　2. 特別障害	1. 同居　2. 別居	48万円以下　48万円超

①扶養親族等申告書を提出した場合
源泉徴収税額 ＝［年金支払額－(各種控除額の合計－72,500円)］×5.105%

②扶養親族等申告書を提出しない場合
源泉徴収税額 ＝［年金支払額－(基礎控除－72,500円)］×5.105%

〈扶養親族等申告書（裏面）〉

裏面

C 扶養親族（続き）

	⑨ 控除対象扶養親族（16歳以上） または扶養親族（16歳未満）※	続柄	生年月日 ⑩ 特定・老人の種別	⑪ 障害 該当なしの場合は記入不要	⑫ 同居・別居の区分	⑬ 年間所得の見積額
フリガナ 氏名 旧姓使用欄 個人番号（マイナンバー）		3 子 4 孫 5 父母祖父母 6 兄弟姉妹 7 その他 8 甥姪等 9 三親等以内の親族	1.明 3.大 5.昭 7.平 9.令 年 月 日 1. 特定 2. 老人	1. 普通障害 2. 特別障害	1. 同居 2. 別居	48万円以下 48万円超
フリガナ 氏名 旧姓使用欄 個人番号（マイナンバー）		3 子 4 孫 5 父母祖父母 6 兄弟姉妹 7 その他 8 甥姪等 9 三親等以内の親族	1.明 3.大 5.昭 7.平 9.令 年 月 日 1. 特定 2. 老人	1. 普通障害 2. 特別障害	1. 同居 2. 別居	48万円以下 48万円超
フリガナ 氏名 旧姓使用欄 個人番号（マイナンバー）		3 子 4 孫 5 父母祖父母 6 兄弟姉妹 7 その他 8 甥姪等 9 三親等以内の親族	1.明 3.大 5.昭 7.平 9.令 年 月 日 1. 特定 2. 老人	1. 普通障害 2. 特別障害	1. 同居 2. 別居	48万円以下 48万円超
フリガナ 氏名 旧姓使用欄 個人番号（マイナンバー）		3 子 4 孫 5 父母祖父母 6 兄弟姉妹 7 その他 8 甥姪等 9 三親等以内の親族	1.明 3.大 5.昭 7.平 9.令 年 月 日 1. 特定 2. 老人	1. 普通障害 2. 特別障害	1. 同居 2. 別居	48万円以下 48万円超
フリガナ 氏名 旧姓使用欄 個人番号（マイナンバー）		3 子 4 孫 5 父母祖父母 6 兄弟姉妹 7 その他 8 甥姪等 9 三親等以内の親族	1.明 3.大 5.昭 7.平 9.令 年 月 日 1. 特定 2. 老人	1. 普通障害 2. 特別障害	1. 同居 2. 別居	48万円以下 48万円超
フリガナ 氏名 旧姓使用欄 個人番号（マイナンバー）		3 子 4 孫 5 父母祖父母 6 兄弟姉妹 7 その他 8 甥姪等 9 三親等以内の親族	1.明 3.大 5.昭 7.平 9.令 年 月 日 1. 特定 2. 老人	1. 普通障害 2. 特別障害	1. 同居 2. 別居	48万円以下 48万円超

D 摘要欄

⑭ 摘要

個人番号（マイナンバー）について

・番号が確認できる書類の添付は必要ありません。
・記入がない場合でも、記入がないことのみをもって申告書を受理しないことはありません。
・記入すると、翌年以降は記入が不要になります。

※扶養親族（16歳未満）の記載は、地方税法第45条の3の3および第317条の3の3の規定による「公的年金等受給者の扶養親族申告書」の記載を兼ねています。

（年金の支払者）
官署支出官 厚生労働省年金局事業企画課長 法人番号 6000012070001

税金 3

民間の保険金にかかる税金はどのように計算するか

長年こつこつと続けてきた生命保険や損害保険等、満期を迎えて一時金あるいは年金で受け取るのを楽しみにしている人もいるでしょう。これら民間の満期保険金や個人年金、あるいは死亡保険金には原則として税金がかかります。加入していた保険の種類や保険契約者（保険料の負担者）、被保険者、受取人等の組み合わせにより、所得税・贈与税・相続税のいずれかになります。もっとも不慮の事故・病気により受け取る入院給付金、手術給付金、障害給付金等は非課税扱いになっています。

満期保険金には所得税または贈与税がかかる

生命保険や損害保険等の満期保険金は、保険料の負担者、満期保険金の受取人が誰になっているかによって、次の表のように所得税や贈与税がかかります。

満期保険金にかかる税金の種類

保険料の負担者	被保険者	満期保険金受取人	税金の種類
■ Aさん	■ Aさん	■ Aさん	所得税
■ Aさん	● Bさん	■ Aさん	所得税
■ Aさん	■ Aさん	● Bさん	贈与税
■ Aさん	● Bさん	● Bさん	贈与税
■ Aさん	● Bさん	▲ Cさん	贈与税

満期保険金に所得税がかかるケース

満期保険金に所得税がかかるのは、保険料の負担者と満期保険金の受取人が同一人の場合ですが、満期保険金の受け取り方によって一時所得または雑所得としての所得税が課税されることになります。

①満期保険金が一時所得となる場合

満期保険金を一度に受領した場合は一時所得となり、課税所得金額は次の算式で計算された額です。

一時所得の課税所得金額の計算式

（その満期保険金以外に一時所得がないとした場合）

$\left(\text{満期保険金額} - \text{払い込み済み保険料} - \text{50万円}\right) \times \frac{1}{2} = \text{課税所得金額}$

※ここで計算された課税所得金額を205ページの所得税額の速算表にあてはめる

②満期保険金が雑所得となる場合

満期保険金を年金形式で受領した場合は雑所得になり、原則として年金形式で受領する際に所得税が源泉徴収されます。その所得金額はその年に受け取った年金形式の額から、その年に受け取った年金形式の額に対応する払い込み保険料の額を控除した額です。

雑所得の計算式

その年に受領した年金額 － それに対応する保険料の額 ＝ 雑所得A

雑所得A ＋ 他の所得B → 確定申告の必要あり

課税所得金額の計算式

雑所得A ＋ 他の所得B － 所得控除額 ＝ 課税所得金額

※ここで計算された課税所得金額を、205ページの所得税額の速算表にあてはめる

満期保険金に贈与税がかかるケース

満期保険金に贈与税がかかるのは、保険料の負担者と満期保険金の受取人が違う場合です。

満期保険金を一度に受領した場合

満期保険金 ＋ その年に贈与を受けた他の財産 − 基礎控除（110万円） ＝ 贈与税の課税対象額

※ここで計算された贈与税の課税対象額を217ページの贈与税の速算表にあてはめる

満期保険金を年金形式で受領する場合

満期保険金を年金形式で受領する場合は、「定期金に関する権利の評価の規定による評価」に基づき、贈与税がかかります。同時に毎年受け取る年金額からは、雑所得としての所得税が源泉徴収されます。

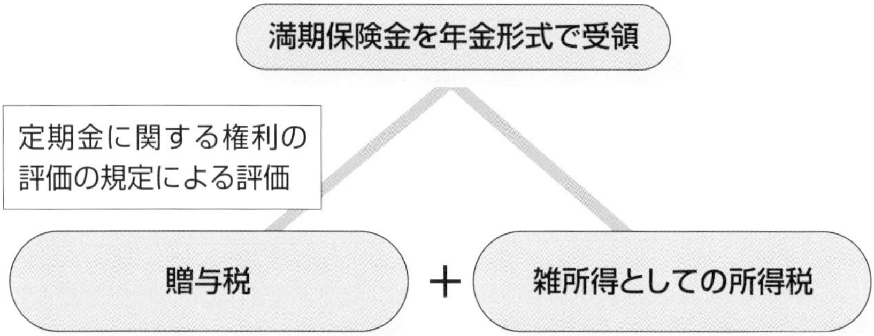

「定期金に関する権利の評価の規定による評価」の方法

定期金の種類	評価の方法
有期定期金	残存期間の年数により、年金受給権の評価の割合（残存期間に受けるべき給付金額の70％〜20％相当）を乗じて得た額（ただし1年間に受けるべき金額の15倍を限度額）とする
無期定期金	1年間に受けるべき金額の15倍相当額とする
終身定期金	年金受給権の取得のときの年齢に応じ定められた倍率（70歳超が1倍〜25歳以下が11倍）を、1年間に受けるべき金額に乗じて算出された額とする

個人年金は公的年金等以外の雑所得になる

個人年金には生命保険の個人年金保険、かんぽ生命の年金形式によるものがあります。保険料の負担者と受取人が同一人の場合は、公的年金等以外の雑所得になります。

保険形式の個人年金を受領した場合は雑所得になる

雑所得の計算式

（年金受領者が死亡し、遺族が継続して受け取る場合も含む）

［その年に受領した年金額］－［それに対応する保険料または掛金］＝［雑所得A］

＋

［他の所得B］

→ 確定申告の必要あり

課税所得金額の計算式

雑所得A	＋	他の所得B	－	所得控除額	＝	課税所得金額

※ここで計算された課税所得金額を205ページの所得税額の速算表にあてはめる

死亡保険金に対しては所得税または相続税・贈与税がかかる

事故や病気で被保険者が死亡したことにより死亡保険金を受け取った場合は、保険料の負担者、被保険者、死亡保険金の受取人の組み合わせによって、次のように税金がかかります。

死亡保険金にかかる税金の種類

●印が死亡した被保険者とする

保険料の負担者	被保険者	死亡保険金受取人	税金の種類
■ Aさん	● Bさん	■ Aさん	所得税
● Bさん	● Bさん	■ Aさん（相続人）	相続税
■ Aさん	● Bさん	▲ Cさん	贈与税

死亡保険金に所得税がかかるケース

死亡保険金に所得税がかかるのは、保険料の負担者と死亡保険金受取人が同一人の場合です。受取り方により、一時所得または雑所得になります。

①死亡保険金が一時所得となる場合

死亡保険金をいっぺんに受領した場合は、一時所得として課税されます。

一時所得の課税所得金額の計算式

$$\left(\text{死亡保険金額} - \text{払い込み済み保険料} - \text{50万円}\right) \times \frac{1}{2} = \text{課税所得金額}$$

※ここで計算された課税所得金額を205ページの所得税額の速算表にあてはめる

②死亡保険金が雑所得となる場合

死亡保険金を年金形式で受領した場合は雑所得となり、その所得金額はその年に受け取った年金の額から、それに対応する払い込み保険料の額を控除した金額です。受け取る際には、原則として所得税が源泉徴収されます。

一時所得の課税所得金額の計算式

その年に受領した年金額 － それに対応する保険料または掛金 ＝ 雑所得A

雑所得A ＋ 他の所得B → 確定申告の必要あり

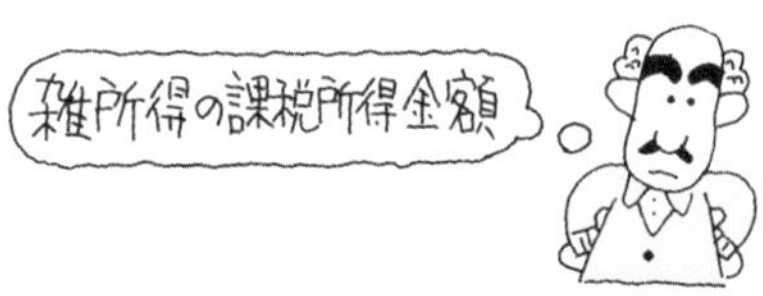

課税所得金額の計算式

雑所得A	＋	他の所得B	－	所得控除額	＝	課税所得金額

※ここで計算された課税所得金額を205ページの所得税額の速算表にあてはめる

③死亡保険金が相続税の対象となる場合

死亡保険金に相続税がかかるのは、死亡した被保険者と保険料の負担者が同一人で、死亡保険金受取人が死亡した者の相続人である場合です。

相続税の対象	＝	死亡保険金額	－	法定相続人×500万円

※死亡保険金を年金形式で受領する場合は、「定期金に関する権利の評価の規定による評価」を基準に課税されることになる。(214ページ参照)
※相続税の計算については、相続人の人数等により細かく定められているので、税務署または税理士に相談したほうがよい。

贈与税の速算表

基礎控除後の課税価格	一般贈与財産		特例贈与財産	
	一般税率	控除額	特例税率	控除額
～ 200万円以下	10%	－	10%	－
200万円超～ 300万円以下	15%	10万円	15%	10万円
300万円超～ 400万円以下	20%	25万円		
400万円超～ 600万円以下	30%	65万円	20%	30万円
600万円超～1,000万円以下	40%	125万円	30%	90万円
1,000万円超～1,500万円以下	45%	175万円	40%	190万円
1,500万円超～3,000万円以下	50%	250万円	45%	265万円
3,000万円超～4,500万円以下	55%	400万円	50%	415万円
4,500万円超～			55%	640万円

※「特例贈与財産」とは、直系尊属から18歳（令和4年3月までは、贈与を受けた年の1月1日現在で20歳）以上の直系卑属が贈与により財産を取得した場合で、それ以外は「一般贈与財産」となる。

税金 4

住民税は1年遅れでやってくる

住民税の申告は、前年1月1日から12月31日までに一定額以上の所得のある人が、1月1日現在住んでいる市区町村で3月15日までに行います。在職中であれば、会社が各人の市区町村に年末調整をした結果の給与支払報告書を提出しますので、個々の従業員が住民税の申告書を提出する必要はありませんが、退職後は自ら申告する必要があります。また所得税の確定申告をした人は自動的に市区町村へ申告内容が廻るので、住民税の申告書は提出しなくてもよいことになっています。

住民税の申告をする人・しない人

住民税は、在職中であれば毎月の給与から控除されたものを、会社が各市区町村に納付（特別徴収）することになりますが、退職後は自ら通常年4回（6月・8月・10月・1月）に分けて納める（普通徴収）ことになります。住民税は前年の所得について、翌年の6月から納付することになっています。したがって退職して現在収入がない人でも前年に所得があった場合は、納付する必要があります。

住民税の申告が必要な人

(1) 商業、工業、農業などの事業を営んだり、大工、左官等による所得のあった人

(2) 地代、家賃、配当、譲渡等の所得のあった人

(3) 給与所得者で、前年中途で退職し、再就職をしていない人

(4) 勤務先から給与支払報告書の提出がない人

(5) 2か所以上の勤務先から給与を受けている人（公的年金等を受けている人を含む）

(6) 給与所得以外にも所得のあった人
（注）給与所得でない所得が20万円以下の人は所得税については税務署に確定申告をする必要はないが、住民税については市区町村へ申告をする必要がある。

住民税の申告がいらない人

(1) 勤務先より給与支払報告書の提出がされていて、他に所得のない人

(2) 所得税の確定申告を税務署に提出する人

住民税の計算は難しくない

一般的に住民税とは、都道府県民税と市区町村民税の両方を指しています。この住民税の計算は次の方法で行われます。

住民税の計算方法

住民税	=	市区町村民税	=	所得割《しょとくわり》－税額控除＋均等割《きんとうわり》
		＋		
		都道府県民税	=	所得割－税額控除＋均等割

所得割＝所得の多寡に応じて課税する税金
均等割＝所得に関係なく均等に課税する税金

所得割を算出するための課税標準額の計算

収入金額	－	必要諸費	＝	所得金額
所得金額	－	所得控除額	＝	課税標準額
課税標準額	×	税率	＝	所得割

(221ページの速算表参照)

地方税の所得控除の例

所得控除の種類	内　　容	控除の額
基礎控除	本人の所得による	43万円～0円
配偶者控除	本人の合計所得金額が1,000万円以下で、生計同一の配偶者の合計所得金額が48万円以下になるとき	最高33万円
配偶者特別控除	本人の合計所得金額が1,000万円以下で、生計同一の配偶者の合計所得が133万円未満のとき	最高33万円
扶養控除	扶養親族があるとき	33万円
障害者控除	本人または扶養者が障害者であるとき	26万円（特別障害者は30万円）
社会保険料控除	健康保険・厚生年金・国民健康保険の保険料を支払ったとき	実際に支払った全額
生命保険料控除	一般の生命保険または個人年金、介護医療保険の保険料を支払ったとき	最高各2万8,000円（最高7万円）
地震保険料控除	地震保険の保険料を支払ったとき	最高2万5,000円
小規模企業共済等掛金控除	中小企業事業団との小規模企業共済契約に基づき支払った掛金があるとき	全額
寡婦（夫）控除（夫の場合は、生計を一にする親族である子どもがいること）	夫（妻）と死別しまたは離婚してから婚姻していない人、あるいは夫（妻）の生死が不明で扶養親族または生計同一の子があり合計所得金額が500万円以下の人	26万円または33万円
医療費控除	本人または生計同一の配偶者などが10万円、もしくは合計所得金額の5%のいずれか少ない額を超える医療費を支払ったとき	超えた部分の額（最高200万円）

（注）平成23年12月31日以前に加入した保険のみの場合は、一般の生命保険または個人年金の保険料について最高各3万5,000円が控除されます。

●住民税所得割の速算税率

区　分／課税標準額	市区町村（特別区）民税率	（都）道府県民税率
標　準	6%	4%

住民税率（所得割）＝市区町村民税6%＋都道府県民税4%＝10%（一律）

※実際の税額については人的控除に応じた減額措置が講じられる。

●住民税均等割の額（通常）

区　分／市区町村の規模	市区町村（特別区）民税	（都）道府県民税
標　準	3,500円	1,500円

※東日本大震災からの復興施策として、個人住民税の均等割の税額が平成26年6月より10年間にわたって1,000円引き上げられた（市区町村民税分500円、道府県民税分500円）。これにより、市区町村民税3,500円、道府県民税1,500円となっている。

※税額は、市区町村によって異なる場合がある。令和6年度から森林環境税として年額1,000円が徴収される。

住民税は、前年の収入について翌年の6月から徴収される

住民税は前年の1月から12月までの所得に対し1年遅れて徴収されます。会社員時代は給与から源泉徴収（特別徴収という）されていたため、そのしくみがよくわからなかった人も、いったん退職すると後から納税通知書が送付され、自分で直接納める（普通徴収という）ことになります。退職月が1月から5月までの人は退職時の給与からその年

●会社員のAさんの例（今も勤務中である場合）

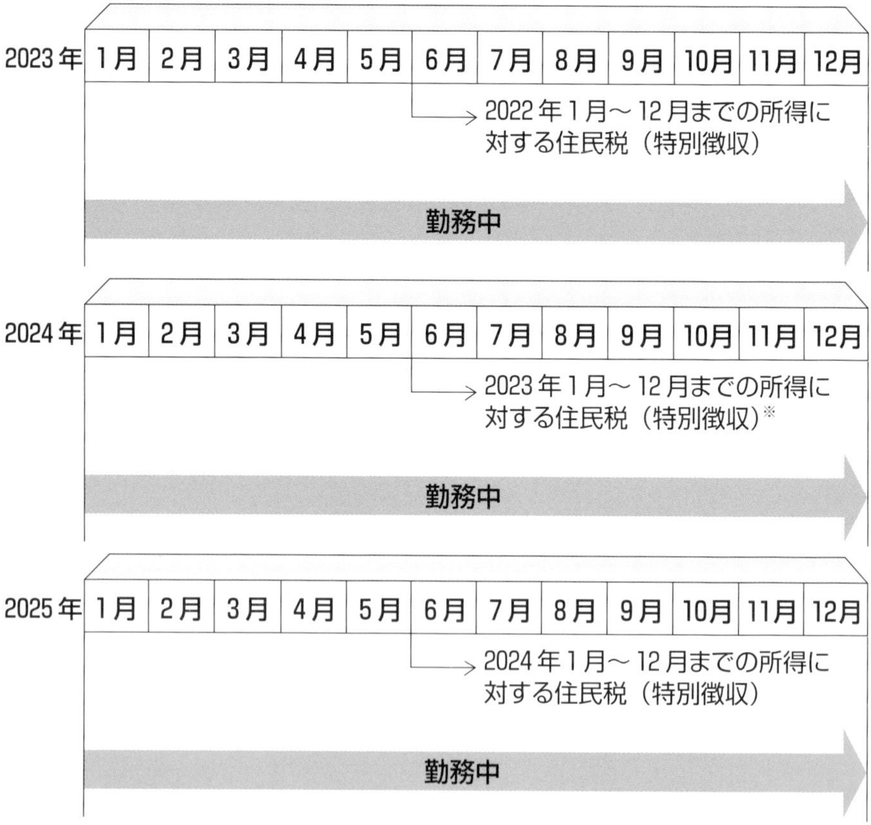

※（注）2024（令和6）年の特別徴収については、令和6年度分の個人住民税所得割から、納税者及び配偶者を含めた扶養家族1人につき1万円の減税が実施されるため、令和6年6月分は徴収せず、「定額減税「後」の税額」を令和6年7月分～令和7年5月分の11か月で均して徴収するとされている。上図は本来の徴収方法を示したものである。

度の住民税を一括徴収されるので、翌年度から納めればよいわけですが、6月から12月の間に退職した人は、当年度の残りの住民税を自分で直接納付することになります。

●会社員のBさんの例（2025年3月31日に退職した場合）

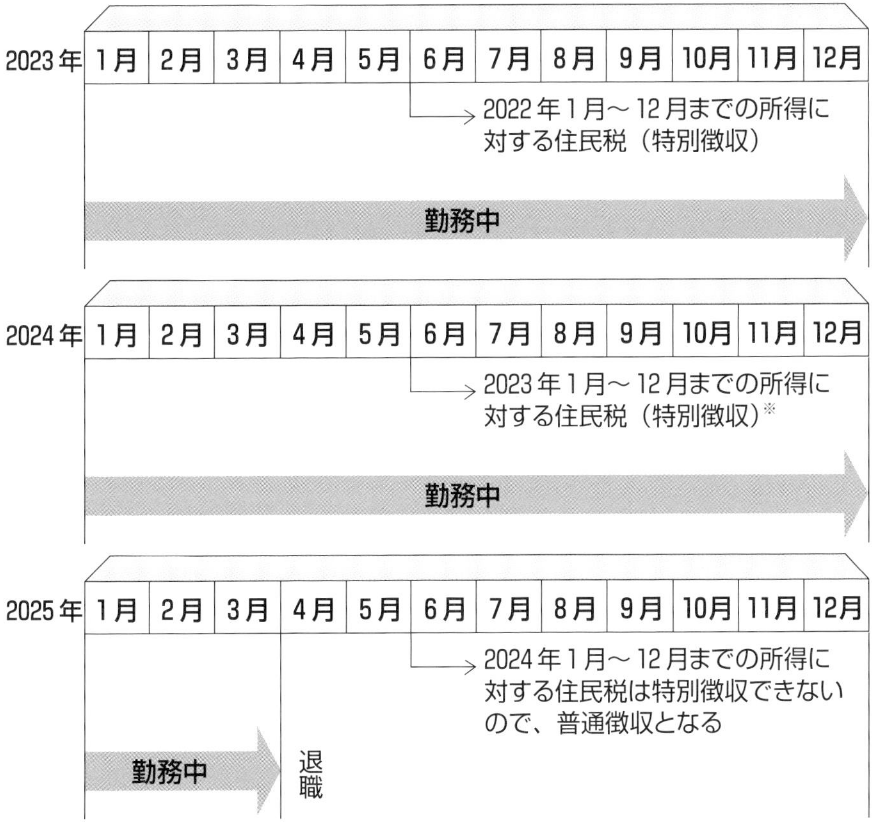

（注）Bさんは3月31日に退職したため、4月以降は給与から特別徴収できない。その場合、2023年1月～12月までの所得に対する住民税の残り4月・5月分は、退職時の給与等から一括徴収されることになる。

（注）Bさんの2024年の所得に対する住民税（2025年6月以降の分）は普通徴収に切り替わり、自分で納付する（分割して納付する場合は、6月、8月、10月、翌年1月の4期に分けて納付できる）。

※（注）2024（令和6）年の特別徴収については、令和6年度分の個人住民税所得割から、納税者及び配偶者を含めた扶養家族1人につき1万円の減税が実施されるため、令和6年6月分は徴収せず、「定額減税「後」の税額」を令和6年7月分～令和7年5月分の11か月で均して徴収するとされている。上図は本来の徴収方法を示したものである。

税金 5

納めすぎの税金は確定申告をすれば戻ってくる

確定申告は、1月から12月までの1年間に生じた所得金額をもとに所得税を確定させる手続きをいいます。確定申告の結果、確定した所得税の額が納付済みの源泉徴収税額や予定納税額と比べ不足していれば納付することになるし、納めすぎていれば還付されることになります。会社員の人で確定申告が必要なのは、給与所得が年間2,000万円を超える場合、2か所以上から給与を受けている場合、医療費控除や住宅取得控除を受ける場合等が考えられます。会社員の多くは一般的に確定申告の必要はなく、毎年12月に行われる年末調整で済むことになっています。

確定申告の必要がある人

次の人は確定申告をする必要があります。

(1) 事業所得や不動産所得等がある人で各種の所得金額の合計額が基礎控除、配偶者控除、扶養控除等の所得控除額の合計額よりも大きい場合で一定の人
(2) 退職金の支払いを受けるときに「退職所得の受給に関する申告書」を提出しなかったため、20%の税率で源泉徴収された人
(3) 給与所得者は、給与の年間収入が2,000万円を超えている人
(4) 1か所から給与を受けている人で、給与所得および退職所得以外の所得金額の合計が20万円を超えている人
(5) 2か所以上から給与を受けている人で、主たる給与以外の給与の額と給与所得・退職所得以外の所得の額の合計が20万円を超える人
(6) 同族会社の役員やその家族等で会社から使用料等を受けている人

納めすぎの税金を戻すことができる還付申告

確定申告をする義務のない人でも、源泉徴収された税金や予定納税額が年間の所得について確定計算した税額より多いときは、確定申告によって納めすぎた税金を取り戻すことができます。この取り戻す申告を還付申告といって、提出期限は還付申告ができる日（所得のあった年の翌年1月1日）から5年間です。したがって2月15日以前でも還付申告はできます。還付申告書の提出先は住所地を管轄する税務署であり、郵送してもよいことになっています。

還付申告後、まだ納めすぎの税金があった場合

すでに還付申告を済ませた人が、その年の分についてまだ納めすぎていることがわかった場合は確定申告ではなく、更正の請求をすることによって取り戻すことができます。この更正の請求ができる期間は、還付申告書を提出した日または法定申告期限のいずれか遅い日から1年間です。

必要な書類は申告書のほか源泉徴収票や各種証明書がある

確定申告をするには「確定申告書」に記入する際の資料として源泉徴収票、社会保険料の領収書、生命保険・地震保険料の控除証明書、医療費の領収書等を揃える必要があります。添付または提示が必要なものもあります。

年金受給者の源泉徴収票は日本年金機構等から交付される

源泉徴収票は確定申告をする場合に必ず添付しなければなりません。源泉徴収票は給与所得者は会社から、年金受給者は日本年金機構等から交付されます。

源泉徴収票の交付

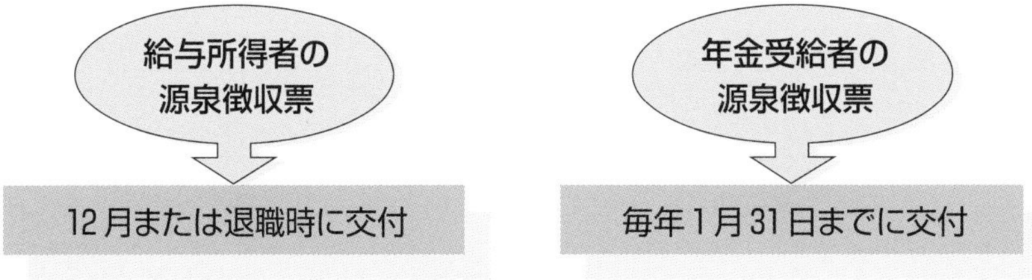

所得税の計算はこのようにする

所得税を算出するための計算の流れは、次のようになっています。

所得税の計算

収入金額	−	必要経費	＝	所得金額
所得金額	−	所得控除額	＝	課税所得金額
課税所得金額	×	税　率	＝	所得税額

給与所得者には必要経費に相当する給与所得控除がある

会社員には経費という概念がありませんので、給与の収入額に応じて必要経費的な要素をもつ給与所得控除が設けられています。

給与収入から給与所得控除を差し引いた額が給与所得になります。

簡易給与所得表（抜粋）

<table>
<tr><th>給与収入金額</th><th colspan="2">給与所得金額</th></tr>
<tr><td>550,999円以下</td><td colspan="2">0円</td></tr>
<tr><td>551,000円～1,618,999円</td><td colspan="2">収入金額－550,000円</td></tr>
<tr><td>1,619,000円～1,619,999円</td><td colspan="2">1,069,000円</td></tr>
<tr><td>1,620,000円～1,621,999円</td><td colspan="2">1,070,000円</td></tr>
<tr><td>1,622,000円～1,623,999円</td><td colspan="2">1,072,000円</td></tr>
<tr><td>1,624,000円～1,627,999円</td><td colspan="2">1,074,000円</td></tr>
<tr><td>1,628,000円～1,799,999円</td><td rowspan="3">収入金額÷4＝①</td><td>①×2.4＋100,000円</td></tr>
<tr><td>1,800,000円～3,599,999円</td><td>①×2.8－ 80,000円</td></tr>
<tr><td>3,600,000円～6,599,999円</td><td>①×3.2－440,000円</td></tr>
<tr><td>6,600,000円～8,499,999円</td><td colspan="2">収入金額×0.9－1,100,000円</td></tr>
<tr><td>8,500,000円以上</td><td colspan="2">収入金額－1,950,000円</td></tr>
</table>

給与等の収入金額が660万円以上の場合の給与所得速算表（令和6年分）

給与等の収入金額の合計額	左の額に乗じる率	控除額
6,600,000円から8,499,999円	90%	1,100,000円
8,500,000円以上	100%	1,950,000円

例えば、給与等の収入金額の合計額が800万円の場合の給与所得の金額は次のような計算になる。

給与所得の金額＝8,000,000円×90%－1,100,000円＝6,100,000円

所得控除額の例

所得控除の種類	内　容	控除の額
基礎控除	本人の所得による	0～48万円
配偶者控除	本人の合計所得金額が1,000万円以下で、生計同一の配偶者の合計所得金額が38万円以下になるとき	最高38万円
配偶者特別控除	本人の合計所得金額が1,000万円以下で、生計同一の配偶者の合計所得が38万円を超え76万円未満のとき	1万円～38万円
扶養控除	扶養親族があるとき	38万円
障害者控除	本人または扶養者が障害者であるとき	27万円（特別障害者は40万円）
社会保険料控除	健康保険・厚生年金・国民健康保険の保険料を支払ったとき	実際に支払った全額
生命保険料控除	一般の生命保険または個人年金の保険料、介護医療保険料を支払ったとき	最高各4万円※（最高12万円）
地震保険料控除	地震保険の保険料を支払ったとき	最高5万円
小規模企業共済等掛金控除	中小企業事業団との小規模企業共済契約に基づき支払った掛金があるとき	全額
寡婦（夫）控除（夫の場合は、生計を一にする親族である子どもがいること）	夫（妻）と死別しまたは離婚してから婚姻していない人、あるいは夫（妻）の生死が不明で扶養親族または生計同一の子があり合計所得金額が500万円以下の人	27万円または35万円
医療費控除	本人または生計同一の配偶者などが10万円、もしくは合計所得金額の5%のいずれか少ない額を超える医療費を支払ったとき	超えた部分の額（最高200万円）

※　平成23年12月31日以前に加入した保険のみの場合は、一般の生命保険または個人年金の保険料について最高各5万円が控除されます。

所得税額の速算表（税率）

課税所得金額（A）	税率（B）	控除額（C）	税額＝((A)×(B)－(C))×102.1%
195万円以下	5%	0円	((A)×5%－0円)×102.1%
195万円超～330万円以下	10%	97,500円	((A)×10%－97,500円)×102.1%
330万円超～695万円以下	20%	427,500円	((A)×20%－427,000円)×102.1%
695万円超～900万円以下	23%	636,000円	((A)×23%－636,000円)×102.1%
900万円超～1,800万円以下	33%	1,536,000円	((A)×33%－1,536,000円)×102.1%
1,800万円超～4,000万円以下	40%	2,796,000円	((A)×40%－2,796,000円)×102.1%
4,000万円超	45%	4,796,000円	((A)×45%－4,796,000円)×102.1%

※課税所得金額は1,000円未満の端数を切り捨てる。

確定申告で税金の還付を受けよう

会社員の場合は源泉徴収制度といって、給料や賞与からは税金が前もって差し引かれています。これは会社が本人に代わって税金を納めるからなのですが、前もって給料の見込み額で税金を計算することから、年末には過不足が生じます。そこで、会社では年末調整を行ってその過不足を調整することになります。

ところが、会社員が退職して年末までに再就職をしなかった場合には年末調整を行うことができず、確定申告を行うことになります。また、退職金を受け取る際に「退職所得の受給に関する申告書」を提出していない場合には、退職所得控除を受けられず、20%の所得税が源泉徴収されていますので、確定申告をして納めすぎた税金の還付を受けるようにしましょう。

ほかにも、公的年金には年末調整の制度がないことから、場合によっては確定申告をすることで税金が戻ってきますので確認をしておきましょう。

こんな時には確定申告で税金がもどる（例）

①医療費控除	1年間に10万円を超える医療費を支払った場合。
②住宅ローン控除	ローンを組んで家を買った、増改築をした場合。
③雑損控除	災害や盗難で住宅や家財に損害を受けた場合。
④配当所得や原稿料収入がある人	税金を多く源泉徴収されている場合。
⑤寄付金控除、政党等寄付金特別控除	特定の寄付をした場合。
⑥中途退職者	年の途中で退職して年末調整を受けていない場合。
⑦外国税額控除	外債を買うなど、外国で所得税を納めた場合。

確定申告書の作成・提出

確定申告は次の1～4の手順で行います。

1. 必要書類を準備する（源泉徴収票など下記＊印のもの）
2. 申告書と付属書類を作成する（申告書に直接記載するか、確定申告書等作成コーナーで作成することもできる）

3. 申告書を税務署に提出する（e-Tax、郵送、税務署へ持参）
4. 税金を納付するまたは還付を受ける

確定申告書には、第一表と第二表があります。第二表に基礎的なデータを記入し、これを第一表に転記しながら計算を行う仕組みになっています。確定申告書の作成にあたっては必要書類の確認を行います。手元に必要書類がない場合は、勤め先・保険会社・銀行などに交付依頼をしておきましょう。確定申告の必要書類には以下のものがあります。

＊給与所得の源泉徴収票　＊公的年金等の源泉徴収票
＊社会保険料控除証明書　＊生命保険料控除証明書
＊地震保険料控除証明書　＊医療費控除の明細書
＊寄附金（税額）控除のための書類　＊住宅控除ローン控除証明書
＊財産及び債務の明細書など

申告書の種類

① 会社員や年金生活者など	給与所得 年金収入や原稿料収入等の 雑所得 配当所得 満期保険金収入等の 一時所得 だけの人で予定納税額のない人	➡	申告書
② 事業を行っているなど	事業所得 不動産所得 利子所得 総合課税の 譲渡所得 などがある人	➡	申告書
③ 土地・建物を売った人など	土地・建物の譲渡所得 申告分離課税の 株式等の譲渡所得 山林所得 退職所得 申告分離課税の商品 先物取引の雑所得 などがある人	➡	申告書 分離課税用
④ ①に該当しなくて所得金額が赤字になる人	申告書 ＋ 損失申告用		

確定申告書［第一表］

FA2203

＿＿＿＿税務署長
令和＿年＿月＿日

令和 0 年分の所得税及び復興特別所得税の　申告書

第一表（令和五年分以降用）

納税地 〒	個人番号（マイナンバー）		生年月日
現在の住所又は居所事業所等		フリガナ	
		氏名	
令和 年1月1日の住所	職業	屋号・雅号	世帯主の氏名 / 世帯主との続柄
種類	特農の表示	整理番号	電話番号 自宅・勤務先・携帯 ― ―

（単位は円）

区分	項目		番号	金額
収入金額等	事業	営業等 区分	ア	
		農業 区分	イ	
	不動産 区分1 区分2		ウ	
	配当		エ	
	給与 区分		オ	
	雑	公的年金等	カ	
		業務 区分	キ	
		その他 区分	ク	
	総合譲渡	短期	ケ	
		長期	コ	
	一時		サ	
所得金額等	事業	営業等	①	
		農業	②	
	不動産		③	
	利子		④	
	配当		⑤	
	給与 区分		⑥	
	雑	公的年金等	⑦	
		業務	⑧	
		その他	⑨	
		⑦から⑨までの計	⑩	
	総合譲渡・一時 ㋘＋{(㋙＋㋚)×½}		⑪	
	合計（①から⑥までの計＋⑩＋⑪）		⑫	
所得から差し引かれる金額	社会保険料控除		⑬	
	小規模企業共済等掛金控除		⑭	
	生命保険料控除		⑮	
	地震保険料控除		⑯	
	寡婦、ひとり親控除 区分		⑰～⑱	0000
	勤労学生、障害者控除		⑲～⑳	0000
	配偶者（特別）控除 区分1 区分2		㉑～㉒	0000
	扶養控除 区分		㉓	0000
	基礎控除		㉔	0000
	⑬から㉔までの計		㉕	
	雑損控除		㉖	
	医療費控除 区分		㉗	
	寄附金控除		㉘	
	合計（㉕＋㉖＋㉗＋㉘）		㉙	

整理欄	管理		名簿	

区分	項目		番号	金額
税金の計算	課税される所得金額（⑫－㉙）又は第三表		㉚	000
	上の㉚に対する税額 又は第三表の㊈		㉛	
	配当控除		㉜	
	区分		㉝	
	（特定増改築等）住宅借入金等特別控除 区分1 区分2		㉞	00
	政党等寄附金等特別控除		㉟～㊲	
	住宅耐震改修特別控除等 区分		㊳～㊵	
	差引所得税額（㉛－㉜－㉝－㉞－㉟－㊱－㊲－㊳－㊴－㊵）		㊶	
	災害減免額		㊷	
	再差引所得税額（基準所得税額）（㊶－㊷）		㊸	
	復興特別所得税額（㊸×2.1%）		㊹	
	所得税及び復興特別所得税の額（㊸＋㊹）		㊺	
	外国税額控除等 区分		㊻～㊼	
	源泉徴収税額		㊽	
	申告納税額（㊺－㊻－㊼－㊽）		㊾	
	予定納税額（第1期分・第2期分）		㊿	
	第3期分の税額（㊾－㊿）	納める税金	51	00
		還付される税金	52	
修正申告	修正前の第3期分の税額（還付の場合は頭に△を記載）		53	
	第3期分の税額の増加額		54	00
その他	公的年金等以外の合計所得金額		55	
	配偶者の合計所得金額		56	
	専従者給与（控除）額の合計額		57	
	青色申告特別控除額		58	
	雑所得・一時所得等の源泉徴収税額の合計額		59	
	未納付の源泉徴収税額		60	
	本年分で差し引く繰越損失額		61	
	平均課税対象金額		62	
	変動・臨時所得金額 区分		63	
延納の届出	申告期限までに納付する金額		64	00
	延納届出額		65	000

㊹・㊺・㊾・51又は52の記入をお忘れなく。

還付される税金の受取場所	銀行・金庫・組合・農協・漁協		本店・支店・出張所・本所・支所
	郵便局名等	預金種類	普通 / 当座 / 納税準備 / 貯蓄
	口座番号・記号番号		
公金受取口座登録の同意		公金受取口座の利用	

整理欄												
区分	A	B	C	D	E	F	G	H	I	J	K	
異動												
補完											確認	

①『確定申告の手引き』にしたがって、第一表、第二表に住所、氏名、電話番号などの必要事項を記入する。
②源泉徴収票や支払い調書などから「支払い金額」を第二表の「所得の内訳」に記入、第一表の「収入金額」と「所得金額」の該当欄に順次記入する。
③基礎控除など「所得から差し引かれる金額」を第二表、第一表ともに記入する。
④『確定申告の手引き』にしたがって「税金の計算」欄などを順次記入していき、「申告納税額」を算出する。
⑤銀行などの還付金の受け取り口座を記入する。
⑥源泉徴収票や支払い調書などの添付書類は、第二表の裏面などに貼る。

確定申告書［第二表］

令和 0 年分の所得税及び復興特別所得税の　申告書

整理番号

FA2303

住　所
屋　号
氏《フリ》　名《ガナ》

	保険料等の種類	支払保険料等の計	うち年末調整等以外
⑬⑭ 社会保険料控除 / 小規模企業共済等掛金控除		円	円
⑮ 生命保険料控除	新生命保険料	円	円
	旧生命保険料		
	新個人年金保険料		
	旧個人年金保険料		
	介護医療保険料		
⑯ 地震保険料控除	地震保険料	円	円
	旧長期損害保険料		

本人に関する事項（⑰～⑳）	寡婦	ひとり親	勤労学生	障害者	特別障害者
	□ 死別　□ 生死不明 □ 離婚　□ 未帰還		□ 年調以外かつ専修学校等		

○ 所得の内訳（所得税及び復興特別所得税の源泉徴収税額）

所得の種類	種目	給与などの支払者の「名称」及び「法人番号又は所在地」等	収入金額	源泉徴収税額
			円	円
			㊽ 源泉徴収税額の合計額	円

○ 雑損控除に関する事項（㉖）

損害の原因	損害年月日	損害を受けた資産の種類など
	. .	

損害金額	円	保険金などで補塡される金額	円	差引損失額のうち災害関連支出の金額	円

○ 総合課税の譲渡所得、一時所得に関する事項（⑪）

所得の種類	収入金額	必要経費等	差引金額
	円	円	円

○ 寄附金控除に関する事項（㉘）

寄附先の名称等		寄附金	円

特例適用条文等	

○ 配偶者や親族に関する事項（⑳～㉓）

氏名	個人番号	続柄	生年月日	障害者		国外居住		住民税		その他
		配偶者	明・大 昭・平 . .	障	特障	国外	年調	同一	別居	調整
			明・大 昭・平・令 . .	障	特障		年調	16	別居	調整
			明・大 昭・平・令 . .	障	特障		年調	16	別居	調整
			明・大 昭・平・令 . .	障	特障		年調	16	別居	調整
			明・大 昭・平・令 . .	障	特障		年調	16	別居	調整

○ 事業専従者に関する事項（㊼）

事業専従者の氏名	個人番号	続柄	生年月日	従事月数・程度・仕事の内容	専従者給与（控除）額
			明・大 昭・平 . .		円
			明・大 昭・平 . .		

○ 住民税・事業税に関する事項

住民税	非上場株式の少額配当等	非居住者の特例	配当割額控除額	株式等譲渡所得割額控除額	給与、公的年金等以外の所得に係る住民税の徴収方法		都道府県、市区町村への寄附（特例控除対象）	共同募金、日赤その他の寄附	都道府県条例指定寄附	市区町村条例指定寄附
					特別徴収	自分で納付				
	円	円	円	円			円	円	円	円

退職所得のある配偶者・親族の氏名	個人番号	続柄	生年月日	退職所得を除く所得金額	障害者		その他	寡婦・ひとり親	
			明・大 昭・平 . .	円	障	特障	調整	寡夫	ひとり親

事業税						
非課税所得など	番号	所得金額	円	損益通算の特例適用前の不動産所得	円	前年中の開（廃）業　開始・廃止　月日
不動産所得から差し引いた青色申告特別控除額				事業用資産の譲渡損失など		他都道府県の事務所等

上記の配偶者・親族・事業専従者のうち別居の者の氏名・住所	氏名		住所	国外	所得税で控除対象配偶者などとした専従者	氏名		給与	円

一連番号

整理欄	申告区分		申告等年月日		所得種類	
	特例適用条文	法　条の　項　号			申告期限	

税理士法書面提出　30条　33条の2

税理士署名・電話番号
（　　－　　－　　）

第二表（令和五年分以降用）

○第二表は、第一表と一緒に提出してください。○国民年金保険料や生命保険料の支払証明書など申告書に添付しなければならない書類は添付書類台紙などに貼ってください。

①『確定申告の手引き』にしたがって、第一表、第二表に住所、氏名、電話番号などの必要事項を記入する。
②源泉徴収票や支払い調書などから「支払い金額」を第二表の「所得の内訳」に記入、第一表の「収入金額」と「所得金額」の該当欄に順次記入する。
③基礎控除など「所得から差し引かれる金額」を第二表、第一表ともに記入する。
④『確定申告の手引き』にしたがって「税金の計算」欄などを順次記入していき、「申告納税額」を算出する。
⑤銀行などの還付金の受け取り口座を記入する。
⑥源泉徴収票や支払い調書などの添付書類は、第二表の裏面などに貼る。

社会保険労務士を活用しよう！

退職後の諸手続きはすべて自分でしなければなりません。本書は多くの図表を用いて簡潔で一見してわかるようにまとめましたので、たいていの手続きには対応できるようになっています。ただ、個々のケースによっては難しいものや、選択肢がたくさんあってどれを選んだら自分に最も有利になるか迷うものもあります。そんなとき最も身近な相談相手が社会保険労務士です。

税金のことは税理士、登記のことは司法書士、法律のもめごとは弁護士というように、年金や保険の請求・労災請求・雇用保険・労務管理等のことは社会保険労務士が専門です。この本で初めて社会保険労務士を知った人もいることでしょう。

ここでは、社会保険労務士の業務内容について簡単に説明します。

国家資格である社会保険労務士の業務範囲は、労働および社会保険諸法令（健康保険、年金、労災・雇用保険、労働基準法等50の法律およびそれに基づく命令）に基づく官公庁等への諸手続きの代理・代行や、労務管理に関する事項の相談指導です。これらの業務を報酬を得て行えるのは全国社会保険労務士会連合会に登録し、各都道府県社会保険労務士会に開業者として入会している社会保険労務士です。

社会保険労務士の業務範囲は非常に広く、社会保険労務士によっては専門分野が異なる場合もあります。各都道府県会（所在地・電話番号は後述）に問い合わせれば、近くの社会保険労務士を紹介してくれます。また年金事務所やハローワークへ行けば掲示板やパンフレットに名前が載っていますので、近くの人をメモしておいて電話してみるのもよいでしょう。

相談や手続きは有料ですが、法律で社会保険労務士およびその職員には守秘義務が課せられていますので安心して相談できます。こういった手続きや相談は、関係官庁等に聞けば無料で教えてくれます。健康保険のことは協会けんぽや健康保険組合へ、年金のことは年金事務所や年金相談サービスセンターへ、雇用保険のことはハローワークへ、国民健康保険や退職医療制度のことは市区町村役場へというように1か所ずつ自分の足で時間をかければできます。しかし、時間的に余裕がないとか、細部にわたって聞きたいけれども役所はどうも苦手だという人もいることでしょう。そんなときに社会保険労務士はきっとお役に立ちます。

社会保険労務士を利用する際は、次の点を押さえておきましょう。

社会保険労務士を利用するにあたってのポイント

1. まず電話で自分の相談内容に応じられる社会保険労務士かどうかを確認する（社会保険労務士の専門分野は広いので、その分野が得意かどうかの確認）。
2. 相談はできれば直接事務所へ行って行う（法令集や専門書の有無を確認）。
3. 社会保険労務士会の会員であることを確かめる（事務所の入り口等に会員章が掲示されている）。
4. 関係のありそうな資料等は事前に準備しておき、相談日にはすべて持参する。
5. 社会保険労務士は法律で守秘義務が課せられているので何でも正直にありのままを話す（自分ではつまらないと思うようなこと、関係なさそうなことも話してみる）。
6. 相談内容は箇条書きにまとめておき、相談の時間を有効に使うように準備しておく。

[各種テレフォン・サービスの案内]

年金については電話相談があり、税金についての質問にはコンピュータが自動的に電話やFAXで質問に答えてくれるアンサー・フォンが各地に設けられています。これらも活用することをおすすめします。

①ねんきんダイヤル　受付時間　月曜日　8：30～19：00
火曜日～金曜日　8：30～17：15
第2土曜日　9：30～16：00

年金請求などの年金相談の場合　0570—05—1165(イイロウゴ)

※IP電話・海外からは　03－6700－1165 にかけてください

②タックスアンサー　国税庁ホームページ（https://www.nta.go.jp）のタックスアンサーのページ

各種税金についての質問について調べられる

都道府県社会保険労務士会一覧

北海道	〒064−0804　札幌市中央区南四条西11丁目　サニー南四条ビル2F	011(520)1951
青森県	〒030−0802　青森市本町5−5−6	017(773)5179
岩手県	〒020−0821　盛岡市山王町1−1	019(651)2373
宮城県	〒980−0014　仙台市青葉区本町1−9−5　五城ビル4階	022(223)0573
秋田県	〒010−0921　秋田市大町3−2−44　大町ビル3F	018(863)1777
山形県	〒990−0039　山形市香澄町3−2−1　山交ビル８Ｆ	023(631)2959
福島県	〒960−8252　福島市御山字三本松19−3　第2信夫プラザ2F	024(535)4430
茨城県	〒311−4152　水戸市河和田1−2470−2 茨城県社会保険労務士会館	029(350)4864
栃木県	〒320−0851　宇都宮市鶴田町3492−46	028(647)2028
群馬県	〒371−0846　前橋市元総社町528−9	027(253)5621
埼玉県	〒330−0063　さいたま市浦和区高砂1−1−1　朝日生命浦和ビル7F	048(826)4864
千葉県	〒260−0015　千葉市中央区富士見2−7−5　富士見ハイネスビル7F	043(223)6002
東京都	〒101−0062　千代田区神田駿河台4−6　御茶ノ水ソラシティアカデミア4F	03(5289)0751
神奈川県	〒231−0016　横浜市中区真砂町4−43　木下商事ビル4F	045(640)0245
新潟県	〒950−0087　新潟市中央区東大通2−3−26　プレイス新潟1F	025(250)7759
富山県	〒930−0018　富山市千歳町1−6−18　河口ビル2F	076(441)0432
石川県	〒921−8002　金沢市玉鉾2−502　TRUSTY BUILDING2F	076(291)5411
福井県	〒910−0005　福井市大手3−7−1　繊協ビル7F	0776(21)8157
山梨県	〒400−0805　甲府市酒折1−1−11　日星ビル2F	055(244)6064
長野県	〒380−0935　長野市中御所1−16−11　鈴正ビル3F	026(223)0811
岐阜県	〒500−8382　岐阜市薮田東2−11−11	058(272)2470
静岡県	〒420−0833　静岡市葵区東鷹匠町9−2	054(249)1100
愛知県	〒456−0032　名古屋市熱田区三本松町3−1	052(889)2800
三重県	〒514−0003　津市島崎町255	059(228)4994
滋賀県	〒520−0806　大津市打出浜2−1　コラボしが21　6F	077(526)3760
京都府	〒602−0939　京都市上京区今出川通新町西入弁財天町332	075(417)1881
大阪府	〒530−0043　大阪市北区天満2−1−30　大阪府社会保険労務士会館	06(4800)8188
兵庫県	〒650−0011　神戸市中央区下山手通7丁目10−4　兵庫県社労士会館	078(360)4864
奈良県	〒630−8325　奈良市西木辻町343−1　奈良県社会保険労務士会館	0742(23)6070
和歌山県	〒640−8317　和歌山市北出島1−5−46　和歌山県労働センター1F	073(425)6584
鳥取県	〒680−0845　鳥取市富安1−152　ＳＧビル4F	0857(26)0835
島根県	〒690−0886　松江市母衣町55−2　島根県教育会館3F	0852(26)0402
岡山県	〒700−0815　岡山市北区野田屋町2−11−13　旧あおば生命ビル7F	086(226)0164
広島県	〒730−0015　広島市中区橋本町10−10　広島インテスビル5F	082(212)4481
山口県	〒753−0074　山口市中央4−5−16　山口県商工会館2F	083(923)1720
徳島県	〒770−0865　徳島市南末広町 5−8−8　徳島経済産業会館(KIZUNAプラザ)2F	088(654)7777
香川県	〒760−0006　高松市亀岡町1−60　エスアールビル4F	087(862)1040
愛媛県	〒790−0067　松山市萱町4−6−3	089(907)4864
高知県	〒781−8010　高知市桟橋通2−8−20　モリタビル2F	088(833)1151
福岡県	〒812−0013　福岡市博多区博多駅東2−5−28　博多偕成ビル3F301号	092(414)8775
佐賀県	〒840−0826　佐賀市白山2−1−12　佐賀商工ビル4F	0952(26)3946
長崎県	〒850−0027　長崎市桶屋町50−1　杉本ビル3FＢ	095(821)4454
熊本県	〒860−0041　熊本市中央区細工町4−30−1　扇寿ビル5F-A	096(324)1124
大分県	〒870−0021　大分市府内町1−6−21　山王ファーストビル3F	097(536)5437
宮崎県	〒880−0878　宮崎市大和町83−2　鮫島ビル1F	0985(20)8160
鹿児島県	〒890−0056　鹿児島市下荒田3−44−18　のせビル2F	099(257)4827
沖縄県	〒900−0016　那覇市前島2−12−12　セントラルコーポ兼陽205号室	098(863)3180
連合会	〒103−8346　東京都中央区日本橋本石町3−2−12 社会保険労務士会館	03(6225)4864

さくいん

あ

遺族給付 — 120
遺族年金 — 160
遺族基礎年金 — 160
遺族厚生年金 — 160
一般被保険者 — 50

か

介護保険料 — 31
確定申告 — 224・228
合算対象期間 — 122
加給年金 — 130
カラ期間 — 122
還付申告 — 224
企業年金連合会 — 117・171
基本手当 — 47
基本手当が受給できない場合 — 57
基本手当日額 — 72
基本手当の受給期間 — 60
基本手当日額の目安表 — 75
基本手当の受給資格 — 54
求職の申込み — 38
求職票 — 40
給付制限期間 — 59
給付率 — 73
給与所得控除 — 226
給与明細書 — 26
共済組合 — 134
繰り上げ支給 — 154
繰り下げ支給 — 154
経歴書 — 14
現況届 — 156
健康保険・厚生年金保険の標準報酬月額保険料額表 — 33
健康保険限度額適用認定申請書 — 197
健康保険の任意継続被保険者 — 174
健康保険被扶養者届 — 189
健康保険料 — 30
高額療養費支給申請書 — 195
高額療養費制度 — 192
後期高齢者医療制度 — 198
公共職業安定所 — 35
公共職業訓練 — 96
厚生年金基金 — 117・170
厚生年金基金掛金 — 31
厚生年金保険 — 118
厚生年金保険関係の諸手続き — 158
厚生年金保険高齢任意加入被保険者資格取得申出・申請書 — 114
厚生年金保険料 — 31
公的年金等控除額 — 207
高年齢求職者給付金 — 49・100
高年齢被保険者 — 50
高年齢雇用継続基本給付金 — 82
高年齢雇用継続給付支給申請書 — 91
高年齢雇用継続給付受給資格確認票 — 88
高年齢雇用継続基本給付金の最高額 — 85
高年齢雇用継続基本給付金の支給期間 — 84
高年齢雇用継続基本給付金の受給要件 — 83
高年齢雇用継続給付 — 48・82
高年齢雇用継続給付の支給額試算表 — 87
高年齢再就職給付金の最高額 — 94
高年齢再就職給付金の支給期間 — 92
高年齢再就職給付金の支給申請 — 95
高年齢再就職給付金の支給要件 — 92
高齢者職業相談室 — 35
国民健康保険 — 180
国民年金 — 118
国民年金関係の諸手続き — 157
国民年金被保険者資格取得・種別変更・種別確認（3号該当）届 — 109・113
国民年金被保険者種別変更（第1号被保険者該当）届書 — 108・112
個人年金にかかる税金 — 215
雇用保険受給資格者証 — 44
雇用保険の不正受給 — 104
雇用保険料 — 29

さ

再就職手当 — 47・78
再就職手当支給申請書 — 61
在職老齢年金 — 152
再離職後の基本手当 — 102
支給残日数 — 78
自己都合退職者の基本手当 — 59
失業等給付 — 46
失業認定申告書 — 76
失業認定日 — 76
失業の認定 — 56
死亡保険金にかかる税金 — 215

社会保険労務士 ―― 234・236
就業手当 ―― 80
住民税 ―― 218
受給期間延長申請書 ―― 43
受給期間の延長（雇用保険）―― 57・62
障害給付 ―― 120
障害手当金 ―― 169
障害等級 ―― 166
障害年金 ―― 166
就職困難者 ―― 64
傷病手当 ―― 98
傷病手当金 ―― 190
常用就職支度手当 ―― 79
職業あっせん機関 ―― 35
所定給付日数 ―― 64
シルバー人材センター ―― 35
人材銀行 ―― 106

た

第1号被保険者 ―― 36・108
待期期間 ―― 58
第3号被保険者 ―― 36・119
第3号被保険者の届け出 ―― 37
退職金にかかる税金 ―― 202
退職者医療制度 ―― 184
退職所得控除額 ―― 204
退職所得の受給に関する申告書 ―― 203
第2号被保険者 ―― 36・119
短期雇用特例被保険者 ―― 50
賃金日額 ―― 72
テレホン・サービス（年金・税金）―― 235
特定受給資格者 ―― 64
特別支給の老齢厚生年金 ―― 116・122
特例退職被保険者制度 ―― 184

な

内職収入による減額規定 ―― 81
年金額の試算 ―― 20
年金支給額表 ―― 124
年金証書 ―― 133
年金請求書 ―― 116・134・136～150
年金相談サービスセンター ―― 20・172
年金相談室 ―― 20・172
年金相談受付票 ―― 21
ねんきんダイヤル ―― 235
ねんきん定期便 ―― 22～25
年金手帳被保険者氏名変更（訂正）届 18
年金手帳被保険者生年月日訂正届 ―― 19
年金にかかる税金 ―― 206
年金の支払日 ―― 133
年金のしくみ ―― 118
年金の請求 ―― 116・134

は

パートタイマーで働く場合の雇用保険の適用 ―― 52
被保険者期間（雇用保険）―― 54
日雇労働被保険者 ―― 50
扶養親族等申告書 ―― 206・210
振替加算額 ―― 131
報酬比例 ―― 123・126
保険証の返却 ―― 13
保険料納付済期間 ―― 121
保険料免除期間 ―― 121

ま

満期保険金の税金 ―― 212

ら

離職票 ―― 38
老齢基礎年金 ―― 118・126
老齢給付 ―― 120
老齢厚生年金 ―― 118・122・126

●著者紹介

中尾幸村（なかお　ゆきむら）
東京都社会保険労務士会会員（第1311783号）
1951年生まれ。1980年第12回社会保険労務士試験合格。1984年東京労務総合事務所設立。現在東京労務総合事務所所長を務め、社会保険労務士として労働法令・社会保険諸法令の実務的運用を中心に企業の労務顧問として活躍中。国家試験専門学校・実務講習会の講師を歴任。
著書に、『図解わかる　年金』『図解　わかる会社をやめるときの手続きのすべて』『今スグわかる「社会保険・労働保険」届出書式と手続き』（以上、新星出版社）『定年ハンドブック』（PHP研究所）などがある。

中尾孝子（なかお　たかこ）
東京都社会保険労務士会会員（第1315610号）
1993年に行政書士試験合格、1994年に社会保険労務士試験合格。以後、社会保険労務士事務所勤務を経て、2005年12月に独立開業。著書・執筆協力に、『図解わかる　年金』『図解　わかる会社をやめるときの手続きのすべて』『今スグわかる「社会保険・労働保険」届出書式と手続き』（以上、新星出版社）『定年ハンドブック』（PHP研究所）などがある。

本書に関するお問合わせは下記宛まで、往復ハガキもしくは返信用切手を同封した封書にてお願いいたします。
東京労務総合事務所
〒102-0083　東京都千代田区麹町2-10-1

図解わかる　定年前後の手続きのすべて

2024年6月15日　初版発行

著　者　中尾幸村／中尾孝子
発行者　富永靖弘
印刷所　公和印刷株式会社

発行所　東京都台東区台東2丁目24　株式会社　新星出版社
〒110-0016　☎03(3831)0743

ISBN978-4-405-10444-0